中國学術思想 研究輯刊

二七編

林慶彰 主編

第2冊

論《儀禮》禮例研究法——
以鄭玄、賈公彥、凌廷堪爲討論中心（上）

鄭雯馨 著

花木蘭文化事業有限公司

國家圖書館出版品預行編目資料

論《儀禮》禮例研究法——以鄭玄、賈公彥、凌廷堪為討論中
心（上）／鄭雯馨 著 — 初版 — 新北市：花木蘭文化事業有
限公司，2018〔民107〕
　目 4+188 面；19×26 公分
（中國學術思想研究輯刊 二七編；第 2 冊）
ISBN 978-986-485-372-4（精裝）
1. 儀禮 2. 研究考訂
030.8　　　　　　　　　　　　　　　　　　107001861

ISBN-978-986-485-372-4

中國學術思想研究輯刊
二七編　第 二 冊　　　　　　　ISBN：978-986-485-372-4

論《儀禮》禮例研究法——
以鄭玄、賈公彥、凌廷堪爲討論中心（上）

作　　者　鄭雯馨
主　　編　林慶彰
總 編 輯　杜潔祥
副總編輯　楊嘉樂
編　　輯　許郁翎、王筑　美術編輯　陳逸婷
出　　版　花木蘭文化事業有限公司
發 行 人　高小娟
聯絡地址　235 新北市中和區中安街七二號十三樓
　　　　　電話：02-2923-1455 ／傳眞：02-2923-1452
網　　址　http://www.huamulan.tw 信箱 hml810518@gmail.com
印　　刷　普羅文化出版廣告事業
封面設計　劉開工作室
初　　版　2018 年 3 月
全書字數　477578 字
定　　價　二七編 25 冊（精裝）新台幣 48,000 元

論《儀禮》禮例研究法——
以鄭玄、賈公彥、凌廷堪爲討論中心（上）

鄭雯馨　著

作者簡介

鄭雯馨，臺北人，臺灣大學中國文學研究所博士。曾任世新大學兼任講師、行政院國科會（科技部）99年度獎勵人文與社會科學領域博士候選人、100年中央研究院人文社會科學博士候選人、中央研究院中國文哲研究所訪問學員與博士後研究員等，現任政治大學中國文學系助理教授。有志從事禮學、經學研究，期望以文獻考據爲根基，觀察學術與政治、社會文化的互動，發掘其中的生命力。著有碩士論文《王莽的經學與政治》，並曾發表數篇論文。

提　要

　　《論《儀禮》禮例研究法——以鄭玄、賈公彥、淩廷堪爲討論中心》探討鄭玄、賈公彥、淩廷堪運用禮例研究《儀禮》情形：其一，禮例爲具有必然性的規則，可規範行爲與價值觀，放在時間的脈絡下，性質由生活實踐的慣例轉爲比較經文所得之例，成爲處理新事物的參考。在此概念下，《儀禮》全書皆爲例。其二，禮例有助於校勘經文、辨正舊說、界定儀節、補足禮文、褒貶依據，及綜合禮文、辨別禮意，並申明飲酒禮、士喪禮等一整套的禮儀內蘊。其三，當禮例詮釋紛紜、禮文捨取紛歧，甚至無法得到禮意或禮文的驗證，將降低解經效用。其四，應用禮例的關鍵在於分類，若界定標準多重不一、過度同化禮文，及專主於《儀禮》一書而忽略其他典籍，亦將使經義晦暗不明。其五，基於上述觀點，重新以規則的「必然」爲禮例分爲常例、特例二類。在農業社會的背景下，形成特例的主要因素在於倫理關係、事件性質，前者有助於強化特定價值，因事件性質而異的特例則將變異或特殊事物納入體制，以穩定社會秩序。分類過程中，亦發現禮例具有多重層次的結構，顯示禮是一種相對值，而非絕對值。本研究有助於認識禮例的內涵與演變、應用得失，及在社會文化背景中呈現多重層次的靈活表現，豐富禮學研究面向。

目

次

全書體例

　　一、引文標示法：（一）行文中引述作品者，皆加注說明出處。（二）單獨引文者，若引用《十三經注疏》，均據清朝阮元審定、盧宣旬校：《重刊宋本十三經注疏》（臺北：藝文印書館，1955 年初版，據清嘉慶二十年江西南昌府學開雕本影印），爲兼顧版面簡潔與清晰說明，僅於獨立引文末加括號標明《書名》，注疏者，卷次，頁次，不另出注。若單獨引文爲其他書籍，則加注說明。

　　二、注釋內容：首次引用的作品，將詳注作者、書名、出版項及頁碼。再次引用，不另說明版本項。

　　三、表格依其作用，決定是否列入「附表目次」中：（一）以禮例爲對象，整理相關《儀禮》經文以作爲論證根據的表格，列入目錄。（二）梳理與圖示正文內容，或簡化說明的表格，不列入目次。

第壹章 緒 論

第一節 研究動機

　　禮，爲中國古代文化的重要特色之一。根據禮書，傳揚禮意、躬身實踐禮文，使禮成爲一股安定人心、穩固社會的強大力量。記載禮文細節的禮書，首推《儀禮》。然而，《儀禮》素稱「難讀」，〔註 1〕不僅文字深奧、禮節繁複，加之以器服、宮室之制師說紛歧，習而易忘，往往令人掩卷。清人陳澧針對這種情形說：

> 《儀禮》難讀，昔人讀之之法，略有數端：一曰分節，二曰
> 繪圖，三曰釋例。今人生古人後，得其法以讀之，通此經不難矣。
> 〔註 2〕

陳氏指出解讀《儀禮》的三個法門：分節、繪圖、釋例。

　　分節之法，即爲《儀禮》全文分章節、區別禮儀進程。鄭玄《儀禮注》已略見端倪，如「飲酒禮成於酬」、「事尸之禮始於綏祭，終於從獻」。〔註 3〕賈公彥《儀禮疏》明言分節，亦有助於辨別禮儀段落。至宋代朱熹《儀禮經

〔註 1〕唐·韓愈：《韓昌黎文全集》（臺北：廣文書局，1973 年 6 月初版），上冊，卷 1，頁 70。

〔註 2〕清·陳澧：《東塾讀書記》，收入《陳澧集》（上海：上海古籍出版社，2008 年初版），第 2 冊，頁 138。

〔註 3〕漢·鄭玄注：《儀禮·燕禮》（臺北：藝文印書館，1955 年初版，據清嘉慶二十年江西南昌府學開雕本影印），卷 14，頁 166。《儀禮》〈士虞禮〉，鄭注，卷 43，頁 507～508。

傳通解》截斷眾節，於後一行標明「右某事」，較之賈疏尤爲分明，朱子說：

> 前賢常患《儀禮》難讀，以今觀之，只是經不分章，記不隨經，而注疏各爲一書，故使讀者不能遽曉，今定此本，盡去此諸弊，恨不得令韓文公見之也。〔註4〕

此法雖不免割裂經文之嫌，卻極便讀者學習。其後，吳廷華《儀禮章句》、江永《禮書綱目》、胡培翬《儀禮正義》等皆仿效之。

繪圖之法，乃依《儀禮》經文所述，繪製宮室、器服，及人物行止之圖，鄭玄、阮諶曾有著作。今之存者，以宋代聶崇義《三禮圖》爲最早，〔註5〕其書著重於器服形制；宋代楊復、清代張惠言等各著《儀禮圖》，詳述宮室、器服，及禮儀進行方位等，按圖索驥，有益於掌握行禮的空間方位與名物。

釋例之法，係據《儀禮》經文，指出行禮者的舉動、器物、宮室等常見規範。依康金村統計，漢代鄭玄《儀禮注》有一百一十七條凡例。〔註6〕唐代賈公彥《儀禮疏》在鄭注的基礎上加以擴充，並引用大量資料驗證凡例。其後，宋代李如圭《儀禮釋宮》、清代江永《儀禮釋例》、任大椿《深衣釋例》與《弁服釋例》等著作，不僅革新括例的著作體式，又擴充禮例的內容與深度。而清代凌廷堪《禮經釋例》「於諸儀中求例，復以諸例求禮」，成爲禮學史的里程碑。〔註7〕

上述三法，就發展性而言，分節與繪圖之法，經多位清代學者數十年沈潛與考證，已有質量均佳的成績，若無新出土的《儀禮》文獻或周代宮室遺址，則進一步發展的可能性較小。反觀釋例，同樣以《儀禮》內文爲根基，在凌廷堪撰成《禮經釋例》後，學界仍有不同意見產生。就括例而言，凌氏從「射事」與「袒襲」的關係著眼，歸納出「凡有事于射則袒，無事于射則襲」。〔註8〕黃以周則認爲當作「凡有事於射耦，不論堂上堂下，皆袒；有事

〔註4〕宋·朱熹著：《朱熹集·答應仁仲書》（成都：四川教育出版社，1996年10月初版），第5冊，頁2705。

〔註5〕宋代聶崇義的《三禮圖》乃彙集六本圖說而成，見氏著：《三禮圖·序》，收入清·納蘭成德編：《通志堂經解》（臺北：漢京文化事業有限公司，1971年），第28冊，頁15519。

〔註6〕康金村：《鄭玄〈儀禮注〉凡言例句之研究》（新竹：玄奘人文社會學院中國語文研究所碩士論文，2003年，柯金虎教授指導），頁10。

〔註7〕彭林：《禮經釋例〉前言》，收入清·凌廷堪著，彭林點校：《禮經釋例》（臺北：中央研究院中國文哲研究所，2002年初版），頁9。

〔註8〕清·凌廷堪：《禮經釋例·射例》，卷7，頁365～366。

於有司，堂上祖，堂下襲」。〔註9〕黃氏將敘述的焦點轉移爲受命者與地點，未從淩說。就禮意的詮釋來說，《禮經釋例》亦不盡然受到肯定。如「凡卜筮皆于廟門，唯將葬則于兆南」，淩氏認爲將葬筮宅于兆南的原因在於「反吉也，亦質文相變之義」。〔註10〕胡培翬引用該條禮例時，刪去此語，改釋爲「以宜就地筮之也」。就方法而言，清人翁方綱認爲《禮經釋例》「雖不爲害，而究亦無所益，蓋此事原不能求其備善者也」、「愚謂治《禮經》者，但當纂言，而不當纂禮」〔註11〕，指出歸納禮制本有其先天的限制，不宜使用纂輯之法。可見不論是括例、禮意詮釋，還是方法，釋例仍有探討的空間。

　　然而筆者以爲釋例之法的重要性在分節、繪圖之上，可從三方面說明：

　　第一，釋例法融合分節、繪圖的成果，是研讀禮書不可或缺的方法。〔註12〕根據禮文分節，始能反覆比較各儀節之異同；依照繪圖，才能理解經文記載的人物行止、器物擺設，從而括例或確認條例的有效性。如此，以條例解經，將有益於禮文化繁爲簡，研讀禮書能舉一反三。

　　第二，有別於分節與繪圖之法，釋例不僅是工具性的方法，也能適切體現禮儀的細節與禮意。一方面以禮書爲據，斷定禮例是否成立。另一方面，在詮釋者的手中，又轉用以解釋、檢證禮儀活動，二者之間成爲互饋循環的模式。李如圭《儀禮釋宮》根據《儀禮》內文，揭示出宮室之例；而淩廷堪則據此尋繹行禮者在宮室中進退行止的涵義。如此一來，禮例既出乎《儀禮》，又入於《儀禮》，形成互饋的模式，使得禮例不僅僅是治禮的方法，更是闡述禮意的關鍵，此亦爲淩廷堪《禮經釋例》的「釋」所蘊含的重要意義。

　　第三，擴大視野來看，由於禮書反映古代貴族生活，那麼源自禮書的禮例，應用範圍將不僅止於禮學而已。若欲研究先秦典籍、古代文化，禮例不啻提供了有力的後盾。讀《論語‧鄉黨》：「賓退，（孔子）必復命曰：『賓不顧矣。』」〔註13〕若對於「凡拜送之禮，送者拜，去者不答拜」〔註14〕條有

〔註9〕清‧黃以周：《禮書通故‧射禮通故第二十五》（北京：中華書局，2007 年 4 月初版），第 3 冊，頁 1134。

〔註10〕清‧淩廷堪：《禮經釋例‧雜例》，卷 13，頁 666。

〔註11〕清‧翁方綱：〈考訂論下之二〉、〈考訂論下之三〉，《復初齋文集》，收入沈雲龍編：《近代中國史料叢刊》（臺北：文海出版社，出版年不詳），第 43 輯，第 421 冊，卷 7，頁 311、319。按：此書承蒙　葉國良師告知，特此致謝。

〔註12〕但並非先有分節、繪圖的著作在先，釋例因之而出，而是注釋者心中對於禮儀節度有一定的掌握，釋禮時應有宮室之圖作爲參考。

〔註13〕《論語‧鄉黨》，頁 86。

所認識，當不至以爲是記載孔子言行或讚譽孔子的泛泛之語。〔註15〕又如對「凡臣與君行禮，皆堂下再拜稽首，異國之君亦如之」〔註16〕條有所認識，則《左傳》僖公十五年，秦晉韓之戰，晉惠公戰敗被俘，晉大夫因之對秦穆公行「三拜」稽首之厚禮；〔註17〕僖公二十三年追述晉公子重耳爲感謝秦穆公協助返國即位，於是「公子降拜稽首，公降一級而辭焉」〔註18〕等行爲，亦可瞭然於心。

若上溯至先秦的《儀禮》記文、《禮記》，則運用凡例詮解《儀禮》的傳統已行之數千年。而釋例的成果向來以清代凌廷堪《禮經釋例》爲集大成，學者多所讚譽，如清人阮常生以爲《禮經釋例》多抒特見，條理分明，從今以後「海內學人，當不苦其難讀矣。」〔註19〕陳澧則進一步指出凌廷堪《禮經釋例》「善承鄭、賈之學，大有助於讀此經者矣。」〔註20〕可見該書對讀經、釋禮助益匪淺。然而，當學者或如胡培翬《儀禮正義》專注於應用禮例解釋經文，或如黃以周《禮書通故》引經據典糾謬、苴補其例時，這兩種不同態度，顯示禮例必要性的同時，不也顯示禮例的可信度值得省察或有待重視？〔註21〕因此應用禮例闡述禮書，乃至於進行禮學研究，實有必要探討禮例。

第二節　前人相關研究述評

研究經學的著作眾多，訓、詁、傳、記、注、箋、章句、義、例等皆是，目的皆在闡釋經旨。〔註22〕在經學作品中，較早討論「例」者，殆爲《春

〔註14〕清·凌廷堪：《禮經釋例·通例上》，卷1，頁110。

〔註15〕邱德修著：〈以禮解經初探——以《論語》爲例〉，《文與哲》第7期（2005年12月），頁71～96。

〔註16〕清·凌廷堪：《禮經釋例·通例上》，卷1，頁93。

〔註17〕《左傳》僖公十五年，卷14，頁231。

〔註18〕《左傳》僖公二十三年，卷15，頁253。

〔註19〕清·阮常生：〈《禮經釋例》序〉，收入《續修四庫全書》（上海：上海古籍出版社，1995年），第90冊，頁1。

〔註20〕清·陳澧：《東塾讀書記·儀禮》（廣文書局本），記8，頁237。

〔註21〕就筆者所見，討論凌廷堪《禮經釋例》多從學術思想史的角度出發，較少直接從經學的角度著眼，如錢穆從漢學、宋學的觀點評論凌廷堪撰寫《禮經釋例》的動機，見氏著：《中國近三百年學術史》（北京：商務印書館，1997年初版），頁547～548。

〔註22〕葉國良師：〈論凌廷堪的《禮經釋例》〉，《禮學研究的諸面向》（新竹：國立清

秋》。從《公羊傳》、《穀梁傳》、《左傳》之奠基，到杜預撰成《春秋釋例》，
《春秋》的褒貶義例一再爲學者所探察。當《春秋》學者沸沸揚揚地討論義
例之際，「禮例」一詞也首度出現在《春秋》學中。據目前所見，最早始於
清代毛奇齡《春秋毛氏傳》：

> 一曰禮例，謂《春秋》二十二門皆典禮也。……言《春秋》一
> 書，以禮爲例，故《左傳》于隱七年「書名例」云：「諸侯策告，謂
> 之禮經。」而杜《註》與孔《疏》皆云發凡起例，悉本周制；所謂
> 禮經，即《春秋》例也。……二曰事例，則以二十二門一千八百餘
> 條無非事也。……三曰文例，則史文之法也。孟子曰：「其文則史。」
> 大凡史官記事，從列國來者謂之赴告，從本國登者謂之記注，而合
> 而成爲策書，則謂之文。……乃四曰義例，則直通貫乎禮與事與文
> 之間，天下有禮與事與文而無義者乎！〔註23〕

禮例當指具體的禮文規則，事例爲歷史事件，義例則是抽象的原則概念，文
例指文字敘述所具有的法度。禮例、事例、文例皆是形式上用來比較的根據，
而義例則是隱含的觀點。毛氏將禮例應用於《春秋》，使禮例依附於《春秋》，
尚未彰顯其獨特的禮學意義。

　　禮例一詞雖晚見，事實上運用禮例詮釋經書，已見諸三《禮》文字、鄭
玄《三禮注》等作品。禮例在禮學中涉及的層面十分豐富，對於研究先秦典
籍及文化亦頗有裨益。可惜的是，具體研究的著作卻十分有限。目前所見，
與禮例相關著作，一類是探討禮學議題時，兼述禮例發展，屬於歷史性的沿
革說明。另一類則採用專家或主題式的探討。

一、歷史性的沿革說明

　　這類作品討論禮例的篇幅較爲短小，主旨多呈現以例治禮的益處，並依
時代脈絡說明禮例相關著作，代表作品如陳澧《東塾讀書記・儀禮》、曹元
弼《禮經學・明例》、段熙仲〈禮經十論〉等。陳澧不僅率先指出治《儀禮》
之法：分節、繪圖、釋例；還點明從《儀禮》記文，到鄭玄、賈公彥，再到
淩廷堪這一脈的禮例發展。陳氏詳細闡述鄭玄《儀禮注》、賈公彥《儀禮疏》

華大學出版社，2010 年 12 月初版），頁 83。

〔註23〕清・毛奇齡：《春秋毛氏傳》，《景印文淵閣四庫全書》（臺北：臺灣商務印書
　　　　館，1983 年），第 176 冊，頁 11～13。

對禮例的開拓與承襲，並將之分類爲：

> 有鄭注發凡，而賈疏辨其同異者。
>
> 有鄭注不云「凡」，而與發凡無異，賈疏申明爲凡例者。
>
> 有鄭注不發凡，而賈疏發凡者。
>
> 有經是變例，鄭注發凡而疏申明之者。
>
> 有經是變例，注不發凡，而疏發凡者。
>
> 有賈疏不云凡，而無異發凡者。〔註24〕

各分類之下，又引證《儀禮》經文與注疏，清楚勾勒鄭、賈之間的遞嬗。該文篇幅雖短，但對於禮例發展的關鍵人物、概念，無不一一點出，爲我們提供研究禮例的鮮明指標。

清人曹元弼繼陳澧之說，綜合經文、記傳、注、疏等作品，並抄錄各家作品，將例區別爲：

> 尊尊、親親、長長、賢賢、男女有別五大義例；節文等殺例；
>
> 喪服例；宮室例；職官例；經文例；禮通例；記傳例；注例；疏例；
>
> 校賈疏舉例；讀經例；注疏通例。〔註25〕

就繼承關係來看，該書收集歷代以例研治《儀禮》的作品，如「節文等殺例」錄自清人凌廷堪《禮經釋例》、「宮室例」錄自宋人李如圭《儀禮釋宮》、「職官例」錄自清人胡匡衷《儀禮釋官》、「讀經例、注疏通例」錄自陳澧《東塾讀書記》。曹氏並指出學者「有用以治《春秋》之法治《禮經》，其學乃精」〔註26〕，此法即爲例。

近代學者段熙仲〈禮經十論〉則將目光上移至《儀禮》原文與鄭玄《注》之間的承襲關係，如段氏認爲〈聘禮〉歸上介饗餼「凡其實與陳如上賓」，是省文例始見于經者，鄭玄深知經文敘述的省文筆法，注〈士冠禮〉時說：「如

〔註24〕清·陳澧：《東塾讀書記》，收入《陳澧集》，第2冊，卷8，頁143～147。皮錫瑞：〈經學通論·三禮通論〉（北京：中華書局，2003年11月初版）。黃侃：〈禮學略說〉，《黃侃論學雜著》（上海：上海古籍出版社，1980年新一版）。彭林亦承陳澧的觀點，詳述賈公彥在經學詮釋、禮例發展上的貢獻，見氏著：〈論《儀禮》賈疏──以凌廷堪《禮經釋例》爲中心〉，中央研究院第四屆國際漢學會議，2012年6月21日，發表於中國文哲所。按：這些作品大體上承襲陳澧的說法，故未特別討論。

〔註25〕清·曹元弼：《禮經學·明例》，《續修四庫全書》（上海：上海古籍出版社，1995年初版），第94冊，卷1，頁545～584。

〔註26〕清·曹元弼：《禮經學·明例》，《續修四庫全書》，第94冊，卷1，頁585。

初，爲不見者言也」，指出經文未詳述者皆如初，「此則鄭君爲經之省文從可知者發凡起例也。」〔註 27〕段氏對《儀禮》經文的敘述模式與鄭《注》發凡起例的關係，可謂觀察深入。

段氏並詳加區別各類凡例，如省文例、屬文例、辭例、禮例、凡例、特例等，同時在各類中援引經注之文，增加論述的可信度。〔註28〕如於「凡例」類說明：

> 凡例文式則有三種：其一，發凡以起其例，其文用「凡」；其二，言其無例外而不變，其文用「必」、用「不得」；其三反言之明例，其文重言無、若不。〔註29〕

接著，段氏又舉〈大射〉：「凡乏，用革」、〈喪服經傳〉：「公子不得禰先君」、〈聘禮・記〉：「無饗者無饗禮」、〈鄉射禮・記〉：「不洗者不祭」等爲例說明。段氏拈出《儀禮》經文的敘述模式和鄭玄《注》括例的關係，提供禮例發端的重大線索。然而，該文缺乏說明各類定義，無法彰顯分野；但就探討禮例內容而言，仍是非常重要的參考。

這類「歷史性的沿革說明」有助於瞭解禮例發展的梗概，但對於禮例的具體變化，探討較爲不足。此或因屬於《儀禮》議題的附加說明，關懷對象不同，毋須深究。

二、專家或主題式探討

相對於歷史性的敘述，也有一些學者致力於專家或主題式的探討，〔註30〕從研究取徑上，可區別爲兩類：

（一）純粹從傳統禮學的觀點加以闡釋，兼顧禮例有效性的考量者〔註31〕

張舜徽爲「鄭玄的凡例」分出二大類：一、通釋禮意者。二、分釋名物

〔註27〕段熙仲：〈禮經十論〉，《文史》第一輯（1998 年 7 月初版），頁 25。

〔註28〕段熙仲：〈禮經十論〉，《文史》第一輯，頁 25～29。

〔註29〕段熙仲：〈禮經十論〉，《文史》第一輯，頁 27。

〔註30〕在這類作品中，如張壽安《以禮代理——凌廷堪與清中葉儒學思想之轉變》、商瑈《一代禮宗：凌廷堪之禮學研究》等以清代思想脈絡爲切入角度，又如李雲光：《三《禮》鄭氏學發凡》整理禮例未析論者，或有助於深化思考層次，或擴展視野。然因取徑不同，本文未加討論。

〔註31〕下文的討論，按照著作出版年代排序。

制度禮儀者：包含論飲、論食、論賓、論儀、論喪、論服、論祭、論射、論名、論物、論宮、論卜、論辭。〔註 32〕可知在禮意、禮文對舉的結構下，進行討論。禮文諸例，依主題匯聚爲類。

錢玄指出「例」「指『凡例』，即行禮時的一些規則。」〔註 33〕同時，在「禮儀通例」的標題下，爲禮例分類：向位之儀、跪拜之儀、脫屨之儀、盥洗之儀、授受之儀、迎送之儀、飲食之儀、奏樂之儀。〔註 34〕部分沿用《禮經釋例》的條目，但條例、分類統稱爲「禮儀通例」，可知其「通例」的定義顯與凌氏不同。敘述模式大抵承襲凌廷堪之書，然該文廣泛運用三《禮》、相關史書與考古資料作爲佐證，嘗試從宏觀的角度建構禮例，則異於凌廷堪專主《儀禮》一書。錢氏雖未明說分類原則，但仍豐富後人思考禮例分類的向度。

康金村《鄭玄《儀禮注》凡言例句之研究》採用李雲光對鄭玄禮例的歸納與分類，〔註 35〕逐例討論內涵，並引用歷代禮家說法辨其是非，探討禮例的有效性，論證方式值得參考。分析鄭玄《儀禮注》的禮例後，康氏指出鄭玄之例或補經文無說，或僅該一禮，或爲總括之言，或爲儀文之常。〔註 36〕誠有助於思考如何闡述禮例的內容與分類。然而，該書以「凡言例句」爲研究焦點，對「凡言」的分析頗有分量，但「例句」的部分，則相對不足，如：

> 以「禮」字明例者：「禮，將有事，先戒而又宿戒。」〔註 37〕

> 以「皆」字明例者：「相左，皆由進者之北。」〔註 38〕

> 以「變」字明例者：「（女子）執爵拜，變於男子也。」〔註 39〕

這類不言「凡」而實爲凡例者，也是古人以例釋禮的面向之一，應提升重視

〔註 32〕 張舜徽：《鄭學叢著·鄭氏經注釋例》（武漢：華中師範大學出版社，2005 年 12 月初版），頁 85～90。

〔註 33〕 錢玄：《三禮通論》（南京：南京師範大學出版社，1996 年 10 月初版），頁 67。

〔註 34〕 錢玄：《三禮通論·禮儀編·禮儀通例》，頁 515～556。

〔註 35〕 李雲光整理鄭玄《三禮注》言「凡」之例，參考李如圭《儀禮釋宮》、凌廷堪《禮經釋例》而，分類爲：通例、飲食之例、賓客之例、射例、喪例、祭例、器服之例、宮室之例、雜例等九類。見氏著：《三《禮》鄭氏學發凡》（臺北：嘉新水泥公司文化基金會，1966 年初版），頁 628～644。

〔註 36〕 康金村：《鄭玄《儀禮注》凡言例句之研究》，頁 234～236。

〔註 37〕 《儀禮·鄉飲酒》，鄭注，卷 10，頁 103。

〔註 38〕 《儀禮·鄉射禮》，鄭注，卷 12，頁 129。

〔註 39〕 《儀禮·有司徹》主婦受尸酢，從獻亦三，與侑同等：「主婦執爵以出于房，西面于主人席北，立卒爵，執爵拜。」卷 49，頁 589。

的程度，讓禮例的探討更爲全面。

　　彭林點校《禮經釋例》時，曾言簡意賅地探討該書各層面，包含作者的生平學行與學術思想、《禮經釋例》的撰作緣起與學術貢獻等，深入淺出，有助於初步瞭解淩廷堪及其書。尤其，文中提及「《禮經釋例》之學術貢獻」時，揭示出禮例對於研究《儀禮》的正面價值，值得進一步研究，如名物疏解、發凡起例、闡明禮義，及推求省文、訂正文字。彭氏讚譽《禮經釋例》「建立起一說解和檢驗諸說之體系」，又說：

　　　　毋庸諱言，次仲《禮經釋例》並非處處皆是，無論是申鄭、駁

　教，或是創立新說，皆有可商之處。〔註40〕

在建立起說解和檢驗之體系後，仍有「可商之處」，是否意謂著形塑此體系的方法存在某種問題？此文雖短，卻點出禮例研究法的重要貢獻，亦爲本論文希望進一步探討的部分。

　　馬楠《比經推例——漢唐經學導論》探討漢、唐時《春秋》三《傳》、三《禮》之例。〔註41〕以《儀禮》之例而言，著重於兩方面的探討：其一，「排比上下，連通經記」指出經記相明、同篇前後相明、諸篇相兼乃具、據同篇見隆殺、據諸篇見尊卑等條例的來源與功能。其二，「就經明例，據例通經」敘述傳記注疏發經例、經例不合則出注以說等表現形式。該書最後探討比經推例之得失，指出經文簡奧易生歧解；用例解經時，易因先入爲主的成見而妄生義例，以致牽合失當或拘例說經。該書有助於理解禮例的形成與應用過程。

　　葉國良師〈論淩廷堪的《禮經釋例》〉〔註42〕一文，按照淩書，從行禮動作、器物方位談禮例。各節重點如下所述：首先，爲禮例分類：

　　　　定例：無例外，或絕少例外。

　　　　常例：大多數。

　　　　特例：極少數。指行禮時遇到特殊狀況必須加以權變的個案。

　　〔註43〕

並根據此分類，認爲《禮經釋例》未處理異常狀況、僅一見的儀節，爲不足

〔註40〕彭林：〈《禮經釋例》前言〉，收入淩廷堪：《禮經釋例》，頁 31。

〔註41〕馬楠：《比經推例——漢唐經學導論》（北京：新世界出版社，2012 年），頁 75～138。

〔註42〕葉國良師：〈論淩廷堪的《禮經釋例》〉，《禮學研究的諸面向》，頁 82～101。

〔註43〕葉國良師：〈論淩廷堪的《禮經釋例》〉，《禮學研究的諸面向》，頁 87、89。

之處。其次，從禮文與禮義是否相映的觀點，盱衡《禮經釋例》一書之優缺
點。葉師指出《禮經釋例》大多足以見義，或有不能見義，或有逸出釋例以
見義之宗旨者。其三，葉師指出《儀禮》各項儀節均須深究其義，並以設介、
堂上北面拜、堂上室中設席等爲例加以說明。該文脈絡分明，有其洞見。文
中說道：

> 重要的是，要檢討凌書是否在揭例見義這一方面做得完美，如
> 果還不完美是爲了什麼？如何才能比凌書再進一步而對禮意（義）
> 的闡釋更加明白而合乎古義？〔註44〕

葉師以爲「闡釋禮義」足爲今後研究《禮經釋例》，乃至研究古禮的方向，可
爲定評。

（二）兼用西方學說的研究成果

　　彭美玲師《古代禮俗左右之辨研究——以三《禮》爲中心》以秦漢之前
所見「左右」相關禮俗爲探討焦點，引用考古成果、西方人類學，及結構主
義等觀點，將左右禮俗區隔爲現象面的生活習慣與深層的思維結構兩類。文
中簡要說明禮例的重要性及括例傳統，並在界定「例」爲「規則」後，說：

> 見諸禮書的、關乎禮文的、經常不變的、具體可行的行爲規範。
> 〔註45〕

根據葉國良師《石學蠡探》對石例的分類，彭氏將禮例範圍分爲三種：

> 通例：諸禮大體如此，幾無例外。
>
> 別例：專屬某禮。
>
> 變例：少數，與一般情形相對。〔註46〕

此分類突破傳統以「常變」或「正變」區別禮例的方式，且將禮例的概念應
用於「左右禮俗」分析，洵爲結合理論與實踐之作，值得取法。在禮意的詮
釋方面，亦有獨到之處，爲本文多所借鑑。

　　程克雅〈胡培翬《儀禮正義》釋例方法研究——兼述段熙仲之「以例治
禮」說〉曾從禮書的範圍與對象，爲例分類：

> 以釋例爲主通貫經解的禮書，因立「例」的性質有異，故依範

〔註44〕 葉國良師：〈論凌廷堪的《禮經釋例》〉，《禮學研究的諸面向》，頁86。
〔註45〕 彭美玲師：《古代禮俗左右之辨研究——以三《禮》爲中心》（臺北：國立臺
　　　　灣大學出版委員會，1997年4月初版），頁79。
〔註46〕 彭美玲師：《古代禮俗左右之辨研究——以三《禮》爲中心》，頁80。

圍及對象略分爲三，其名目分別爲：一、本經釋例；二、專題釋例；
三、專家釋例等三類。〔註47〕

「本經釋例」以《儀禮》一經爲主，如淩廷堪《禮經釋例》；「專題釋例」爲
主題性的討論，如任大椿《弁服釋例》；「專家釋例」以人爲主，針對個別禮
學家從事辨正，如敖繼公《儀禮集說》專事駁鄭。〔註48〕程氏的分類關照歷
代禮例所針對的對象。其後，程氏的博士論文《乾嘉學者「以例釋禮」解經
方法比較研究——江永、淩廷堪與胡培翬爲主軸之析論》比較江永、淩廷堪、
胡培翬三家的禮學思想與解經方法，以觀察清代禮學的演變。程氏界定「例」
的意思爲：

> 一是例證、舉例之意的「example」、「instance」；一是指先例、
> 例外的「precedent」、「exception」；一是範例、規律之意的
> 「regulation」、「rule」。在中國傳統學術中所稱的「例」，其實也涉及
> 以上三種不同的性質和涵義。經注中緣例解釋的意識及方法的強
> 調，可能著重在舉證、示例的性質，則屬於第一種意義；如果藉著
> 語句或事物內容而企圖歸納出條理，則屬於第二種意義；強調解釋
> 時的原則與規律，則是第三種形態。〔註49〕

釐清「例」字的定義後，程氏分別將江永《儀禮釋例》、淩廷堪《禮經釋例》、
胡培翬《儀禮正義》加以歸類。〔註50〕同時，參酌段仲熙、西方社會人類
學與語言學的說法，將禮學凡例分類、凡例與治禮的關係等作更深層的剖
析；同時，對釋例方法的侷限有所省思，如詮釋者的立場問題、論據的主從，
及所用的底本問題等，〔註51〕予以筆者多方的啓發。從儀式分析的觀點，
探究釋例方法、《儀禮》分節與禮學專題，亦相當具有研究潛力。〔註52〕不

〔註47〕 程克雅：〈胡培翬《儀禮正義》釋例方法研究——兼述段熙仲之「以例治禮」
說〉，《中央大學中國文學研究所論文集刊》第 2 期（1995 年 6 月），頁 3。

〔註48〕 程克雅：〈胡培翬《儀禮正義》釋例方法研究——兼述段熙仲之「以例治禮」
說〉，《中央大學中國文學研究所論文集刊》第 2 期（1995 年 6 月），頁 3。

〔註49〕 程克雅：《乾嘉學者「以例釋禮」解經方法比較研究——江永、淩廷堪與胡培
翬爲主軸之析論》（臺北：國立師範大學國文研究所博士論文，1998 年 6 月，
岑溢成教授指導），頁 91。

〔註50〕 程克雅：《乾嘉學者「以例釋禮」解經方法比較研究——江永、淩廷堪與胡培
翬爲主軸之析論》，頁 164、199、257。

〔註51〕 程克雅：《乾嘉學者「以例釋禮」解經方法比較研究——江永、淩廷堪與胡培
翬爲主軸之析論》，頁 168、270。

〔註52〕 較早如林素英師之《喪服制度的文化意義：以《儀禮‧喪服》爲討論中心》，

過，該書雖題爲「乾嘉學者『以例釋禮』解經方法比較研究」，實以勾勒清代禮學發展爲主要關懷，解經方法僅占部分篇幅，殊爲可惜。

之後，程氏〈乾嘉禮學學者解經方法中「文例」之建立與運用──以凌廷堪《禮經釋例・飲食之例》三篇爲主的探討〉延續上揭書中運用西方語言學、方法論的觀點，以飲食之例爲主題，分析文例的建構與運用實例。程氏定義文例、闡述其建立方法，同時提出文例在釋經原理方面包含的內容，如：

第一、「關鍵詞」：藉相同「辭例」對比出不同的名物禮義。

第二、「句式」：藉相似「句式」排比出不同的儀節。

第三、「篇章」：藉同類「篇章」對比出不同的制度。〔註53〕

從而細緻分梳文例應用。文中並指出凌廷堪以《儀禮》一經爲核心，使用類聚與對比的方法發掘凡例，在應用文例解經方面擁有系統性與代表性。〔註54〕程氏說：

在整部著作中（筆者按：《禮經釋例》），回歸到「關鍵詞」或曰「辭例」的基本方法，在「釋例」內容中，實層層套疊著必要的「辭例」及「文例」等基礎；就如同「名物」、「儀節」也具體的套疊在制度之中，而組織成爲合理的整體禮制。〔註55〕

此說以「辭例」爲文例的基本方法，不僅有助於理解禮書的特質，亦提供思考禮例形成的原由。

亦嘗試從喪禮儀式的轉變探討其文化涵義，論證翔實，兼顧喪禮理論與情感特質，相當富有啓發性。近期則如林素娟採用西方人類學家特納過渡／通過儀式的觀點，重新審視《儀禮》中的飲食，細密剖析，並深化儀式研究的內容。見氏著：〈飲食禮儀的身心過渡意涵及文化象徵意義──以三《禮》齋戒、祭祖爲核心進行探討〉，《中國文哲研究集刊》第32期（2008年3月），以及〈喪禮飲食的象徵、通過意涵及教化功能──以禮書及漢代爲論述核心〉，《漢學研究》第27卷第4期（2009年12月）。

〔註53〕 程克雅：〈乾嘉禮學學者解經方法中「文例」之建立與運用──以凌廷堪《禮經釋例・飲食之例》三篇爲主的探討〉，收入蔣秋華主編：《乾嘉學者的治經方法》（臺北：中央研究院中國文哲所籌備處，2000年10月初版），頁464。

〔註54〕 程克雅：〈乾嘉禮學學者解經方法中「文例」之建立與運用──以凌廷堪《禮經釋例・飲食之例》三篇爲主的探討〉，收入蔣秋華主編：《乾嘉學者的治經方法》，頁470～471。

〔註55〕 程克雅：〈乾嘉禮學學者解經方法中「文例」之建立與運用──以凌廷堪《禮經釋例・飲食之例》三篇爲主的探討〉，收入蔣秋華主編：《乾嘉學者的治經方法》，頁480。

第三節　研究範圍與對象

　　歷來討論先秦具體禮文，多涉及《儀禮》一書的內容，如朝聘、昏禮、祭祀等。因此本文擬先說明以《儀禮》及其注解的禮例作爲研究範圍的原因。然後，說明禮例的意義、應用過程、作用、表現面向等，以作爲本文討論的基礎。

一、《儀禮》及其注解作品

　　《儀禮》記載各類禮儀始末，從前置作業的籌備、邀請，到禮儀的進行，最後結束、明日拜賜等等，是目前所見先秦典籍中最爲詳盡者。而且《儀禮》的書寫具有理想性：十七篇排除國別、時代、地域等因素，並附有各類突發狀況、特殊事件，如孤子冠禮、出聘之使者亡故等。可知《儀禮》的編寫者期望在各種情形下，皆能行禮如儀，故不僅詳述一般禮儀，亦兼及特殊情形。因此《儀禮》是探討禮例時，極具重要性的一部經典。

　　以《儀禮》的注釋而言，取法前人研究述評中第一類「歷史性的沿革說明」，[註56]以「禮例沿革」爲脈絡，選擇最具關鍵地位的鄭玄《儀禮注》、賈公彥《儀禮疏》、凌廷堪《禮經釋例》以觀察禮例的歷時性發展。東漢時，鄭玄注解《儀禮》、《禮記》、《周禮》三部典籍，爲現存漢代重要而完整的禮學著作。參考六朝黃慶、李孟悊的義疏，唐朝賈公彥作《儀禮疏》申說鄭意，並加以補充。唐代科舉考試選用鄭玄注解，故《儀禮疏》、《禮記正義》、《周禮疏》皆據鄭說加以闡發，形成「禮是鄭學」。[註57]於是，在科舉考試的要求下，漢代到唐代的三《禮》的經典原文、三《禮》的義疏，皆因鄭玄而匯聚、互通。除了陳澧之外，江藩也指出凌廷堪《禮經釋例》繼承鄭玄、賈公彥：

　　　　繼本朝大儒顧、胡之後，集惠、戴之成，精於三《禮》，專治
　　　十七篇，著《禮經釋例》，上紹康成，下接公彥。[註58]

〔註56〕未以主題式的禮例爲討論對象的原因，一方面在於作品的篇幅多爲單篇，且各有主題，對話性有限。另一方面，此類作品多爲凌廷堪《禮經釋例》參考，實亦包含於論文的討論範圍中。如宋代李如圭《儀禮釋宮》歸納出來的宮室格局，即爲凌廷堪《釋例》所採用；又如清朝任大椿〈弁服釋例〉、〈深衣釋例〉則爲《禮經釋例・器服之例》所引用。

〔註57〕詳參楊天宇：〈略論「禮是鄭學」〉，《經學探研錄》（上海：上海古籍出版社，2004 年 11 月初版），頁 283～290。

〔註58〕清・江藩：〈校禮堂文集序〉，收入《凌廷堪全集》（合肥：黃山書社，2009

江氏指出在清代漢學的背景下，凌廷堪承襲鄭玄、賈公彥的禮說。《禮經釋例》援引鄭、賈二氏的條例與解釋，可視爲禮例應用與解釋的連續發展。

　　總之，本文以《儀禮》一經爲對象，在注釋作品中選擇《儀禮注》、《儀禮疏》、《禮經釋例》爲主要的討論範圍。

二、禮例的界定

（一）禮例的涵義

　　禮以秩序爲訴求，提供一套分辨、維持關係的方法與標準。〔註59〕在人類的群居生活中，經由情感與理性的交互作用，產生一些維繫共同生活的原則；這些原則包含抽象的理想概念、具體的個人生活規範及國家社會的組織制度。〔註60〕經由長期地實踐規則，使人們在習以爲常的慣性中，達到維持秩序和促進文明的效果。〔註61〕禮以倫理關係爲出發點，運用多寡豐陋繁簡的禮文實踐、顯示社會差異的方式，維持社會秩序。〔註62〕各階級身分的禮儀行爲、器服，具有固定的內涵、相同身分者具有一致性，並且能夠連續地實踐，方能形成並穩固尊卑、貴賤的關係及價值觀。違背禮，即是破壞原有秩序的「連續性、一致性、確定性」。「禮崩樂壞」正是指倫理關係及其義務，

年初版），第 4 冊，頁 321。

〔註59〕 瞿同祖：《中國法律與中國社會》（北京：中華書局，1996 年 8 月初版），頁 273。

〔註60〕 上述詳參周何：《禮學概論》（臺北：三民書局股份有限公司，1998 年 1 月），頁 19～20。陳來：《古代宗教與倫理：儒家思想的根源》（臺北：允晨文化實業股份有限公司，2005 年 6 月初版），頁 235。按：本文所謂的秩序，指整齊有條理的排列次第，形成結構上的等級次序，包含「分別、次序、規則、條理」等概念。適用於自然現象，如《楚辭·離騷》：「日月忽其淹兮，春與秋其代序」；亦通用於社會現象，如《荀子·君子》：「長幼有序」。以靜態而言，指人和事物按照特定條件加以排序，而有相對固定的先後次第，形成整齊而有條理的組織。就動態發展來說，指自然和社會現象具備程序上的連續性、一致性和確定性。職是，事件、行爲、現象具有「秩序」時，意指具有固定的先後順序、連續性、一致性、確定性，及伴隨而來的「可反覆」、「可預測」等特質，從而形成規律或規則。秩序的特質，可滿足社會群體心理上對於安定與信賴感的需求。參（美）埃德加·博登海默著，張智仁譯：《法理學——法律哲學和方法（修訂版）》（上海：上海人民出版社，1992 年 2 月初版），頁 199～206、210。

〔註61〕 上述詳參周何：《禮學概論》，頁 20。

〔註62〕 詳參瞿同祖：《中國法律與中國社會》，頁 273。

不再爲人所遵行。〔註63〕因此，禮既是形塑秩序的途徑（禮樂教化），同時也是展現秩序成果的舞臺（禮儀之邦、詩禮之家、有禮）。

禮例，是維繫群體生活秩序的規則，包括抽象的概念、具體的個人生活規範及國家社會的組職制度等。

（二）禮例的應用過程

根據禮例，可以得知社會中具體實踐的生活準則，也能解讀屬於學習知識的禮書文獻。而應用禮例的過程，主要是互見、比類，及推次〔註64〕之法。

關於互見，賈公彥說：

凡言互文者，各舉一事，一事自周，是互文。（《儀禮・鄉射禮》，賈疏，卷13，頁143）

單就甲儀節或乙儀節，以其省略，故稱爲「省文」或「文不具」。相互參照甲儀節、乙儀節，而推得全貌，是爲互文、互見。

比類〔註65〕，係指根據特定標準，辨別諸事異同後，綜合相同或相近者成爲種別，而同種事物所具有的共性，將可歸納出法則與事理。〔註66〕這些

〔註63〕如「大夫無外交」，國君才有權力，此爲君臣尊卑的表現。春秋時，大夫僭越（破壞君臣倫理），而有外交之舉（不遵行大夫所當爲）。

〔註64〕推次，爲相推以次第之意。部分學者或因《漢書》載后倉等人「推士禮而致於天子」，又稱爲「推致」；或比擬的角度，稱爲「準況」，如皮錫瑞：「鄭之所謂準況，即倉等所謂推致也，其後孔賈之疏經注，亦用推致之法。」見氏著：《經學通論・三禮》，頁13。

〔註65〕《禮記・月令》，孔穎達正義，卷16，頁325。《禮記・月令》：「〔孟秋之月〕是月也，乃命宰祝循行犧牲，視全具，案芻豢，瞻肥瘠，察物色，必比類；量大小，視長短，皆中度。五者備當，上帝其饗。」孔穎達說：「已行故事曰比，品物相隨曰類。」（卷16，頁325）《漢書・文帝紀》：「它不在令中者，皆以此令比類從事。」顏師古注：「言此詔中無文者，皆以類比而行事。」見漢・班固著，唐・顏師古注：《漢書》（北京：中華書局1996年初版），卷4，頁132、134。《後漢書・范升傳》：「《京氏》既立，《費氏》怨望，《左氏春秋》復以比類，亦希置立。」見劉宋・范曄：《後漢書》（臺北：鼎文書局，1987年元月五版），卷36，頁1228。

〔註66〕陸宗達、王寧指出「類」字的意義發展：「（一）它有『相同』之義，將相同的東西歸納在一起叫『一類』。（二）它有條理之義，分類即使物有條理。（三）它有繫聯之義，同類之物因其特徵相同而有聯繫。這三方面的意義是相通的。眾多物品有次序地聚集叫類，從而引申出『大多數』義，就毫不奇怪了。」見二氏著：《訓詁與訓詁學・釋「類」》（太原：山西教育出版社，2005年7月二版），頁214。又，《春秋》比例的討論，可參葛志毅：《春秋》例論，《管

法則與事理，成爲面對未知事物的參考依據，謂之爲類，又稱例。〔註 67〕

　　分類的同時，也產生某種程度的數量、位階關係，如凡目、總目。部分具有參考價值或可作爲標準的經驗，被冠以「凡」字。因而《說文解字》指出：「凡，取括也」，段玉裁說：「總聚而絜束之也」，聚麻而總成一束。〔註 68〕申言之，即通盤考量舊經驗而得出一條規則或規律。因此，相對於「原則」，林林總總的經驗便被視爲「目」，如：

　　　　號凡而略，名詳而目。目者，徧其事也。凡者，獨舉其大也。
〔註 69〕

作爲規則或規律的「凡」，「獨舉其大事」，較爲簡要；作爲細項的「目」，「徧辨其事」，較爲詳盡。〔註 70〕如享鬼神之事，總稱爲「祭」，若散名則有「春日祠，夏曰礿，秋曰嘗，冬曰烝」；獵禽獸之事，概括爲「田」，分殊而言，「春苗、夏獮、秋蒐、冬狩」。〔註 71〕

　　推次法的應用，基於比類呈現的是一種系統化的過程〔註 72〕：將已知作

子學刊》2006 年第 3 期，頁 66。王葆玹：《今古文經學新論（增訂版）》（北京：中國社會科學出版社，2004 年版），頁 102。

〔註 67〕《荀子・非相》說：「類不悖，雖久同理，故鄉乎邪曲而不迷，觀乎雜物而不惑。」見周・荀卿著，清・王先謙集解，沈嘯寰、王星賢點校：《荀子集解・非相》（北京：中華書局，1997 年 10 月初版），上冊，卷 3，頁 82。又，《儀禮・喪服》賈疏說：「若然，經之體例，皆上陳服，下陳人。此服之異在下言之者，欲見與男子同者如前，與男子異者如後，故設文與常不例也。」（卷 29，頁 348）「與常不例」，即「與常不類」，異於常類，「例」字有類的意思。

〔註 68〕漢・許慎著，清・段玉裁注：《新添古音說文解字注》（臺北：洪葉文化事業有限公司，1998 年 10 月初版，經韵樓藏版），13 篇下，頁 688。按：如《禮記・雜記上》：「凡將命，鄉殯將命，子拜稽顙，西面而坐委之。」孔穎達說：「此一經將命言『凡』，是總說上文、前文所不見者。」（卷 41，頁 729）此例概括〈雜記〉載諸侯喪，行弔、含、襚、賵之使者皆鄉殯致命，爲人子者皆拜稽顙，「西面坐委之」。由於「凡」具有概括的作用，因此解釋者或使用同樣具有合束眾物之意的「總」、「約」等字說明。

〔註 69〕舊題漢・董仲舒撰，蘇輿義證：《春秋繁露義證・深察名號》（北京：中華書局，2008 年 8 月初版），卷 10，頁 287。

〔註 70〕相同的例子，還有《周禮・天官・小宰》：「師掌官成，以治凡。……司掌官法，以治目。」（卷 3，頁 47）揚雄〈長楊賦〉「請略舉凡，而客自鑒其切焉」的「凡」，取其「綱要」之意，鄭玄《詩譜序》：「舉一綱而萬目張」的綱、目，其意同於凡目。賈公彥說：「以其言『凡』，非一之義。」《周禮・春官・司几筵》，賈疏，卷 20，頁 310。

〔註 71〕舊題漢・董仲舒撰：《春秋繁露・深察名號》，卷 10，頁 287。

〔註 72〕馬壯寰：〈對類比的辯證分析〉，《語言・文學・文化論稿》（北京：中國社會

一系統性的整理，經由分類得出事物的法則或比式，界定彼此之間的位置、異同。從而根據已知，辨別未知，使未知事物同化或納入到熟悉的族類，再次進行界定次第位置的過程，有助於作出判斷，或藉由詮釋得到新知〔註73〕。準此，就狹義而言，推次是界定關係。就廣義而言，推次包含互見異同、分類、界定關係等條例應用過程，故爲「禮家之通例」〔註74〕。

　　運用互見、比類、推次的過程於學習時，《荀子‧勸學》說：「倫類不通，仁義不一，不足謂善學」，楊倞申說：

　　　　通倫類，謂雖禮法所未該，以其等倫比類而通之。謂一以貫之，

　　觸類而長也。〔註75〕

辨別事物異同，進而歸類使「物各從其類」，得到其中「一以貫之」的法則，方能觸類旁通、「以類度類」、「推類而不悖」。〔註76〕若應用於評論人事時，則是辨別該人言行遵循或違背該類的法則，進而評判其是非善惡。《國語‧周語》載叔向引《詩》：「其類維何？室家之壼」，並解釋說：

　　　　類也者，不忝前哲之謂也。〔註77〕

族人之間以孝爲法則之一。以孝道施於族類，不辱先人，爲人所當遵循的法則，故爲善。《禮記‧緇衣》說：「下之事上也，身不正，言不信，則義不壹，行無類也。」鄭注：「類謂比式」，孔穎達申說：

　　　　言行之無恆，不可比類也。（《禮記》，孔穎達正義，卷 55，頁

　　934）

科學出版社，2009 年 4 月初版），第 2 集，頁 6。

〔註73〕（美）赫施（E.D. Hirsch）著，王才勇譯：《解釋的有效性》（北京：三聯出版社，1991 年初版），頁 200。陳榮華：《萬達瑪詮釋學與中國哲學的詮釋》（臺北：明文書局股份有限公司，1998 年 3 月初版），頁 226。

〔註74〕清‧皮錫瑞著：《經學通論‧三禮》，頁 22。

〔註75〕周‧荀卿：《荀子‧勸學》，楊倞注，上冊，卷 1，頁 18。按：朱子說：「『九年知類通達』，此謂之大成，橫渠說得推類兩字最好，如《荀子》：『倫類不通，不足謂之善學』，而今學者只是不能推類，到得『知類通達』，是無所不曉，便是自強不反。」正將類比對於學習的貢獻，作出最合適的說明。見宋‧朱熹：《朱子語類‧林賜錄》，見李光地：《朱子禮纂》，卷 1，頁 6 上。

〔註76〕周‧荀卿：《荀子》〈非相〉，上冊，卷 3，頁 82；〈正名〉，下冊，卷 16，頁 423。

〔註77〕舊題左丘明撰：《國語‧周語下》（臺北：宏業書局有限公司，1980 年 9 月出版），卷 3，頁 117。按：《詩‧大雅‧瞻卬》：「威儀不類」（卷 18，頁 696）、《左傳》僖公二十四年：「召穆公思周德之不類」（卷 15，頁 256），均釋爲「善」。《禮記‧樂記》鄭注：「擇善從之曰比。」（卷 39，頁 691）

言行符合「正」、「信」，乃是常規的表現。綜言之，條例可用於知識、經驗上的學習，亦可作評論人事的根據。

　　總結上述互見、比類、推次等應用過程的討論，整理如下：

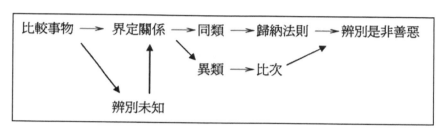

　　值得注意的是，人文學科的例，與自然科學的規則不盡相同。卡西勒指出自然科學和歷史雖然同樣具有使用符號的共性，但自然科學要盡可能地排除人的因素，而歷史卻是一門有關人的活動和意義的學問，「意義」的範疇，不能和「存在」的範疇等同視之。〔註78〕故人文學科和自然科學對於「例」的概念不同：人文學科和自然科學同樣具有數量多寡的意識，然而人文學科的「例」，不論是個人觀察而得，還是習得之「例」，多依據既有的歷史經驗，重視少數的、個別的特殊情形，並進行意義上的理解與詮釋。自然科學則普遍使用數量統計、概率解釋的方式，盡量排除主觀或個人因素，毋須顧及個別差異（原子、量子力學，甚至將極少數的、游離的偏差值，視爲「零」）。簡言之，自然科學的「例」重視普遍性，人文學科的「例」受經驗影響，可以具有特殊性。

（三）禮例的作用

　　根據上述的應用過程，可進一步說明禮例的作用。《禮記・王制》說：「疑獄氾與眾共之，眾疑赦之，必察小大之比，以成之」，鄭注：「小大，猶輕重，已行故事曰比。」陸德明說：「比，必利反，注同例也。」〔註79〕孔穎達說：

> 「必察小大之比，以成之」者，「小大，猶輕重也」，比例也。
> 「已行故事曰比」，此言雖疑而赦之，不可直爾而放，當必察按舊法

〔註78〕（德）恩斯特・卡西勒著，劉述先譯：《論人：人類文化哲學導論》（桂林：廣西師範大學出版社，2006 年 11 月），頁 273～274。劉述先〈論所謂中國文化的超穩定結構〉，杜維明主編：《儒學發展的宏觀透視》（臺北：正中書局，1997 年 7 月初版），頁 111～112。
〔註79〕《禮記・王制》，卷 13，頁 259。

輕重之例，以成於事。（《禮記》，孔穎達正義，卷 13，頁 261）

「比例」，乃比較並參考舊法或輕或重的判例，決定當下事件。鄭玄說：「已行故事曰比」，孔穎達申之爲「察按舊法輕重之例」，可知比、例二字作爲名詞時，意思相同，皆指可作爲依據的事物。就「當必察按舊法輕重之例，以成於事」而言，「例」的作用在於：以舊有的事件或經驗爲基礎，衡量當下事件的輕重、小大，從而歸類並判斷當下事件，即所謂的「比例」〔註 80〕。準此，例的作用至少表現在二方面：

其一，以規則的性質而言，「例」具有必然性，即相同的條件下，採用同樣的應對之策，具有固定、一致、不可避免，乃至可預測等因素。若新事件與舊經驗性質相同，可比照辦理或推論其結果。因此，規則所具有的規範性，能形塑價值觀。〔註 81〕如上引《國語・周語》施孝於族人、不辱先人，不僅是法則，也是人群相處的價值觀。又，《國語・周語上》載：

> 幽王二年，西周三川皆震。伯陽父曰：「周將亡矣！夫天地之氣，不失其序。若過其序，民亂之也。陽伏而不能出，陰迫而不能烝，於是有地震。今三川實震，是陽失其所而鎮陰也。陽失而在陰，川源必塞；源塞，國必亡。夫水土演而民用也。水土無所演，民乏財用，不亡何待？昔伊洛竭而夏亡，河竭而商亡。今周德若二代之季矣，其川源又塞，塞必竭。夫國必依山川，山崩川竭，亡之徵也。」〔註 82〕

根據夏、商亡國的歷史教訓，伯陽父提出「夫天地之氣，不失其序。若過其序，民亂之也」的原則，人民的生養仰賴山川資源，當「山崩川竭」、失去原有的自然秩序時，將導致國家滅亡，從而斷言「周將亡矣！」。歸結歷史經驗，形成演繹推論的法則，即是比例。

以規則的必然性或規律的普遍性而言，「凡」也可稱作「常」，如《荀子・禮論》：「喪禮之凡：變而飾，動而遠，久而平。」楊倞注：

〔註 80〕漢・王充：「論者以儒生不曉簿書，置之於下第。法令比例，吏斷決也。文吏治事，必問法家。」見《論衡校釋・程材》（北京：中華書局，1996 年 11 月初版），第 2 冊，卷 12，頁 541〜542。黃暉釋「比」字說，「比，今言判例也。」（頁 542）

〔註 81〕葛志毅：〈鄭玄三禮體系考論〉，《中華文化論壇》2007 年 3 月，頁 47。

〔註 82〕舊題左丘明著：《國語・周語上》，卷 1，頁 26〜27。按：《公羊傳》僖公五年說：「一事而再見者，前目而後凡也。」（卷 10，頁 128）重複出現的事，前者詳加說明，後者從簡，乃因參考前例而知。

凡，謂常道。〔註83〕

根據喪禮過程，歸結爲殯斂加飾、移動棺木「即遠」，及日久哀殺，平復心情等原則。由於「凡」可稱作常，因此注釋者時以「禮之常」一辭，指稱規則〔註84〕。

其二，若無法採用比照辦理的方式，「例」可作爲處理新事物的參考基準。《禮記·服問》：

> 傳曰：罪多而刑五，喪多而服五。上附下附，列也。（《禮記·服問》，卷 57，頁 952）

鄭注：「列，等比也」。〔註 85〕犯罪行爲的種類眾多，卻只有五種刑罰，親疏遠近的喪事眾多，卻只有五服，是因爲斟酌既有的五刑或五服，即可得到合宜的處理辦法。

由於「例」的功能在於比照舊經驗，協助判斷當下事件，於是往昔的生活（歷史）藉此凝鍊而融入當下，乃至未來。重視過去經驗的鮮明表現，莫過於引證與應用文化積澱的經典、前人言語，如「諺曰」、「古人有言」、「前志有之」、引《書》、引《詩》等等。〔註86〕然而，隨著事件、思維、社會環境的不同，過去的經驗並非因應未來的唯一法則，而是重要參考。在這樣的過程中，若無新事件、意外，舊經驗的影響力是普遍而廣泛的。當新事件發生時，新、舊事件之間不必然是對立或衝突的，也可以是協助判斷的基礎。新事件也可能促使既有對策的調整或制定出新的解決之道，如《左傳》的「晉於是始墨」〔註87〕。

值得注意的是，來自經驗的「例」之所以能夠被應用或推論其他事物，

〔註83〕周·荀卿：《荀子·禮論》，卷 13，頁 362。

〔註84〕《儀禮》，〈鄉飲酒禮〉賈疏：「以其盥後辭洗，是禮之常故也」，卷 9，頁 88；〈鄉射禮〉賈疏：「進宜難，禮之常然」，卷 11，頁 111。《禮記·檀弓》，孔穎達正義：「禮之常事」，卷 6，頁 113；〈禮器〉孔穎達引鄭玄說：「禱祈有爲言之，主於求福，豈禮之常？」卷 23，頁 458；〈樂記〉孔穎達：「言顯著誠信，退去詐僞，是禮之常也」，卷38，頁 684。

〔註85〕《經典釋文》說例字，「亦作列」，段玉裁認爲古人比、例等字，大體作「列」字。可知列、例二字在古籍中時可互通。見《說文解字》，段玉裁注，8 篇上，頁 385。

〔註86〕陳來：《古代思想文化的世界——春秋時代的宗教、倫理與社會思想》（北京：生活·讀書·新知三聯書店，2002 年 12 月初版），頁 133～173。

〔註87〕《左傳》僖公三十三年，卷 17，頁 290。

是由於同一時空的行爲與認知具有相當程度的共同性（或稱爲文化）〔註88〕，而非以抽象、客觀的理論法則作爲「先行的」指導原則。自然科學重視確定與規律，人文學科雖認爲人類具有相似的本性，發自本性的行爲當具有某種程度的一致性，卻不是絕對的確定或規律。〔註89〕由於行爲具有相當程度的一致性，因此可採用歸納法進行討論。

（四）禮例的表現面向

1、禮例、義例、文例、事例的區別

近代學者探討條例時，多在概念上細分爲義例、文例、事例、禮例等，但實際分析時卻屢見重複〔註90〕，乃因其中有不得不合的原因。下文以禮學爲範圍，試說明此情形：

首先，抽象的道德情感須形諸具體的禮文，義例與禮文規則無法一分爲二。從古人學習禮的目的來看，《左傳》載趙衰答晉文說：

> 《詩》、《書》，義之府也；禮、樂，德之則也；德、義，利之
> 本也。（《左傳》僖公二十七年，卷16，頁267）

《詩》、《書》、禮、樂，爲學習的內容，屬於道藝層面，但同時又是德行準則的根據所在。〔註91〕禮儀學習，既是研習技藝，也是陶養身心。就禮義、禮文的結構而言，《儀禮・燕禮》君臣各就位次「小臣設公席于阼階上，西鄉，設加席。」公席後設，鄭注：「凡禮，卑者先即事，尊者後也。」〔註92〕

〔註88〕 詳參（維也納）舒茲（A. Schutz）著，盧嵐蘭譯：《社會世界的現象學》（臺北：久大文化股份有限公司、桂冠圖書股份有限公司，1991年），頁163～232。

〔註89〕 孫振青：《知識論》（臺北：五南圖書出版有限公司，1994年三版），頁304～305。

〔註90〕 其他經籍中也出現相似的情形，《易》學方面，如王弼《易略例》、劉師培：《經學教科書・說比例》，收入《劉師培講經學》（南京：鳳凰出版社，2008年11月初版），頁88。《尚書》方面，如黃侃：〈講《尚書》條例〉，《黃侃論學雜著》，頁442。《春秋》方面，如清・毛奇齡：《春秋毛氏傳》，《景印文淵閣四庫全書》，第176冊，頁13。清・毛奇齡：《春秋屬辭比事記》，《景印文淵閣四庫全書》，第176冊，卷1，頁442。陳槃：《《左氏春秋》義例辨（重訂本）》，收入《陳槃著作集》（上海：上海古籍出版社，2009年9月初版，據中研院史語所專刊1993年5月2版影印出版），頁141～143。宋惠如：〈以「例」釋經初探：以漢代《左傳》學爲中心〉，林慶彰師主編：《經學研究論叢》，第18輯，頁157。

〔註91〕 陳槃：《春秋時代的教育》（臺北：中央研究院歷史語言研究所中國上古史編輯委員會，1974年6月初版），頁43。

〔註92〕 《儀禮・燕禮》，鄭注，卷14，頁160。

爲行動先後賦予尊卑的倫理價值，此乃受禮「別尊賤，明親疏」的先天特質而來。《儀禮・喪服》賈公彥疏說：

> 凡喪服所以表哀，哀有盛時、殺時，服乃隨哀以降殺。（《儀禮》，
> 賈疏，卷 28，頁 342）

外在喪服的變除，反映內在的悲傷逐漸褪去。外在的儀節、器服等禮文之例，適反映內在道德情感的禮義之例，無法分割。

其次，文字敘述是禮儀規則的載體，文例、禮例亦時見重合。《儀禮・鄉飲酒禮》「主人獻賓」章〔註93〕，「賓拜洗。主人坐奠爵，遂拜。降盥。」賈公彥疏：

> 凡賓、主行事相報，皆言答。此不言答，省文也。（《儀禮》，
> 賈疏，卷 8，頁 83）

賓客向主人拜洗，主人「遂拜」爲答拜。經文多標明「答」字，此〈鄉飲酒禮〉經文未言「答」，賈公彥認爲是省文。此條既可爲禮儀行爲之例，亦可屬於文例。之所以兩從的原因，在於《儀禮》一書純粹記載禮儀，文字記載與禮儀之間的關係，有二：一，文字與禮儀部分重合：文字未記載，但藉由禮儀流程推知爲「省文」，而非事實上的「無」。因此，就文字記載而言，此爲省文之例。就禮儀而言，〈鄉飲酒禮〉賓拜洗，主人行「答拜」之禮。二，文字與禮儀完全重合，如文字敘述的先後，往往也是禮儀行爲的先後；文字記載的內容，即爲禮儀的內容。文字所未記載者，即爲禮儀所無。如段熙仲說：

> 若〈服經〉之多爲禮例，如「君之所爲服，子亦不敢不服，君
> 之所不服，子亦不敢服也」，反復以明尊厭及從服之例。〔註94〕

〈喪服〉既是文字記載，也是服喪的規則。特別是在肯定聖人制禮的時代，文字記載的先後、有無，不僅等於禮儀的先後、有無，也可能蘊涵聖人的用心。文例、禮例、義例乃相互爲用。

沈文倬曾指出禮儀先於文字記載〔註95〕，而柳詒徵說：

〔註93〕 本文所引的《儀禮》章名，主要根據張爾岐《儀禮鄭注句讀》。而少數「記」
文，張氏並未分章，則據彭林《儀禮全譯》所定的章名。

〔註94〕 段熙仲：〈禮經十論〉，《文史》第 1 輯（1998 年 7 月初版），頁 27。

〔註95〕 沈文倬：〈略論禮典的實行和《儀禮》書本的撰作〉，《菿闇文存——宗周禮樂
文明與中國文化考論》（北京：商務印書館，2006 年 6 月初版），上冊，頁 6
～7。

史出於禮。……周之爲教，言動有法，稱謂有別，治事有序，御物有方，如〈士相見禮〉言凡者六，即可見其精意。〈曲禮〉之言凡者尤多。由動作事爲，皆有規律，至於記言記載，亦必有共守之規律。王朝之史，至諸國之史，一皆據以爲書。〔註96〕

文本記載反映禮儀及其規則，「此非異事也」〔註97〕。

其三，具體事件反映禮文規則的存在。《禮記‧檀弓下》載延陵季子適齊，返途中，長子死，孔子往觀其葬禮：

其坎，深不至於泉。其斂，以時服。既葬而封，廣輪揜坎，其高可隱也。既封，左袒，右還其封，且號者三，曰：「骨肉歸復于土，命也！若魂氣則無不之也，無不之也！」而遂行。（《禮記》，卷10，頁194～195）

從禮義、禮文，可分四點說明：首先，「墓穴深不至於泉」，一方面在於「以生恕死」〔註98〕，生人所居不欲近泉，死亦不至於泉。另一方面，爲防墓崩壞之虞。其次，「斂以時服」，以出行的衣物爲大斂。《儀禮‧聘禮》載士介死，爲棺而斂，鄭玄注：

不具他衣物也，自以時服也。（《儀禮》，鄭注，卷24，頁282）

知此殆爲常禮。第三，封墳已竟，季子左袒其衣。《儀禮‧覲禮》載侯氏見天子「乃右肉袒于廟門之東」，鄭注：

凡以禮事者，左袒。（《儀禮》，鄭注，卷27，頁326）

喪禮，亦屬禮事，故季子左袒。第四，季子哭號說：「若魂氣則無不之也，無不之也。」下葬後，形體歸於土，魂氣則無所不往。《儀禮‧既夕禮》鄭玄注指出葬後舉行虞祭即是爲了安定亡者的精氣。〔註99〕以此觀之，季子爲人父不得已葬子於他鄉，然魂氣無所不至，可隨季子返鄉。此條記載屬於歷史事件，而季子的言行（事件內容）契合禮文規則，故孔子稱許說：「延陵季子之於禮也，其合矣乎！」〔註100〕

當人們實踐禮儀產生種種事件，筆之於書形成文本。於是儘管在概念或

〔註96〕柳詒徵：《國史要義》（臺北：中華書局股份有限公司，1962年9月臺二版），頁162～163。
〔註97〕柳詒徵：《國史要義》，頁163。
〔註98〕《禮記‧檀弓下》，鄭注，卷10。頁194。
〔註99〕《儀禮‧既夕禮》，鄭注，卷40，頁473。
〔註100〕《禮記‧檀弓下》，卷10，頁195。

理論上可分為義例、禮例、文例、事例，但實際應用與分析時，並無法斷然切割禮儀與文字（內容與載體）、禮儀與事件（規則與具體實踐）、禮儀與禮意（具體表徵與無形的觀念）等。〔註101〕究其本質，義例、禮例、文例、事例也只是規則的表現面向不同而已。這反映古人對於「例」的表現與分類，未如後代之明確嚴謹。〔註102〕屈萬里分析《易》例時，指出：

> 要而言之，〈彖〉、〈象〉傳釋爻位之義，大率與經合。然作爻辭者，不過因六爻上中下之位不同，遂引起動機，觸類而繫之耳。未嘗固執其例，不容絲毫變通也。〔註103〕

古人言例，具相當程度的靈活性，並非先有一固定分明的概念。若執一義，以貫通不同時代、不同著作、不同學者的觀點，容易妨礙對例的理解。

2、言「凡」、例句的區別

除了言「凡」之外，未冠以「凡」字的例句，時亦用以解經。而這類例句的性質是否與言「凡」一類相同，值得留意。觀察《禮記》的例句敘述形式所反映的思維，可分為三類：第一種是直敘其例，如：

> 外事以剛日，內事以柔日。（《禮記‧曲禮上》，卷 3，頁 59）

> 卜、筮不過三。卜、筮不相襲。（《禮記‧曲禮上》，卷 3，頁 59～60）

> 道路，男子由右，女子由左。（《禮記‧內則》，卷 27，頁 520）

> 登席不由前，為躐席。（《禮記‧玉藻》，卷 29，頁 549）

這類例句，雖無具體的禮儀情境或事件，但編寫者當是以記錄禮儀規則的態度為之。第二種敘述方式，具有數目與比例的意識〔註104〕，表示應用場合的

〔註101〕《左傳》文公 18 年，「先君周公制周禮曰：則以觀德，德以處事，事以度功，功以食民。」（卷 20，頁 352）「則」為法則，法則、道德、行事不分。《禮記‧仲尼燕居》：「制度在禮，文為在禮，行之其在人乎！」（卷 50，頁 855）則是制度、文章、實踐（行事）不別。

〔註102〕程元敏師指出「『凡例』亦簡稱『凡』、『例』，或『義』、『義例』、或《春秋》之『書法』。」可知凡例、義例、書法（文例）並非涇渭分明。見氏著：《春秋左氏經傳集解序疏證》（臺北：臺灣學生書局，1991 年 8 月初版），頁 38。按：此受 葉國良師提點「古人用語不精確」而得，特此致謝。

〔註103〕屈萬里：《先秦漢魏《易》例述評》，收入《屈萬里先生全集》，第 8 冊，卷上，頁 25。

〔註104〕葉國良師：〈凌廷堪的《禮經釋例》〉，《禮學研究的諸面向》，頁 94。

廣狹，或事態的普遍與特殊。如：

> 凡見人，無免絰。雖朝於君，無免絰。唯公門，有稅齊衰。（《禮記·服問》，卷 57，頁 952）

> 喪三年不祭，唯祭天地社稷，爲越紼而行事。（《禮記·王制》，卷 12，頁 238）

> 禮曰：童子不緦，唯當室緦。（《禮記·問喪》，卷 56，頁 947）

就性質而言，「唯」字之前所述，屬於普遍情形；「唯」字以下，則指特殊或例外情形。就數目與比例關係而言，「唯」字以下的特殊情形，亦當爲少數。第三類直陳特殊情形，而一般的常見狀況，雖略而不言亦可反推：

> （1）唯天子之喪，有別姓而哭。（《禮記·檀弓》，卷 8，頁 153）

> （2）餕餘不祭：父不祭子，夫不祭妻。（《禮記·曲禮》，卷 2，頁 42）

> （3）唯水漿不祭，若祭，爲已僁卑。（《禮記·玉藻》，卷 29，頁 550）

第一條，除了天子以外，其他階層的喪禮大體上無異姓者哭。第二條，除了父於子、夫於妻之外，食餘食者當祭食先。第三條，除了水漿不祭，其他多行祭食先之禮。這類條例顯示寫作者嫻熟於禮，考量各種情形，而作出數目與比例意識的推論。

直至清代仍有未冠以「凡」字，而稱爲例者，最爲鮮明的是清人任大椿的《深衣釋例》、《弁服釋例》二書。如《深衣釋例》說：

> 深衣爲古養老及燕群臣之服。又爲諸侯之夕服。又爲遊燕之服。又爲大夫、士私朝夕服及家居之服。又爲道路之服。又爲庶人之吉服。又爲親始死之服。又爲奔喪未成服之服。又爲親殯時之服。又爲殯後君弔，反未殯之服。又爲既祥之服，又爲除喪受弔之服。又爲公子爲其母與妻之服。又爲親迎女在塗聞婿父母死，趨喪之服。……凡服，殊衣裳；深衣，不殊衣裳。深衣露著而素紕長袂者曰長衣。有表而長袂者曰中衣。中衣在裳及裼衣之內。布緣者曰麻衣。通曰襌衣。襌衣之別曰褋。曰袪衣。曰裎衣，曰襜褕……。〔註105〕

〔註105〕 清·任大椿：《深衣釋例》，收入《續經解三禮類彙編（三）》（臺北：藝文印

《弁服釋例》也是同樣的作法。書名爲「例」，文中所言卻罕冠以「凡」字，可知古人對於言「凡」、例句並未嚴格區別。

甚至，注釋者的條例遞相爲用時，原屬例句者，後人或冠以「凡」字，如鄭玄說：「吉事交相左，凶事交相右」，凌廷堪則說：「凡凶事交相右，吉事交相左。」〔註106〕又，《禮記》說：「夫婦相授受，不相襲處，酢必易爵。」〔註107〕鄭玄解《儀禮・有司徹》時引爲「男女不襲爵」〔註108〕，而凌廷堪冠以「凡」字說：「凡飲酒，君臣不相襲爵，男女不相襲爵。」〔註109〕可知二者的區別，亦未如此疆彼界般不可踰越。〔註110〕

（五）小　結

綜合上述，「禮例」指以禮爲範圍，具有必然性的規則或規律，包含政治制度、個人生活規範、價值觀等方面。禮例的作用，一方面在規範言行，引導價值觀。另一方面，根據既有的原則決斷當下新事件。因此就時間向度而言，禮是社會長期實踐、用以維持秩序的產物，禮例亦爲長期形成的規則或規律，其本質如同「慣例」。禮例的應用過程爲互見異同、分類、推次，不僅可應用於知識或經驗的學習，亦可用於評判人事褒貶。就表現形式與內容而言，可分爲義例、禮例、文例、事例，或言「凡」、例句，然而實際分析、應用時，這些區別並無法明確分割（也不宜分割），故本文以較爲寬泛的態度，將見之於禮書的凡言、例句，皆視爲禮例。

書館，1986 年初版），卷 191，頁 3037～3074。清・任大椿：《弁服釋例》，收入《皇清經解三禮類彙編（三）》（臺北：藝文印書館，1986 年初版），頁 1811～1935。

〔註106〕清・凌廷堪：《禮經釋例・變例》，卷 8，頁 422。

〔註107〕《禮記・祭統》，卷 49，頁 836。

〔註108〕《儀禮・有司徹》，鄭注，卷 49，頁 588～589。

〔註109〕清・凌廷堪：《禮經釋例・飲食之例下》，卷 5，頁 266。

〔註110〕廖平考察《左傳》的五十凡、例句後，說：「杜氏所謂不言凡者，若以凡字冠其首，依然文義詳明，與言凡者一律相同，非有古今文字之異、前後體制之殊。可見左氏文筆隨宜，時或言凡，時或不言凡，亦傳記立言之常，初無容心於其間也。」言「凡」、例句的形式表現不同，但皆具規則性質。此亦可作爲解釋《禮記》言「凡」、例句的參考。見氏著：〈五十凡駁例〉，《圖書集刊》第 4 期（1943 年 3 月），頁 15。

第四節　研究問題與方法

一、研究問題

參考前人研究第二類的「專家或主題式的探討」，本文擬進行的方向有三：

第一，探討禮例內容的演變及其原因。彭美玲師界定禮例為「行為規範」，林素英師闡發「嫂叔無服」的喪服規則時，說：

> 若以古人注重生活經驗累積、講求生活實踐的特色而論，如此將男女「推而遠之」的措施，必定曾經遭遇過歷史苦痛的教訓。〔註111〕

可知禮儀規則來自實踐與經驗累積。相對地，部分學者以為禮例來自經書的文字，如段仲熙、程克雅、彭林、馬楠等指出禮例經由比較、歸納文本而得。〔註112〕禮例來源為何有如此不同的認定？不同的來源是否反映在禮例內容上？歷代的禮例變化內容為何，又為何產生變化？

第二，從方法與目的觀點，探討《儀禮注》、《儀禮疏》、《禮經釋例》的條例應用及其不足。禮例的應用方式，來自於目的。根據上述學者的見解，發現用例目的可別為二種：其一，褒貶人事，如上引毛奇齡說：

> 《春秋》一書以禮為例，故《左傳》于隱七年「書名例」云：「諸侯策告，謂之禮經。」而杜《註》與孔《疏》皆云：「發凡起例，悉本周制」。所謂「禮經」，即春秋例也。故孔《疏》又云：合典法者，即在褒例；違禮度者，即在貶例。凡所褒貶，皆據禮以斷，並不在字句之間，故曰「禮例」。〔註113〕

毛氏所言的「禮例」，應用於人事，以禮作為褒貶得失的準繩，強調其規範

〔註111〕林素英師：〈「嫂叔無服」的文化意義——以《儀禮》〈喪服〉為討論中心〉，《禮學思想與應用》（臺北：萬卷樓圖書股份有限公司，2003年9月初版），頁159。

〔註112〕段熙仲：〈禮經十論〉，《文史》第1輯（1998年7月初版），頁26。程克雅：〈乾嘉禮學學者解經方法中「文例」之建立與運用——以凌廷堪《禮經釋例·飲食之例》三篇為主的探討〉，收入蔣秋華主編：《乾嘉學者的治經方法》。彭林認為凌廷堪之所以能「以例為主」，與「著手抄寫《儀禮》」的經驗有關。見氏著：《禮經釋例·前言》，收入《禮經釋例》，頁12。馬楠：《比經推例——漢唐經學導論》，頁111～129。

〔註113〕清·毛奇齡：《春秋毛氏傳》，《景印文淵閣四庫全書》，第176冊，頁11。

性，進而闡發《春秋》的微言大義。易言之，此禮例著重爲人處事應有的分際。其二，解讀經文。皮錫瑞說：

> 《春秋》有凡例，《禮經》亦有凡例。讀《春秋》而不明凡例，則亂。讀《禮經》而不明凡例，則苦其紛繁。〔註114〕

錢玄也說：

> 前人說學《春秋》要學習《春秋》的凡例，纔懂得其褒貶。學習《儀禮》也要明白《儀禮》的凡例，纔明白禮儀的升降揖拜之節。〔註115〕

這類條例，乃爲了研讀《春秋》、《儀禮》等經書文獻。禮例應用於評論人事與解經的具體表現有哪些？

第三，嘗試爲禮例分類。據前人研究，禮例的分類大體有四種：

其一，以行禮的情境作爲區分標準，有常變、正變等。使用常例、變例二詞者，如陳澧說：「綜而論之，鄭、賈熟於《禮經》之例，乃能作注、作疏，注精而簡，疏則詳而密，分析常例、變例，究其因由，且經有不具者，亦可以例補之。」〔註116〕遺憾的是，陳氏雖有此分別，卻無實例可供區別常、變的標準。使用正例、變例者，如凌曙說：「《易》、《禮》、《春秋》此皆以例言者也。其中有正例，有變例，且有變例中之正例，有正例中之變例，更有變例中之變例也。參伍錯綜，非比而同之，不能知也。」〔註117〕凌曙區別一般情形、特殊狀況，以探討喪禮儀節與事件，參考價值相當高。

其二，以應用範圍的廣狹爲區分標準。目前所見最早爲朱子的《儀禮經傳通解》，該書以禮儀、階級辨別應用範圍，如適用於天子、諸侯、大夫、士階級的儀節列爲通例。清人江永《禮書綱目》承之。又如凌廷堪《禮經釋例》在《儀禮》十七篇的範圍內，以禮文出現次數爲禮例分類，繼承其說者如曹元弼、李雲光、康金村等。〔註118〕

其三，彭美玲師的通例、別例、變例，葉國良師的定例、常例、特例，

〔註114〕清・皮錫瑞：《經學通論・三禮》，頁31。
〔註115〕錢玄：《三禮通論》，頁67。
〔註116〕清・陳澧：《東塾讀書記》，卷8，頁237。
〔註117〕清・凌曙：《禮說》，收入《續修四庫全書》（上海：上海古籍出版社，1995年，影印皇清經解本），第110冊，卷1，頁505。
〔註118〕曹元弼《禮經學》直錄凌廷堪之說。李雲光則略加調整，如改「變例」爲「喪例」、增加宮室之例等。見氏著：《三禮鄭氏學發凡》，頁 630～644。康金村復據李氏之說，爲鄭玄的凡例分類。

為綜合行禮的情境與應用範圍二種分類方式。

其四，對比無形的禮意與具體的禮意並加以分類，如張舜徽將鄭玄的凡例別為「通釋禮意者」、「分釋名物制度禮儀者」，在禮意、禮文兩類之下，復於禮文區分主題討論條例。這類分法具體地考量到禮意、禮文的結構。然而如上文探討禮例的表現面向所言，古人並未嚴格二分禮意、禮文之例。故張先生之說雖可成立，然本文探討禮例分類時，仍以應用範圍、行禮情境的分類法為主要關懷對象。

細繹之，禮例分類所指向的，乃是禮儀界定及其分類。最能具體反映禮儀分類和禮例關係者，莫如喪服條例。喪服，既屬於喪禮所著之服，同時也是居喪的規定。林素英師《喪服制度的文化意義：以《儀禮·喪服》為討論中心》，將服制條例的類型區分為二：正例、變例；並詳細說明分類原則：

> 喪禮既然以親屬間的盡致哀情為主，所以當初考慮各級喪等服制之時，亦必應以此為主軸，然後由近及遠，使各有差次等第之分，此即所謂服制之正例；不過由於人際關之錯綜複雜，所以在一般正例之外，亦當有因為服喪者與喪亡者之身分特殊、關係特別，或者另有其他特殊需要與目的，導致喪服的規畫勢必要另作一番妥當的安排者，於是亦當會有變例產生；所以本文即按照一般人情與特殊狀況之不同，將喪服區分為正例與變例兩大類。〔註119〕

正例，是依其親疏、交往關係原本應服之服，如本親、外親、君臣、師友。變例，則是因為部分特殊緣故而改變應服之服，如加服、降服。那麼，禮儀與禮例的關係又是什麼？。

總之，本文以《儀禮注》、《儀禮疏》、《禮經釋例》為對象，期望釐清禮例的意義，探討應用禮例解經的作用與不足處，並嘗試為禮例進行分類。

二、研究方法

問題的性質與內容，影響文獻的解讀方式。本論文欲探討的第一個問題「禮例的內容及其演變」與第三個問題「禮例的分類」，均涉及禮例的內容，性質較為接近，其文獻解讀方式可歸為一類。第二個問題「禮例的應用及其不足」，屬於「運作過程或方法」，故別為一類。

〔註119〕林素英師：《喪服制度的文化意義：以《儀禮·喪服》為討論中心》（臺北：文津出版社，2000年10月初版），頁110。

（一）探討禮例內容演變、禮例分類的研究方法

參考《易》例的發展，當可清楚說明本文解決此議題的方法。屈萬里考察漢代以前的《易》例發展，說：

> 蓋上下經文，原爲占筮而設，其文本至平易，其例亦至簡明；非有鴻文奧例，使人窮索而不能解也。說《易》例者，始於〈象〉、〈象〉傳，其例至簡，平易近人。〈文言〉、〈繫辭〉以下諸傳，亦不繁賾。太羹玄酒，古義猶存。孟喜開漢人象數之學之端，然尚未敢妄造義例以爲說也。至京房而有互體爻變之創，然亦未能以象數說全《易》也。下至馬、鄭、荀、虞諸家，乃變本加屬，至於繇辭一句一字，無不以象數證之。於是卦之本象不足，遂取互體；互體不足，更及卦變。而爻體、爻辰、納甲、半象、兩象、旁通、反卦諸例，紛然並興。推其用意，祇不過巧設義例，俾得多牽卦象，以遂成其說耳。〔註120〕

以時間爲脈絡，屈先生一一辨別經文、《十翼》、孟喜、京房、馬鄭荀虞諸家之例的異同，從而得出《易》例的發展、象數解《易》乃爲漢人爲「成其說」而興等重要結論。承屈先生的作法，本文期望藉此觀察《儀禮》條例的發展。因此，本文視三《禮》、《儀禮注》、《儀禮疏》，及《禮經釋例》等著作爲獨立作品。解讀時，擬區隔原典涵義與後人闡釋時所衍生的意義。〔註121〕而且禮雖爲「鄭學」，但各家詮釋著重點仍或有異同，因此辨析各家立場與條例內容的異同，仍其有重要性。

探討條例發展時，禮書著作誠然是首要資料，作者所處的時代與學術環境亦不可小覷。如鄭玄承襲西漢以來的復古思潮，認爲《周禮》是周公致太平之跡，並影響賈公彥。而賈氏則因唐科舉考試的需求，在解釋經文、鄭注時，以疏不破注爲主要態度。凌廷堪在清人考據學的基礎上，以《儀禮》本經證本經，〔註122〕間或輔以其他典籍證明禮例。可知禮例的沿革與括例者的學術環境有著密切關係，因此辨明不同時代的禮例發展特質，亦需對詮釋者

〔註120〕屈萬里：〈自序〉，《先秦漢魏《易》例述評》，《屈萬里先生全集》（臺北：聯經出版事業公司，1984年初版），第8冊，頁2〜3。

〔註121〕詳參車行健：《禮儀、讖緯與經義——鄭玄經學思想及其解經方法》（臺北：私立輔仁大學中國文學系博士論文，1996年，王靜芝教授指導），頁8〜15。

〔註122〕詳參鄭吉雄師：〈乾嘉學者治經方法與體系舉例試釋〉，蔣秋華主編：《乾嘉學者治經方法》，上冊，（臺北：中央研究院中國文哲研究所籌備處印行，2000年10月）。

的生平、時代有基本的瞭解。

　　此外，西方詮釋學理論的反省，提供以更爲嚴謹的觀點探討文本與原作者、詮釋者的區別，如《解釋的有效性》指出「正確的解釋不應與創造性的解釋相混淆，正確性是指解釋與本文所複現涵義之間的一種相合狀態」〔註 123〕、「書面解釋的所有形式以及超越單純個人體驗的所有解釋性目標都要求具備這樣一個條件，即作者意指的涵義不僅是確定的，而且是可複製的……。」〔註 124〕

　　至於禮例分類的問題，若分類因目的而有所異，則當思考依禮儀情境、應用範圍廣狹等禮例分類，「何者」爲基礎而重要的分類，及「爲何」是基礎而重要的分類。針對此議題，本文將回歸禮儀之所以產生的根源問題，以《儀禮》與先秦相關文獻爲主要材料，從禮儀規則的本質探討禮例分類。同時，參考人類學與社會學的作品，如《原始思維》的作者路先・列維——布留爾指出傳統泰勒、弗萊澤及其學派等人類學者，以「人類的思維永遠是和處處是同一類型」作爲前提進行解釋，並批判其方法「只不過講得通罷了」，卻忽略「思維類型與社會類型同樣具有差異。〔註 125〕列維重新反省研究時提問的方法：現象與解釋本爲一複合體，現代人因智力習慣不得不作區分，但就原始人而言，複雜的表象是一種不分化的東西。〔註 126〕此說揭示注重社會類型、社會環境差異的重要性。

（二）探究「禮例的作用與不足」的方法

　　禮例的性質與內容、用例的表現與不足，誠因應用者而異。禮例內容之異，已在「禮例內容演變」此一議題進行探討。禮例內容之「同」的部分，當從方法與目的的角度加以釐清，理由如下：首先，禮例是一種解經方法，那麼直接從「方法」的角度切入，以《儀禮注》、《儀禮疏》、《禮經釋例》三部具有承續關係的著作爲主要範圍，探討禮例應用的優缺點，當可成立。同時，也可避免重複之虞。再者，就方法與目的而言，禮例既爲一解經方法，則從「應用」層面探討禮例解經的作用與不足，亦有其必要性。

〔註 123〕（美）赫施：《解釋的有效性》，頁 19。
〔註 124〕（美）赫施：《解釋的有效性》，頁 37。
〔註 125〕（法）路先・列維——布留爾，丁由譯：《原始思維》（臺北：臺灣商務印書館，2001 年初版），頁 17～28。
〔註 126〕（法）路先・列維——布留爾：《原始思維》，頁 41～43。

從解經方法的角度來看，應用禮例解釋《儀禮》的情形，可分爲三類：第一，鄭玄、賈公彥、凌廷堪從《儀禮》所得之例，用以解釋《儀禮》。第二，引用其他典籍的條例，解釋《儀禮》。第三，相較於前二類專主解釋《儀禮》經文，三人皆運用《儀禮》條例解釋其他經典，這不僅是條例的運用，也是透過條例以界定《儀禮》與其他經典的關係。凌廷堪《禮經釋例》正文各卷之下多附有專文，彭林認爲這些文章「或以文獻與《儀禮》相互印證，或專題說解《儀禮》禮義，意在打通《儀禮》與經籍，以發明古代禮制。」〔註 127〕凌廷堪〈詩楚茨考〉以〈小雅·楚茨〉和〈少牢饋食禮〉對讀，彭先生認爲：

讀之令人耳目一新，不失爲《儀禮》研究之新徑。〔註 128〕

此承襲先秦、西漢及鄭玄以禮說《詩》的方法，啓發筆者探討鄭玄、賈公彥、凌廷堪等應用《儀禮》條例解釋其他經籍的情形，以界定《儀禮》與其他經籍的「關係」，亦爲研究《儀禮》的方法之一。

就方法與目標的角度切入，除了上述條例外，不同時代的禮說、出土文獻乃至於西方人類學與社會學等資料，均可作爲解決問題的參考：

首先，相關禮說可促進對經文的認識，提供不同的思考面向，對於剖析禮例與詮釋者意向有莫大的助益。相關禮說可分爲二類：其一，是鄭玄、賈公彥、凌廷堪其他著作，如鄭玄《周禮注》與《禮記注》中的凡例。其次，歷代許多學者也提出不少關於禮例是否成立、應用範圍及分類等見解，如孔穎達《禮記正義》、朱子《儀禮經傳通解》、敖繼公《儀禮集說》、李如圭《儀禮集釋》、孫希旦《禮記集解》、胡培翬《儀禮正義》、孫詒讓《周禮正義》、黃以周《禮書通故》等。因此，本文雖以鄭玄、賈公彥、凌廷堪所言之例爲對象，但實際探討禮例應用時，亦參酌歷代禮說。

其次，擬運用出土文獻，增添驗證的依據與對照。如武威漢簡的出土，有助於瞭解《儀禮》經文、記文的關係，〔註 129〕進而作爲分辨經文、記文敘述禮例異同的基礎。又如以遺址比對宮室之制〔註 130〕、墓葬器物或楚簡參照

〔註 127〕彭林：〈前言〉，收入清·凌廷堪：《禮經釋例》，頁 25。

〔註 128〕彭林：〈前言〉，收入清·凌廷堪：《禮經釋例》，頁 27。

〔註 129〕甘肅省博物館、中國科學院考古研究所編：《武威漢簡》（北京：中華書局，2005 年 9 月初版）。按：相關爭議，較近期的作品如：沈文倬：《菿闇文存——宗周禮樂文明與中國文化考論》。葉國良師：〈論《儀禮》經文與記文的關係〉，《禮學研究的諸面向》，頁 44～65。

〔註 130〕遺址與宮室制度的考察，如王恩田：〈岐山鳳村西周建築群基址的有關問題〉，

禮例之說等〔註131〕，將有益於認識禮儀規則的實際應用。

　　其三，參酌西方人類學儀式研究、社會學集體行爲與秩序。范·根納普《通過禮儀》、維克多·特納《象徵之林》與《儀式過程——結構與反結構》、蘭德爾·柯林斯《互動儀式鍊》等，期盼藉由「禮儀活動」的觀點來看待禮例應用，而不只是平面的文字記載。如蘭德爾·柯林斯指出儀式的結果可分爲短暫的集體興奮，集體精神受到振奮後，將具體表現在群體團結的情操、符號或神聖物，及個體情感能量等長期影響；柯林斯並說：

　　　　儀式的一系列影響中的最後一項是道德。……儀式是群體道德
　　　　標準的來源。正是群體儀式中的互爲主體性和情感力量的強化體
　　　　驗，形成了什麼是善的概念；也形成了與之相對的什麼是邪惡的概
　　　　念。〔註132〕

禮，重視每個身分盡到應盡職責。身分之間是相對的，也是直接相連繫的，「父慈」而「子孝」，「君仁」而「臣忠」。界定彼此關係及在此位置上的義務，不僅有道德上的自我要求，亦含有倫理間的互惠互利。〔註133〕透過儀式，可強化彼此的情感與道德標準。申言之，禮文本身即是意義（禮意）的具體化，禮例的解釋應兼具禮文與禮意，避免流於空洞。社會學分析不同的思維類型、群體與空間秩序的觀點，將有助於從群體的角度看待禮儀中的人際互動。

　　需特別說明的是，葉國良師曾指出「實則凡是禮儀，多是遠古習俗經過

《文物》總296期（1981年第一期）。陝西周原考古隊：〈扶風召陳西周建築群基址發掘簡報〉，《文物》總298期（1981年第三期）。傅熹年：〈陝西岐山鳳雛西周建築遺址初探——周原西周建築遺址研究之一〉，《文物》總296期（1981年第一期）。傅熹年：〈陝西扶風召陳西周建築遺址初探——周原西周建築遺址研究之二〉，《文物》總298期（1981年第三期）。鄭憲仁：〈周代「諸侯大夫宗廟圖」研究〉，《漢學研究》第24卷第2期（2006年12月）。

〔註131〕 墓葬器物對照禮制之說，如陳瑞庚師：《士昏禮服飾考》（臺北：臺灣中華書局，1986年9月二版）。吳十洲：《兩周禮器制度研究》（臺北：五南圖書出版股份有限公司，2004年7月初版）。馬承源主編，陳佩芬、吳華烽、熊傳新編撰：《中國青銅器》（臺北：南天書局有限公司，1991年10月初版）。邱敏文：《戰國楚地遺策禮器研究》（臺北：國立師範大學國文學系博士論文，2008年，賴明德教授指導）。

〔註132〕 （美）蘭德爾·柯林斯著，林聚任、王鵬、宋麗君譯：《互動儀式鍊》（北京：商務印書館，2009年4月初版），頁76。

〔註133〕 杭廷頓著，王冠華譯：《變化社會中的政治秩序》（北京：生活·新知·讀書三聯書店，1989年初版），頁10。

長久演化而來，自有其義，只因社會演變的因素，各種禮儀的存廢或變形種種不一」。〔註134〕禮文〔註135〕或禮書文獻上〔註136〕，均反映出這種變化與層累的特質。參考西方相關理論或田野調查等資料，因新觀點而見獵心喜之餘，仍希望思考：這些其他民族的禮儀行爲是否爲形式上的雷同，而內在理路可能不同？即使初民的思維相同，然而禮是中國特有的文化，從西周周公、春秋時期以來，已不斷地進行人文化的詮釋並加以應用，若可供借鏡，則歷代注釋者的說法也不宜隨意摒棄，因爲他們的說法或許不一定能解釋初民的思維，但也顯示因應不同的政治社會環境而對既有經典作出新詮釋，其致用的努力與用心值得重視與肯定，而且其說法也有助於研究該時代的經學。因此本文參考西方理論是希望能夠更細緻而深刻地理解禮儀內蘊，而非刻意比附。何況西方理論新說迭出的同時，亦對舊說有所修正補充，同樣也有學說發展與衝突。因此，本文討論仍以經文、經說爲主，相關理論爲輔。

第五節　章節安排

關於本論文三個問題的先後順序，擬說明如下。就性質而言，「禮例的應用與不足」屬於方法層面，而「禮例的演變」與「禮例的分類」二個議題皆屬於禮例內容的探討，性質較爲相近。但討論順序先後，首先應明瞭禮例形式與內容的變化，然後才有可能論其應用與分類，因此以禮例的演變爲第一個討論的問題。誠如「前人相關研究述評」一節所言，目前已有數種禮例分類，若欲重新探究「禮例分類」此一議題，宜先明瞭各類分法應用於解經的得失。因此將「禮例的應用與不足」作爲第二個討論的問題，「禮例的分類」爲第三個討論的問題。

「禮例內容演變」的問題，除了希望具體觀察禮例是什麼，也嘗試藉由歷時性的角度，討論在言「凡」、例句的相同形式下，其內容產生什麼樣的變化。因此，第貳章〈禮例主要範式的演變〉首先觀察三《禮》、《儀禮注》、《儀禮疏》、《禮經釋例》的禮例內容與演變，並賦予意義上的解釋。

〔註134〕葉國良師：《禮學研究的諸面向》，頁94。
〔註135〕孔子說：「麻冕，禮也。今也純，儉。……拜下，禮也。今也拜乎上，泰也。」（《論語・子罕第九》，頁77）可知禮器、禮儀行爲的時代變化。
〔註136〕葉國良師：〈論《儀禮》經文與記文的關係〉，《禮學研究的諸面向》，頁46～55。

　　關於禮例的作用，參考沈文倬區別禮書、禮典（禮儀）的觀點〔註137〕，本文分別從文本、禮文與禮意的角度討論禮例的應用：

　　以文本而言，第參章〈鄭、賈、凌以禮例研治經籍文本的表現〉，說明鄭玄、賈公彥、凌廷堪等注解者應用禮例校勘經文、界定禮制、補足禮文，及貫通經籍。然後，根據第貳章的結論，比較《禮記》與鄭、賈、凌三位注解者應用禮例的異同，並探究產生差異的原因。

　　以禮儀而言，第肆章〈鄭、賈、凌以禮例闡釋禮意、禮文的表現〉，從禮文、禮意的結構，說明禮例不僅有助於闡發個別儀節，對於探討一整套禮儀的流程與變化也極具效益。

　　關於禮例的不足，將於第伍章〈評論鄭、賈、凌以禮例解經的不足〉從兩方面討論：其一，從方法與目的的角度切入，探討在哪些因素下，應用禮例之法卻無法順利達成解經的目標。其次，就禮例本身而言，應用禮例或括例的過程中，有哪些因素可能降低解經的效用。

　　關於禮例的分類，在釐清各家禮例內容、辨析禮例的作用與不足後，第陸章〈從禮儀規則的必然性論禮例分類〉將回歸規則的本質，並參考近代研究，嘗試重新為禮例分類，同時探討此分類可能具有的意義。需事先說明的是，此分類法受限於禮例的條陳形式與禮書資料，並不足以周納所有的儀式與階級，仍是有侷限性的作法。

〔註137〕沈文倬指出「禮典」為具體儀式，包含名物度數的「禮物」、儀容動作的「禮儀」；「禮書」是記錄禮物、禮儀和它所表達的禮意的文字書本。見氏著：〈略論禮典的實行和《儀禮》書本的撰作〉，《菿闇文存——宗周禮樂文明與中國文化考論》，上冊，頁6～7。

第貳章 禮例主要範式的演變

　　從著作的獨立性來看，每一部經典及其重要注解作品所包含的條例，都在某種程度上成爲後代的榜樣，並產生相當的影響力。就時間的脈絡而言，除了承繼前人的相同內容外，各著作亦有其新創。繼承與創新，因而產生演變。爲追本溯源，本章先觀察三《禮》的禮例涵蓋哪些內容。其次，分別探討《儀禮注》、《儀禮疏》、《禮經釋例》等注解作品的禮例，有何異同。最後，觀察諸書的演變是否有跡可尋。

第一節　三《禮》的禮例內容

一、《儀禮》的禮例

　　《儀禮》經文明言「凡」字者（詳參附表 1），內容包含以下數類：

　　第一，禮儀行爲的概括說明，如：

> 凡拜，北面于阼階上，賓亦北面于西階上答拜。（《儀禮・士冠禮》，卷 3，頁 30）

> 凡燕見于君，必辯君之南面。若不得，則正方不疑君。（《儀禮・士相見禮》，卷 7，頁 73）

> 凡將禮，必請而后拜送。（《儀禮・既夕禮》，卷 39，頁 462）

冠以「凡」的句子，可分爲在前的條件限定句，與在後的陳述句，即「在某種情形下，當如何作……」。

　　第二，說明稱謂的固定用法，如：

> 凡自稱於君，士大夫則曰下臣。宅者在邦，則曰市井之臣；
> 在野，則曰草茅之臣。庶人，則曰刺草之臣。他國之臣，則曰外臣。
> （《儀禮·士相見禮》，卷7，頁76）

稱謂涉及關係確認，乃至與身分相應的禮儀，因此在禮儀場合有固定用語，故發爲凡例。

第三，禮器的記載，如：

> 凡乏，用革。（《儀禮·大射》，卷16，頁188）

爲免流箭傷人，以堅固的皮革製作乏。又：

> 凡宰夫之具，饌于東房。（《儀禮·公食大夫禮》，卷25，頁300）

爲便於堂上行禮，宰夫所用器具多置於東房。上條爲禮器的材質，此爲器物陳置處，因爲是固定、常見的行爲，故冠以「凡」字。比較三類條例，上述第二類、第三類，與禮儀行爲的相關性較小，也被視爲凡例，可知因其具有固定性、一致性的特質，故被視爲規則。

二、《周禮》的禮例

《周禮》一書雖非本文主要探討對象，但由於該書被視爲三《禮》之一，內容言「凡」的數量，可說居於先秦典籍之冠。因此在正式討論前，不妨參考其中言「凡」的情形。下文首先觀察《周禮》「凡」言與例句，次則比對言「凡」與言「若」的情形。

（一）言「凡」與例句

《周禮》一書開端明言：

> 惟王建國，辨方正位，體國經野，設官分職，以爲民極。（《周
> 禮·天官·冢宰》，卷1，頁10～11）

君王建立國都，辨正方位，劃分地域，設立官員區分職務，使萬民各得其中正，不失其所。所謂政治組織，係指以穩定秩序爲目的，經由特定的程序安排人或事物，相互配合、組合成行爲（政治運作）的系統。《周禮》設官分職，天、地、春、夏、秋、冬六官，各司宮廷、民政、宗族、軍事、刑罰、營造等，嘗試涵蓋政治社會各個層面；並以名位的角度著眼，具體規定各項制度，如用鼎、樂縣、禮玉等。易言之，《周禮》以政府組織爲架構，納入各類禮儀，一一界定各種身分、場合應有的禮文。規定的詳細程度與避免僭禮的期望，成正相關。就身分而言，如〈玉人〉：

　　　　玉人之事：鎮圭尺有二寸，天子守之；命圭九寸，謂之桓圭，

　　公守之；命圭七寸，謂之信圭，侯守之；命圭七寸，謂之躬圭，伯

　　守之。(《周禮‧考工記‧玉人》，卷 41，頁 631)

這類敘述直接從身分著眼，雖不用「凡」字揭明禮例，但「名位不同，禮亦
異數」，就性質而言，無異於規定。就禮儀場合而言，如〈鼓人〉：

　　　　鼓人掌教六鼓、四金之音聲，以節聲樂，以和軍旅，以正田役。

　　教爲鼓，而辨其聲用。以雷鼓鼓神祀，以靈鼓鼓社祭，以路鼓鼓鬼

　　享，以鼖鼓鼓軍事，以鼛鼓鼓役事，以晉鼓鼓金奏。以金錞和鼓，

　　以金鐲節鼓，以金鐃止鼓，以金鐸通鼓。凡祭祀百物之神，鼓兵舞、

　　帗舞者。凡軍旅，夜鼓鼜，軍動則鼓其眾，田役亦如之。救日月，

　　則詔王鼓。大喪，則詔大僕鼓。(《周禮‧地官‧鼓人》，卷 12，頁

　　189～190)

先指出鼓人職責主要在於用鼓、金音聲「以節聲樂，以和軍旅，以正田役」。
次而區別鼓名與用鼓場合，一方面顯示用鼓有其規定；另一方面，也是鼓人
職務的細目。最後，從禮儀說明用鼓情形，由祭祀百物之神、軍旅、田役、
救日月、大喪來看，以行禮的吉凶爲序。其他職官的記載，大體如此，顯示
該書具有相當程度先吉後凶的固定概念。

　　清人段玉裁曾從凡目的觀點，說明《周禮》一書的架構：

　　　　《周禮》多言凡。六典，凡也。治典、教典、禮典、政典、刑

　　典、事典，目也。鄭《注》言取目者，謂其總數也，若其他言凡祭

　　祀、凡賓客、凡禮事、凡邦之弔事，言師掌官成以治凡，亦皆聚括

　　之謂。〔註1〕

《周禮》具有層層相因的凡目關係：相對於「六典」一詞的「凡」，「治典、
教典、禮典、政典、刑典、事典」是「目」。遞降言之，治典、教典等六項又
爲凡，凡祭祀、凡賓客、凡禮事等，則爲其目，並散見於各官員所屬的職務
之中。因此，《周禮》的敘述呈現出組織分層運作的規則。

　　(二)「凡」與「若」

　　除了「凡」言、例句外，另一類敘述方式爲「凡」與「若」。《周禮》敘
述官職內容的方式，多將常職列之於前，且時以「凡」爲開端，表明其大多
如此、固定如此。特殊或少數事件列於後，或冠以「若」字。如〈秋官‧大

〔註1〕 《說文解字》，段玉裁注，13 篇下，頁 688。

行人〉：

> 凡諸侯之王事，辨其位，正其等，協其禮，賓而見之。若有大
> 喪，則詔相侯之禮。若有四方之大事，則受其幣，聽其辭。（《周禮·
> 秋官·大行人》，卷37，頁566）

「凡諸侯之王事」至「賓而見之」，爲大行人的常務。「若有大喪」爲「非常之禍」，「若有四方之大事」爲「國有兵寇」，〔註2〕皆非常事，故以「若」字表明。〔註3〕官有常職、常事，形成規則，如《左傳》定公四年載衛國的子行敬子，請衛靈公帶善於言辭的大祝子魚，參加晉國的諸侯大會，子魚推辭說：

> 臣展四體，以率舊職，猶懼不給而煩刑書。若又共二，徼大罪
> 也。且夫祝，社稷之常隸也。社稷不動，祝不出竟，官之制也。君
> 以軍行，被社、釁鼓，祝奉以從，於是乎出竟。若嘉好之事，君行
> 師從，卿行旅從，臣無事焉。（《左傳》定公四年，卷54，頁946）

「官之制也」，反映出官僚體系分工合作、各司其職，有其常制，不得任意改變。子魚雖善言辭，但身爲大祝，只有在軍行、被社、釁鼓時，從君出境；嘉好之事，則不與焉。

　　值得注意的是，《周禮》所記載的特殊事件，也有冠以「凡」字的情形。以〈天官·宰夫〉爲例：

> 凡邦之弔事，掌其戒令，與其幣器財用。凡所共者，大喪小喪，
> 掌小官之戒令，帥執事而治之。（《周禮》，卷3，頁49）

同樣是弔、喪等事，〈大行人〉以「若」字爲始，〈宰夫〉以「凡」字敘述。甚至有常務不冠以凡、若字，直接以例句的形式呈現，如〈天官·外饔〉：

〔註2〕《周禮·秋官·大行人》，賈疏，卷37，頁566。

〔註3〕《周禮·秋官·小行人》：「小行人（1）掌邦國賓客之禮籍，以待四方之使者，令諸侯春入貢，秋獻功，王親受之，各以其國之籍禮之。（2）凡諸侯入王，則逆勞于畿，及郊勞，眡館，將幣，爲承而擯。（3）凡四方之使者，大客則擯，小客則受其幣，而聽其辭，使適四方，協九儀，賓客之禮。……（4）若國札喪，則令賻補之。（5）若國凶荒，則令賙委之。（6）若國師役，則令稿禬之。（7）若國有福事，則令慶賀之。（8）若國有禍裁，則令哀弔之。」（《周禮》，卷37，頁567～569）按：（1）「掌邦國賓客之禮籍，以待四方之使者，令諸侯春入貢，秋獻功，王親受之，各以其國之籍禮之」，爲概括其職務內容，以下分項細述職務：（2）、（3）的「凡」，以諸侯入王、四方使者往來，爲其常務。（4）、（5）、（6）、（7）、（8）的「若」包含疫癘、喪事、災害、征伐、福事、禍厄等非常之事，亦有其職司。

命，但並不完全決定人的命運，透過「動作禮義威儀」的實踐、自我修養的圓熟與否，才是決定命運禍福的關鍵。「禍福無門，唯人自召」，符合社會規範、保持「動作禮義威儀之則」，將招來福分；反之，輕則輿論撻伐，重則犯法，爲自取禍。「勤禮」的君子，首要在於禮敬侍養鬼神，國之大事的祭祀、軍事，適爲其重要節目。在受脤的重大事件中，成肅公惰、「不敬」，不努力「自求多福」，顯示自棄天命的心態，恐怕無法順利返國。以合「禮」與否爲標準，預測個人未來發展：一方面，合宜的禮儀行爲是心態的表現，心態將決定個人發展的盛衰，其評價與預測亦繫於此。〔註 12〕另一方面，更顯示禮儀行爲的普遍性與影響力。外在言行合於禮，表示有內在的德，有德者將受上天庇祐、眾人肯定，天與人歸。〔註 13〕

進一步來看，觀人論事「由小見大」並能預測吉凶，乃因禮是社會長期演變的產物，藉由實踐的方式，內化爲待人處事的共識：

> 某人作爲人存在，因爲他屬於一個共同體，因爲他接受該共同體的規定並使之成爲他自己的行動。……他把自己置於「泛化的他人」（generalized other）的位置，後者代表了群體所有成員的有組織的反應。正是它指導著受原則控制的行動，而具有這樣一組有組織的反應的人便是我們在道德意義上所說的有品格的人。〔註 14〕

〔註 12〕徐復觀認爲「《左傳》由禮以推定人的吉凶禍福，說得幾乎是其應如響。……但禮既是當時的時代精神，是一般人所共同承認的軌範，有如今日的所謂法治的法，則行爲因出軌而受禍，亦如今日毀法犯紀的必無好結果，並不是不合理的推測。」見氏著：《中國人性論史（先秦篇）》（臺北：臺灣商務印書館股份有限公司，1999 年 9 月初版），頁 50。張端穗則指出《左傳》選擇、詮釋史事的標準之一在於禮，「對《左傳》作者而言，禮不僅是人群所『應該』遵循的道德規範，也是實際在歷史發展過程中產生作用的主要因素。換言之，禮不僅是應然的道德律則，也是實在的歷史變化的律則。」見氏著：《左傳思想探微》（臺北：學海出版社，1987 年 1 月初版），頁 135。

〔註 13〕如《國語‧周語下》：羊舌肸（叔向）聘于周，發幣於大夫及單靖公，相當於〈聘禮〉的聘賓問大夫，代表晉君問侯周王朝的大臣。單靖公以饗禮招待叔向，「儉而敬」；以賓客之禮贈物、飲食，皆無踰越；燕飲無私自加禮或饋以好貨，送叔向至郊而返，語說〈昊天有成命〉。單靖公的家臣送叔向出郊，叔向告之曰：「異哉！吾聞之曰：『一姓不再興。』今周其興乎！其有單子也。……單若不興，子孫必蕃，後世不忘。……單若有闕，必茲君之子實續之，不出於他矣。」（《國語‧周語下》，卷 3，頁 114～118）《孟子‧萬章上》：「然則舜有天下也，孰與之？曰：天與之。」（卷 9 下，頁 168）《穀梁傳》莊公三年，「其曰王者，民之所歸往也。」（卷 5，頁 47）均源於這類思維。

〔註 14〕（美）喬治‧Ｈ‧米德著，趙月瑟譯：《心靈、自我與社會》（上海：上海譯文

道德、禮儀需在群體中，方能產生意義。群體的組成包含不同的世代，新世代的價值觀由上一代（父）或更早的長者形塑而成。「傳統」是在這樣的過程中形成與延續。具有組織的群體傳給新世代的，不只是該群體的組織結構，也包括群體活動的規則、經驗。因此，個人心靈、言行反映出「有組織的社會關係與相互作用的趨勢或型式」，同時也是社會經驗與行爲過程的產物。〔註15〕換言之，個體在群體中實現自我、發展自我；社會化是人格發展的表現之一。〔註16〕評論個人的標準、個人的價值不在於自然所賦予的生物本能，「眞正的價值完全在於人類自身的行爲，和在於人類藉此行爲所要成全的。」〔註17〕於是觀察禮儀表現而來的評論，實爲社會規範的價值體系。

這套價值體系的評判根據，不在於攻城掠地、取敵首級等事功，而是以外在言行、面容反映的內在修養爲主。〔註18〕無形的內在修養不易得知，外在的具體言行與儀態，適爲理解的途徑。《國語・周語下》說：

　　　　夫君子目以定體，足以從之，是以觀其容而知其心矣。〔註19〕

藉由眼神及視界、體態、手足舉動之「容」，觀察內在心志。因此，禮所訴求的修養，是內外合一。〔註20〕「世上最難以名狀，最難以傳遞、最難以模仿、也因此也是最珍貴的，莫過乎加上了價值的軀體，由隱性教育裡面潛藏的信念經由『質變』（transubstantiation）而塑造出來的身體」，隱性教育透過訓戒等方式，將宇宙觀、倫理學、形而上學、政治哲學，灌輸到思想中。〔註21〕藉由肢體動作、言談、容貌等途徑，而能瞭解該人的品性，即以見微知著的方式，洞察人心。因此，「就算只執一端也能窺見全體，就算是再狹隘、

出版社，1997年7月初版），頁144。

〔註15〕（美）喬治・米德著，趙月瑟譯：《心靈、自我與社會》，第三篇，頁198～200。

〔註16〕伍振勳：〈荀子的「身、禮一體」觀——從「自然的身體」到「禮義的身體」〉，《中國文哲研究集刊》19期（2001年9月），頁328～329。

〔註17〕（德）恩斯特・卡西勒（Ernst Cassirer）著，關子尹譯：《人文科學的邏輯》（臺北：聯經出版事業股份有限公司，2003年9月初版），頁176。

〔註18〕先秦威儀觀的發展與式微，可參王仁祥：《人倫鑒識起源的學術史考察（魏晉以前）》（臺北：國立臺灣大學出版中心，2008年11月初版），頁53～89。

〔註19〕《國語・周語下》，卷3，頁91。

〔註20〕雖無內外之別，但有其進程：由他律，而自律，最終的理想目標是「從心所欲，不踰矩」、無入而不自得的「無律」。詳參林素英師：《禮學思想與應用》，頁167。

〔註21〕（法）皮耶・布赫迪厄：《實作理論綱要》（臺北：城邦文化事業股份有限公司，2009年3月二版），頁193。按：此書承　楊晉龍師提示，特此致謝。

再偶然的習慣動作，也能勾勒出大體的狀況」，此時的行爲具有象徵性，而且是「天經地義」的，「以致自動放棄不做等於不肯做，甚至形如提出挑戰」。〔註22〕於是在這套價值體系下，符合教養的、合禮的行爲，是人之所以爲人的「應然」，一旦違反群體長久以來認可的規則，將形諸筆墨，以示懲戒。《禮記》的「非禮也」、「自……始也」，乃至鄭玄、孔穎達所說「記失禮之所由」，皆根源於這類價值規範的語境，只是內容上不記載禍福的預測、評論而已。茲從規則的概念，舉《禮記》所載的合禮、非禮事件爲證：

例一：諸侯不敢祖天子，大夫不敢祖諸侯。

《禮記・郊特牲》：

> 諸侯不敢祖天子，大夫不敢祖諸侯。而公廟之設於私家，非禮也，由三桓始也。（《禮記》，卷25，頁487）

依宗廟制度，天子嫡子爲天子，庶子爲諸侯；諸侯嫡子爲諸侯，庶子爲大夫，庶子不祭於父廟。「諸侯不敢祖天子，大夫不敢祖諸侯」爲廟制規矩。以此規矩審視魯國廟制，魯國因周公之故，而立文王廟，爲特例。《左傳》襄公十二年吳子卒，魯襄公臨哭於文王廟。可知魯有文王廟，並得於此爲同姓行禮。仲孫、叔孫、季孫三家大夫立桓公廟，則「祖諸侯」而設於私家，是爲僭禮。〔註23〕

例二：官於大夫者，爲其服。

《禮記・雜記上》載：

> 違諸侯，之大夫，不反服。違大夫，之諸侯，不反服。（《禮記》，卷41，頁722）

若先後服事的主人尊卑不同，不反服，以免產生嫌隙。若新君與舊君皆爲諸侯或大夫，則可反服齊衰三月。〔註24〕春秋時，管仲曾於群盜中擇取二人爲臣，後薦爲齊桓公之臣。管仲死時，桓公命二人爲管仲服喪。〈雜記下〉說：

> 官於大夫者之爲之服也，自管仲始也，有君命焉爾也。（《禮記》，卷43，頁753）

依禮，二人仕宦於大夫而升爲諸侯之臣，新、舊之君尊卑異，不應爲管仲（大夫）服喪。然有桓公之命而爲之服，此後「升爲公臣，皆服官於大夫之服也」

〔註22〕　（法）皮耶・布赫迪厄：《實作理論綱要》，頁193～194。
〔註23〕　《禮記・郊特牲》，鄭注，卷25，頁487。
〔註24〕　《禮記・雜記上》，鄭注、孔穎達正義，卷41，頁722。

〔註25〕。作記者言「有君命焉爾也」，反映二人受桓公之命而然。然此爲一時善舉，不應相沿成例，以致成爲「失禮所由」〔註26〕。

例三：凡喪服未畢，有弔者則爲位而哭、拜、踊。

《禮記・檀弓下》載晉獻公之喪，秦穆公派公子縶弔公子重耳，且勸其返國，意欲納之。重耳辭之以不敢有他志，行禮時：

> 稽顙而不拜，哭而起，起而不私。（《禮記》，卷9，頁167）

「私」，指正式禮儀結束後，私下和使者見面。相較之下，夷吾則：

> 再拜稽首，起而不哭，退而私於公子縶曰：「中大夫里克與我矣，吾命之以汾陽之田百萬。亡人苟入掃宗廟，定社稷，亡人何國之與有？君實有郡縣，且入河外列城五。」〔註27〕

再拜、不哭、私見使者，皆異於重耳。秦穆公聽聞後，說：

> 仁夫公子重耳！夫稽顙而不拜，則未爲後也，故不成拜。哭而起，則愛父也。起而不私，則遠利也。（《禮記》，卷9，頁167）

這條評論分成三方面：首先，就《儀禮・士喪禮》而言，再拜稽顙，爲主人之禮。《禮記》載孔子說：

> 拜而后稽顙，頹乎其順也。稽顙而后拜，頎乎其至也。三年之喪，吾從其至者。（《禮記》，卷6，頁111）

反映「再拜稽顙」或許有兩種拜法，但不論拜之先後，皆屬主人之拜。重耳「稽顙而不拜」表示不欲繼君位，夷吾以繼承人自居，故「再拜稽首」。秦穆公遂於二人的舉動，觀其志向。其次，《儀禮・士喪禮》載君使人弔：

> 主人進中庭，弔者致命。主人哭，拜稽顙，成踊。（《儀禮》，卷35，頁411）

《禮記・雜記》亦載：「凡喪服未畢，有弔者則爲位而哭、拜、踊。」弔者致命後，主人哭、拜稽顙、踊，表達感謝與哀戚。據此，重耳「哭而起」，夷吾「起而不哭」，宜秦穆公言重耳「愛父也」。第三，依《儀禮・士喪禮》弔者致命畢，即出，主人拜送。若有故，則與之言，如孔子哭子路於中庭後，進使者而問子路死事。〔註28〕夷吾於正禮畢，又私會使者，籌謀返國之事。相

〔註25〕《禮記・雜記下》，孔穎達正義，卷43，頁753。
〔註26〕《禮記・雜記下》，鄭注，卷43，頁753。
〔註27〕舊題左丘明著：《國語・晉語二》，卷8，頁311。
〔註28〕《禮記・檀弓上》，卷6，頁112。

較之下，重耳不另見使者，故言重耳「遠利也」。可知秦穆公就喪禮規則評論重耳，當可說明禮儀實踐。

《禮記》這類兼述規則與事件的記載，相當程度地表示先秦具體實踐禮儀的情形。同時，從規則的必然性著眼，按照遵守禮儀規則與否，對人事進行褒貶，稱遵守規則者爲「禮也」，違反規則者爲「非禮也」。相較之下，凡言例句一類，在《禮記》中或無事件與之相應，但其他先秦典籍仍能部分證明這類規則受到履行。如《禮記・曲禮下》：「凡視，上於面則敖，下於帶則憂，傾則奸。」〔註29〕孔穎達舉二件史事說明這條規定：其一，《左傳》定公十五年，邾隱公朝魯，「執玉高，其容仰。公受玉卑，其容俯。」其二，《左傳》昭公十一年，單成公會韓宣子於戚地，「視下，言徐」之事。因此，《禮記》所記載的禮例，不僅形式多元，亦具有實踐的背景。

第二節　實踐與解經之例的雛型——《儀禮注》

西漢，經學詮釋使用條例之法，如《春秋公羊解詁・序》云：「往者略依胡毋生條例，多得其正」〔註30〕，胡毋生已運用條例解《公羊傳》。東漢時期，條例之法逐漸盛行。何休《春秋公羊傳條例》雖已亡佚，但顯然是沿襲《公羊》學釋義的傳統。而何休《公羊解詁》以條例解說《春秋》，《公羊墨守》以條例爲辯論的出發點，當出於條例對於經文的全盤掌握，勝過於章句之學的「破碎大道」。〔註31〕另一方面，古學者著重比合事類，詳於名物，

〔註29〕《禮記・曲禮下》，卷5，頁100。

〔註30〕東漢・何休：《春秋公羊解詁・序》，頁 4。按：宋惠如認爲「學界於書法條例之說，始依於何休說，未查東漢以前，解經形式爲訓詁、章句與傳記，還沒有出現以『例』或『條例』解經之說，因此胡毋生作條例之說十分可疑。根據可考文獻，『條例』之說，始見於《後漢書・鄭興傳》，謂劉歆使鄭眾父興撰條例、章句、訓詁，以及〈賈逵傳〉中貫達父徽作《條例》云云。如此看來，有意識的以例解經，《左傳》學者當更早於何休，而始於劉歆之引傳解經。」此可備一說，但仍需考慮史書著錄並不完整的可能性。即使條例一「詞」晚見，也不等於條例「應用」晚出現。見宋惠如：〈以「例」釋經初探：以漢代《左傳》學爲中心〉，林慶彰師主編：《經學研究論叢》，第 18 輯，頁147。又，林慶彰師曾指出《漢書・藝文志》著錄書目並不完備，略顯粗疏，見氏著：〈傳記之學的形成〉，香港中文大學中國語言及文學系、中國文化研究所中國古籍研究中心：《先秦兩漢古籍國際學術研討會論文集》（北京：社會科學文獻出版社，2011 年 1 月），頁 14～129。

〔註31〕王葆玹：《今古文經學新論（增訂版）》，頁 102～103。

訓詁「必求之事類以解其紛，立爲條例以標其臬，或鉤玄提要而立其綱，或遠紹旁搜以覘其言。」〔註32〕同樣以條例之學治經，如西漢劉歆、鄭興共撰《春秋左氏傳條例》、東漢鄭眾撰《春秋難記條例》、賈逵《春秋左氏經傳朱墨列》（列即例）。可知東漢末年，以例治經形成普遍風氣，《春秋》學領域尤爲鮮明。在此學風下，鄭玄曾說：

> 舉一綱而萬目張，解一卷而眾篇明，於力則鮮，於思則寡，其諸君子，亦有樂於是與？〔註33〕

鄭玄注解經書時，懷抱著綱舉目張的理想。同時，鄭玄曾注《漢律》，漢代法律以事類編纂判例，「集類爲篇，結事爲章」。〔註34〕清人陳澧說：

> 鄭君注禮，又注律。禮所以爲教也，律所以爲戒也。注律，即注禮之意也。〔註35〕

禮具有積極引導的作用，法律則是消極地禁止，二者取徑不同，但追求政教清明的目的是相同的。而法律上的判例，與禮例參考舊經驗以判斷當下事件的作用相近。可知鄭玄以例解經有其經學詮釋、社會的背景。

另一方面，西漢末年，劉歆校中祕書發現《周禮》，以此爲「周公致太平之迹」〔註36〕，進而傳授學者。經過東漢鄭眾、鄭興、賈逵、馬融等人遞相傳習，馬融兼注三《禮》，而盧植亦曾著《三禮解詁》。〔註37〕後者認爲《儀

〔註32〕劉師培：〈漢宋學術異同論總序〉，《劉申叔先生遺書》（臺北：大新書局，1965年8月出版，影印民國二十三年寧武南氏校印本），第1冊，頁647。

〔註33〕鄭玄：《詩譜·序》，見於《詩》，頁7。按：楊天宇也認爲這段話可以說明「鄭玄注經方法的主要特色。」見氏著：〈論鄭玄《三禮注》〉，林慶彰師主編：《中國經學史論文選集》（臺北：文史哲出版社，1992年10月初版），頁398。

〔註34〕《周禮·秋官·士師》：「五禁。」鄭注說：「古之禁盡亡矣，今宮門有符籍，宮府有無故擅入，城門有離載下帷，野有《田律》，軍有囂讙夜行之禁，其犓可言者。」賈疏說：「舉漢法以況之。」（卷35，頁526）彭林指出「『離載下帷』爲漢律文，《田律》爲漢律名，『符籍』相當於漢之引籍，鄭玄以漢法況之，可見，都是通行於漢代的制度。」見氏著：《《周禮》主體思想與成書年代研究（增訂版）》（北京：中國人民大學出版社，2009年11月初版），頁68。按：此爲現存《三禮注》中，鄭玄以律治禮的證據之一。又，鄭玄所注之律，後受魏明帝下詔採用。唐·房玄齡等撰：《晉書·刑法志》（臺北：鼎文書局，1979年二月二版），第2冊，卷30，頁922～923。

〔註35〕清·陳澧：《東塾讀書記》，《陳澧集》，第2冊，卷14，頁272。

〔註36〕賈公彥：〈序《周禮》廢興〉，《周禮》，頁7。

〔註37〕黃彰健：《經今古文學問題新論》（臺北：中央研究院歷史語言研究所，1982年出版，中央研究院歷史語言研究所專刊之79），頁336。

禮》「特多回宂」，其《解詁》乃據《周禮》諸經「發起秕謬」。〔註38〕鄭玄踵
繼前人亦注三《禮》，卻未以《周禮》訂正《儀禮》。相反地，鄭玄據《周禮》
解釋《儀禮》〔註39〕，並提高《周禮》的地位。鄭玄以《周禮》爲周公之書，
〔註40〕其云：「《周禮》是周公之制」〔註41〕，又稱譽《周禮》爲「皇祖大經」，
說：

> 斯道也，文、武所以綱紀周國，君臨天下，周公定之，致隆平
> 龍鳳之瑞。(《周禮》，賈公彥〈序《周禮》廢興〉引，頁9)

鄭注〈禮器〉「經禮三百，曲禮三千」云：

> 經禮，謂《周禮》也。《周禮》六篇，其官有三百六十。曲猶
> 事也，事禮，謂今《禮》也。禮篇多亡，本數未聞，其中事儀三千。
> (《禮記·禮器》，鄭注，卷23，頁459)

《儀禮》爲周制，至秦大壞，賴高堂生傳十七篇，〔註42〕向爲漢代所重，稱
爲《禮》或《禮》經。在「周公制禮」的前提下，鄭玄結合《周禮》、《儀禮》
二書，以《周禮》爲經禮、《儀禮》爲曲禮，再加上補充、詮釋《儀禮》的
《禮記》，則《三禮注》所展現的階序是：《周禮》——《儀禮》——《禮記》。
〔註43〕

當禮書的作者、位階確立之後，將影響字句形式與意義的解讀。在周公
制禮的概念下，禮制的精義，既見於實際的禮文，亦可見於文字書寫所呈現
的法度。下文按照條例所針對的內容，分爲兩類：其一，以禮儀制度爲主的
條例。其二，以經書文字爲主的解經之例。後者指文字書寫具有一定的法度、

〔註38〕劉宋·范曄：《後漢書·盧植列傳》，第3冊，卷64，頁2116。
〔註39〕鄭玄《三禮注》與前人的態度不同，詳參黃彰健：《經今古文學問題新論》，頁336～337。
〔註40〕「周公居攝而作六典之職，謂之《周禮》：營邑於土中。七年，致政成王，以此禮授之，使居雒邑治天下。」(《周禮·天官·冢宰》，鄭注，卷1，頁10)《禮記·樂記》說：「王者功成作樂，治制定禮。」鄭注：「功主於王業，治主於教民，〈明堂位〉說周公曰：『治天下，六年朝諸侯於明堂，制禮作樂。』」(《禮記·樂記》，鄭注，卷37，頁670)「周公攝政，致大平，斥大九州之界，制禮成武王之意。」(《禮記·王制》，鄭注，卷11，頁213)
〔註41〕《禮記·王制》，孔穎達正義引，卷13，頁265。
〔註42〕漢·班固著：《漢書·藝文志》，第6冊，卷30，頁1709。
〔註43〕葛志毅：〈鄭玄三《禮》學體系考論〉，《中華文化論壇》(2007年3月)，頁42～57。拙著：《《禮記·禮器》「經禮三百，曲禮三千」注釋異說及其影響探究》，《臺大中文學報》第33期(2010年12月)，頁139～183。

規則，即所謂的文例或書法。

一、解禮儀制度之例

下文從禮例的內容、形式著眼，說明鄭玄《儀禮注》的條例表現。

（一）禮例的內容

第一，名物制度之例。稱謂的部分，如：

> 凡妾，稱夫曰君。（《禮記・內則》，鄭注，卷 28，頁 537）

稱謂表示彼此的關係，進而規定相關的義務，因此固定稱謂，有其必要。又，鄭玄說：

> 凡女，行於大夫以上曰嫁，行於士、庶人曰適人。（《儀禮・喪服》，鄭注，卷 29，頁 349）

「名位不同，禮亦異數」，名稱是決定禮儀規格的重要根據，因此稱「嫁」、稱「適人」，不僅表達婚嫁對象，也包含禮儀規格。

器物之制，茲舉二例：其一，士喪禮陪葬用的箭制。鄭玄說：

> 無鏃短衛，亦示不用。生時志矢骨鏃。凡爲矢，前重後輕也。
> （《儀禮・既夕禮》，鄭注，卷 41，頁 487）

士喪禮入壙用的「志矢」無鏃、羽衛短，箭身前後輕重一致。此志矢作爲明器，故形制異於日常使用者。鄭玄發凡說明生人用的志矢爲骨鏃，箭身前重後輕。其次，君王乘車曰路。鄭玄說：

> 凡君所乘車，曰路。（《儀禮・覲禮》，鄭注，卷 37，頁 327）

《禮記・樂記》云：「所謂大輅者，天子之車也」〔註44〕，輅，即「路」〔註45〕。《白虎通》亦云：「路，大也，道也，正也。君至尊，制度大，所以行道德之正也。路者，君車也。」鄭注《周禮・春官・序官》亦云「路，王之所乘車」。〔註46〕可知「路，大也」之釋，甚至爲君車之名，由來已久，故鄭玄發凡解之。器物之制，爲身分尊卑的表徵，因而具有固定的規則。

這類凡例重視「名」和「實」的連結性，名稱一旦固定，內涵與義務亦隨之確定，從而有別於他者、劃清界限，最後可達到執「名」以規範儀節、

〔註44〕《禮記・樂記》，卷 34，頁 684。
〔註45〕高亨、董治安：〈魚部第十九（中）・各字聲系〉，《古字通假會典》（濟南：齊魯書社，1997 年），頁 880。
〔註46〕《周禮・春官・典路》，鄭注，卷 17，頁 266。

行為的作用。

第二，禮儀活動之例。如：

凡爲人使，不當其禮。（《儀禮・聘禮》，鄭注，卷13，頁233）

行禮過程中，主人行禮的對象貌似爲使者，實際上是使者所代表的身分（如國君、壻父），因此主人行拜禮，使者不敢受，故「不當其禮」。同一條禮例及其概念，鄭玄時以不同的語彙注解，茲整理如下表：

篇　名	章名與經文	鄭　注	卷	頁
士昏禮	「納采」章，「主人如賓服，迎于門外，再拜。賓不答拜，揖，入。」	不答拜者，奉使不敢當其盛禮。	4	39～40
聘禮	「郊勞」章，「勞者不答拜。」	凡爲人使，不當其禮。	13	233
聘禮	「聘享」章，「賓入門左，公再拜。賓辟不答拜。」	辟位逡遁，不敢當其禮。	20	242
聘禮	「聘享」章，「賓致命。公左還，北鄉。公當楣再拜。賓三退，負序。」	三退，三逡遁也。	20	244
聘禮	「歸饔餼」章，「賓皮弁迎大夫于外門外，再拜。大夫不答拜。」	大夫使者，卿也。	22	262
聘禮	「賓問卿」章，「大夫朝服迎于外門外，再拜。賓不答拜。」		22	264
公食大夫禮	「戒賓」章，「賓出，拜辱。大夫不答拜。」	不答拜，爲人使也。	25	299
覲禮	「王使人郊勞」章，「侯氏亦皮弁迎于帷門之外，再拜。使者不答拜。」	不答拜者，爲人使不當其禮也。	26下	318

又，鄭玄說：

凡饌，以豆爲本。（《儀禮・聘禮》，卷20，頁239）

設饌以豆爲「本」，指陳饌時先設豆，後設餘饌，如〈士昏禮〉贊者先設醬、菹醢，而後置俎。[註47] 此條又見於：

篇　名	章名與經文	鄭　注	卷	頁
聘禮	「致館設飧」章，「堂上之饌八，西夾六。」	八、六者，豆數也。凡饌以豆爲本。	20	239
聘禮	「歸饔餼，賓之西夾設酒六壺」章，「西上，二以並，東陳。」	東陳，在北墉下。統於豆。	21	257

[註47]　《儀禮・士昏禮》，卷5，頁51。按：贊者未設豆時，執俎者只能「執而俟」，不能預先放置。

聘禮	「歸饔餼，東夾之饌」章，「壺東上，西陳。」	亦在北墉下，統於豆。	22	261
既夕禮	「葬日陳大遣奠」章，「醴酒在籩西，北上。」	統於豆也。	39	465

又，鄭玄說：

古者與人飲食，必歸其盛者，所以厚禮之。（《儀禮·鄉射禮》，鄭注，卷13，頁143）

與人飲食，饋贈俎實，使主人的隆情厚意在宴畢得以延續，甚至廣及賓者的家人。此條同樣見於：

篇　名	章名與經文	鄭　注	卷	頁
士冠禮	「送賓歸俎」章，「主人送于外門外，再拜，歸賓俎。」	使人歸諸賓家也。	2	22～23
士昏禮	「舅姑饗婦」章，「歸婦俎于婦氏人。」	婦氏人，丈夫送婦者。使有司歸以婦俎，當以反命於女之父母，明其得禮。	5	55
鄉飲酒禮	「徹俎」章，「賓取俎，還授司正。司正以降，賓從之。……介取俎，還授弟子。弟子以降，介從之。若有諸公、大夫，則使人受俎，如賓禮。」		10	100～101
鄉射禮	「請坐燕，因徹俎」章，「司正以（賓）俎出，授從者。」	古者與人飲食，必歸其盛者，所以厚禮之。	13	143
燕禮	「立司正，命安賓」章，「賓北面取俎以出。」		15	174
大射	「徹俎安坐」章，「賓北面取俎以出。諸公、卿取俎如賓禮，遂出，授從者于門外。」		18	218
公食大夫	「歸俎於賓」章，「有司卷三牲之俎歸于賓館。」		25	307
特牲饋食禮	「禮畢，尸出」章，「佐食徹尸俎，俎出于廟門。」	〈少牢饋食禮〉曰：「有司受歸之。」	46	545
有司徹	「儐尸之禮畢」章，「司士歸尸、侑之俎。」	尸、侑尊，送其家。	50	600
有司徹	「不儐尸者，爲陽厭」章，「祝告利成，乃執俎以出于廟門外。有司受歸之。」		50	605

據上述，鄭玄配合經文敘述指出禮例，具有極為重要的意義：

其一，《禮記》雖有條例，但適用範圍、情境並不明確。鄭玄以凡例注禮，使條例具有針對性，建立經文與條例的連結關係。如據上表「凡為人使者，不當其禮」，可用於〈士昏禮〉；〈聘禮〉的郊勞、聘享、歸饔餼；〈公食大夫禮〉、〈覲禮〉。

其二，禮儀開始產生內在秩序與脈絡。設想若無凡例，禮儀只是分別的、單獨的一套套儀式，有天子、諸侯、大夫、士等以階級為區別的禮儀，也有冠禮、昏禮、聘禮、喪禮、祭禮等不同場合，及吉凶異質的禮儀，彼此的異同無法明確認知。但經由禮例，可以得知「凡為人使者，不當其禮」，跨越士、卿大夫、諸侯的身分區別；亦可得知「凡饌以豆為本」不受限於吉凶之辨。換言之，禮儀雖然紛繁，但有其內在的一致性。

其三，禮例的作用是根據已知的舊經驗，決定未知的事物；從通盤考量到決定的過程，具有推論、演繹的思考。以此觀之，「古者與人飲食，必歸其盛者，所以厚禮之」條，鄭玄只指出〈士冠禮〉、〈士昏禮〉、〈鄉射禮〉、〈特牲饋食禮〉、〈有司徹〉儐尸之禮等，但後人仍可據例推知〈鄉飲酒禮〉、〈燕禮〉、〈大射〉、〈公食大夫禮〉、〈有司徹〉不儐尸之禮等，亦適用此例。

綜上所述，《儀禮注》中，名物制度、禮儀之例，呈現人物關係或器物作用的確定性與普遍性。同時，由於隨文注釋的解經方式，使禮例具有針對性，並可推論經文所未載的儀文。

（二）禮例的形式

《儀禮注》的凡例用語，相當多元。茲以禮儀規則的概念，分為四類討論：

第一，以凡、禮、必、恆、皆等字表述者，顯示禮例的必然性。如：

> 凡薦出自東房。（《儀禮・士冠禮》，鄭注，卷3，頁28）

> 凡腊用全。（《儀禮・士昏禮》，鄭注，卷4，頁42）

> 凡不答而受其摯，唯君於臣耳。（《儀禮・士相見禮》，鄭注，卷7，頁72）

> 禮，君行師從，卿行旅從。（《儀禮・聘禮》，鄭注，卷19，頁230）

> 禮，臣子人賜之而必獻之君父，不敢自私服也。（《儀禮・聘禮》，鄭注，卷23，頁275）

禮，妾從女君而服其黨服。（《儀禮·喪服》，鄭注，卷 31，頁 367）

宿者必先戒，戒不必宿。（《儀禮·士冠禮》，鄭注，卷 1，頁 7）

大夫有故，君必使其同爵者爲之致之。（《儀禮·聘禮》，鄭注，卷 22，頁 267。又見於〈公食大夫禮〉，鄭注，卷 26 上，頁 314）

尸配尊者，必使適也。（《儀禮·士虞禮》，鄭注，卷 43，頁 507）

自死至於殯，自啓至於葬，主人及兄弟恆在內位。（《儀禮·既夕禮》，鄭注，卷 38，頁 455）

尸恆坐，有事則起；主人恆立，有事則坐。（《儀禮·少牢饋食禮》，鄭注，卷 48，頁 572）

主人之位恆左人。（《儀禮·有司徹》，鄭注，卷 50，頁 597）

水器，尊卑皆用金罍，及大小異。（《儀禮·士冠禮》，鄭注，卷 1，頁 8）

其祭，皆離肺。（《儀禮·特牲饋食禮》，鄭注，卷 46，頁 543）

凡衾制同，皆五幅也。（《儀禮·士喪禮》，鄭注，卷 36，頁 423）

第二，以唯、變、鬼神與吉凶等辭彙者，表示禮例在必然性之外，仍有其特殊的變化條件。如「唯」表示數量多寡或特定條件；「變」表示生死、男女等二元的比較觀念。如：

唯稍不拜。（《儀禮·聘禮》，鄭注，卷 24，頁 290）

唯醓醬無大。（《儀禮·公食大夫禮》，鄭注，卷 10，頁 204）

唯三年之喪不櫛，期以下櫛可也。（《儀禮·士虞禮》，鄭注，卷 42，頁 500）

進下，變於食生也，所以交於神明，不敢以食道，敬之至也。（《儀禮·少牢饋食禮》，鄭注，卷 47，頁 563）

右首，進腴，亦變於食生也。（《儀禮·少牢饋食禮》，鄭注，卷 47，頁 563）

執爵拜，變於男子也。（《儀禮・有司徹》，鄭注，卷 49，頁 589）

生人陽，長左；鬼神陰，長右。（《儀禮・有司徹》，鄭注，卷 49，頁 582）

吉時拱，尚左手；喪時拱，尚右手。（《儀禮・喪服》，鄭注，卷 34，頁 402）

吉事交相左，凶事交相右。（《儀禮・既夕禮》，鄭注，卷 38，頁 449）

　　第三，以「古」字、「周」字明例者，則出於古、今時間連續而又對比的觀點。如：

古者與人飲食，必歸其盛者，所以厚禮之。（《儀禮・鄉射禮》，鄭注，卷 13，頁 143。）

古者以冠名服。（《儀禮・士喪禮》，鄭注，卷 35，頁 414）

古者飯用手，吉時播餘于會。（《儀禮・士虞禮》，鄭注，卷 42，頁 497）

周禮祭尚肺。（《儀禮・少牢饋食禮》，鄭注，卷 47，頁 562）

周貴肩賤髀。（《儀禮・既夕禮》，鄭注，卷 39，頁 463）

右體，周所貴也。（《儀禮・鄉射禮》，鄭注，卷 13，頁 147）

以「周」字、「古」字明例者，表示鄭玄意識到實踐禮例的時間因素。於是《儀禮注》亦時見以周制和漢禮相較的情形。以下分為同、異二方面說明。

　　其一，漢禮同於周者，如〈士冠禮〉：「設洗，直于東榮。」鄭注：「洗，承盥洗者棄水器也，士用鐵。」〔註48〕據叔孫通《漢禮器制度》，士洗用鐵，大夫用銅，諸侯用白銀，天子用黃金。〔註49〕可知鄭玄認為洗之制，周、漢同。又，〈覲禮〉：「斧依」，鄭注：「依，如今綈素屏風也。有繡斧文，所以示威也。斧，謂之黼。」〔註50〕鄭玄以漢代厚繒製作的素色屏風，比況〈覲禮〉白黑斧文〔註51〕的屏風，而強調「依」字，可知其所比況者為屏風，而

〔註48〕《儀禮・士冠禮》，鄭注，卷 1，頁 8。
〔註49〕漢・叔孫通撰，清・孫星衍校集：《漢禮器制度》（北京：中華書局，1985 年初版），頁 1。
〔註50〕《儀禮・覲禮》，鄭注，卷 26 下，頁 321。
〔註51〕《淮南子・說林》：「黼黻之美，在於杼軸。」高誘注：「白與黑為黼，青與赤

非紋樣、材質。又,〈聘禮〉:「釋幣于行」,鄭注:「今時民春秋祭祀有行神,古之遺禮乎?」鄭玄以歷時性的觀點,認爲漢時民間春秋祭行神之禮,似猶有古之遺風。

其次,漢禮異於周者,如《儀禮・鄉射禮》鄭玄注:

> 今郡國行此禮,以季春。(《儀禮》,鄭注,卷 11,頁 109)

> 今郡國行此鄉射禮,皮弁服,與《禮》爲異。(《儀禮》,鄭注,
> 卷 11,頁 110～111)

鄭玄認爲周朝的鄉射禮,屬於「鄉」的層級,在春、秋舉行,著朝服;漢代則爲「郡國」行禮於季春,且服皮弁服。行禮的地方層級、季節與次數、服制,均稍異於《儀禮》所載的周制。又,〈燕禮・記〉:「燕,朝服,於寢。」鄭玄注:

> 今辟雍十月行此燕禮,玄冠而衣皮弁服,與《禮》異也。(《儀
> 禮》,鄭注,卷 15,頁 179)

以地點而言,周人行燕禮於路寢,漢人行於辟雍。以服飾而言,周人著玄冠、朝服,漢人著玄冠、皮弁服。進一步來說,鄭玄《三禮目錄》指出燕禮爲「諸侯無事,若卿大夫有勤勞之功,與群臣燕飲以樂之。」[註 52] 舉行燕禮的時間,並不固定。而漢人則固定十月行禮,則舉行時間亦有別於周代。

鄭玄運用比況的方式注解,陳澧曾指出「以後代之事況古事,其來遠矣」,又申明其義說:

> 古語則以後世之語通之,古官、古事則以後世之官、後世之事
> 況之,其義一也。古地理亦以今地名釋之,即是此法。此乃注經一
> 定不易之法也。漢法依古而來,所謂繼周百世可知也。周法無文,
> 則約漢法以況之,亦約他經以注此經之法也。至亂世之法,鄭君不
> 以解《周禮》,賈疏之說尤明。[註 53]

此有三層涵義:其一,從注經、訓詁的層面來看,以今制解釋、比況古事,「舉今以曉古」,誠有助於理解經文。其次,陳氏更精準地指出之所以能進行比較的根本原因在於「漢法依古而來」,古今因革,遂使比況具有可能性。

爲黻,皆文衣也。」見漢・劉安著,漢・高誘注,劉文典集解,馮逸、喬華
點校:《淮南鴻烈集解》(北京:中華書局,1989 年),下冊,卷 17,頁 576。
鄭注《周禮・天官・典絲》:「白與黑謂之黼。」(卷 8,頁 124。)
[註 52] 《儀禮・燕禮》,賈公彥疏引,卷 14,頁 158。
[註 53] 清・陳澧:《東塾讀書記・周禮》,收入《陳澧集》,第 2 冊,卷 7,頁 134。

〔註54〕其三，鄭玄不以「亂世之法」解釋《周禮》，當出於《周禮》是周公制禮的結晶，「擬人必於其倫」，不得以亂世僭禮比況「太平制禮之事」。〔註55〕可知鄭玄以比況之法注經，具有相當嚴謹的態度。進一層來說，漢制與周制的比況，乃出於比對「已行故事」，即慣例思維。〔註56〕

第四，未以括例之語爲之，而可爲凡例者：

> 一獻之禮，有薦有俎。（《儀禮・士冠禮》，鄭注，卷2，頁22～23）

> 屨者，順裳色。（《儀禮・士冠禮》，卷3，頁32）

> 奠摯，尊卑異，不親授也。（《儀禮・士相見禮》，鄭注，卷7，頁72）

> 男女不相襲爵。（《儀禮・有司徹》，鄭注，卷49，頁588～589）

上述禮例型態的活潑多元，顯示「今人所謂規律、法則、通義，在漢代都可用一『例』字概括。」〔註57〕另一方面，參照上述「凡爲人使，不當其禮」、

〔註54〕此語出於賈公彥：「漢依而用之，……古雖無言，漢亦依古而來」，揭示時代因革損益之跡。見《周禮》〈地官・鼓人〉，賈疏，卷12，頁190；〈夏官・方相氏〉，賈疏，卷31，頁475。按：日本學者西川利文指出鄭玄以漢制比況周制，目的在於證明漢制直承周制，甚至致力於闡發「漢制等於周制」，否定漢制與秦制具直接繼承的關係。然而，《禮記・王制》鄭玄注指說：「今漢有正、平、丞，秦所置」，而〈月令〉亦言漢初的驚蟄、雨水等節氣，同於秦制。是則，漢於秦制猶有所承。見西川利文：〈『周禮』鄭注所引の「漢制」の意味〉，小南一郎編：《中國古代禮制研究》（京都：京都大學人文科學研究所，1995年3月），頁339～358。

〔註55〕《周禮・秋官・司烜氏》，賈疏，卷36，頁550。

〔註56〕王應麟說：「蓋自西晉板蕩之後，見聞放失，習俗流敗，漢世之名物稱謂知者鮮焉，況帝王制作之法象意義乎！此漢制之僅於傳注者，不可忽、不之考也。愚少嘗有聞，老弗敢墜，因緝次爲編，以俟後之君子。自流遡源，三代之禮，庶乎其可識矣。」見氏著：《漢制考・序》（北京：中華書局，2011年1月初版），頁5。王應麟認爲漢世近古，可藉以識三代之制，因此必須重視傳注中的漢制。此亦從社會演變的觀點，說明傳注的價值。彭林：「名物有形，而其形有不易描述者，這是名物訓詁的難點之一。事實上，這些器物往往就存在於現實生活之中，只是名稱已經變化，世人不知而已。有識於此，鄭玄每每徵引漢制，以爲訓釋之助。」亦從現實生活和解經兩方面著眼，說明鄭玄解經比況漢制的意義。見氏著：〈鄭玄與《三禮》名物研究〉，王振民主編：《鄭玄研究文集》（濟南：齊魯書社，1999年10月初版），頁111。

〔註57〕王葆玹：《今古文經學新論（增訂版）》，頁102。

「凡饌以豆爲本」、「古者與人飲食，必歸其盛者，所以厚禮之」三例，顯示鄭玄不一定在該禮儀首次見於經文時，點明禮例。而且時或重複，時或未標明禮例，顯示鄭玄並非嚴謹地以「例不重出」的方式爲之。

二、解經書文字之例

鄭玄不僅認爲《儀禮》內容具有意義，《儀禮》的文字敘述形式也同樣具有意義。直書其禮、有其禮而不書，乃至於陳述順序的變化，皆蘊涵深意，須予以深層地、針對性的解讀。另一方面，比例是根據舊有的事物，比較、判斷當下的人事，在文例之中，也呈現相同的操作模式：根據「已書／不書」的部分，探討「不書／書」的原因；或根據文字敘述先後，討論或先或後的原因。申言之，在同一位作者的前提下，這是一種要求經文字句具有一致性的態度，也就是講究文獻的秩序。職是，當聖人制禮的「禮」，被坐實或限定爲「禮『書』」時，爲明瞭聖人之道，亦當致力於比對、解讀字句形式。

首先，文字的有無，表示尊卑有別，如「書／不書」。〈特牲饋食禮〉主人獻賓，「薦脯醢，設折俎。」鄭注：

> 凡節解者，皆曰折俎。不言其體，略云折俎，非貴體也。（《儀禮》，鄭注，卷45，頁535）

鄭玄先括例說明盛肢解牲體之俎爲折俎，繼之闡發《儀禮》編寫者不細數骨體，乃因此俎所盛非貴體。骨體貴賤，可依「尊者俎尊骨，卑者俎卑骨」[註58] 討論：祭禮中的尊者爲尸、主人，經文詳述二者俎實。相較之下，此用俎者爲賓，「不言其體」，乃因其地位較低、俎無貴體。換言之，鄭玄以文字上的有無（言、不言），推斷尊卑之意。

又，〈特牲饋食禮〉「嗣舉奠獻尸」章，嗣子入室，尸舉觶授嗣子。嗣子受觶、飲卒觶的過程中，行再拜稽首的「拜受」、「拜卒爵」之禮；相對地，尸當有拜送、拜既爵之禮，而經文僅載嗣子之拜，總括尸禮爲「尸備答拜焉」一句。[註59] 鄭玄說：

> 每拜，答之。以尊者與卑者爲禮，略其文耳。（《儀禮》，鄭注，

〔註58〕 《儀禮・鄉飲酒》，鄭注，卷10，頁103。

〔註59〕 《儀禮・特牲饋食禮》：「（嗣子）進受，復位，祭酒，啐酒。尸舉肝。舉奠左執觶，再拜稽首，進受肝，復位，坐，食肝，卒觶，拜。尸備答拜焉。」卷46，頁543。

卷 46，頁 543）

依「禮不虛受」，鄭玄指出尸於嗣子「每拜，答之」，並指出尊者與卑者行禮，省略尊者的禮文。於是，文字之「略」，源於尊卑有別。

　　以書或不書顯示尊卑之義，還見於〈大射〉「公取膝觶酬賓遂旅酬」章，經文只載賓的活動：「賓進受虛觶，降，奠于篚。易觶興，洗」，卻未言公的禮節，鄭玄解釋說：

　　　　不言公酬賓於西階上及公反位者，尊君，空其文也。（《儀禮》，
　　鄭注，卷 17，頁 197）

為了表示國君身分的尊貴，故不言其行為。因此，對鄭玄而言，《儀禮》為聖人所作，其筆法與《春秋》一般，筆削之際存有深刻的倫理意蘊。

　　其次，變化遣詞用字，表達尊卑。《儀禮・燕禮》告誡設具「設洗、篚于阼階東南，當東霤，罍水在東，篚在洗西，南肆。設膳篚在其北，西面。」鄭注：

　　　　膳篚者，君象觚所饌也，亦南陳，言西面，尊之，異其文。（《儀
　　禮》，鄭注，卷 14，頁 158～159）

設臣子所用的篚，經文用「南肆」一詞；設國君使用的膳篚，則言「西面」，陳器用字之異，源於使用者的身分尊卑。又如：

　　　　齊衰不書受月者，亦天子、諸侯、卿、大夫、士，虞、卒哭
　　異數。（《儀禮・喪服》，鄭注，卷 30，頁 352）

齊衰不言受月，乃因各階級虞、卒哭異制。

　　解禮儀制度之例與解經書文字之例，同樣蘊涵慣例思維，只是形式不同：前者是經由行為反覆操作，成為人們共同認可的、具有規範作用與必然性的慣例。文例，來自經書是聖人所作，使得經典無形中也具有規範的作用，本質上也是一種慣例，只是它見諸書面文字，而非具體行為。由於《儀禮》保留周公「致太平」的事蹟，筆法值得深究之外，禮儀行為、典章制度，均可被視為學習的典範。總結上述，鄭玄所揭示的解禮儀制度之例、解經書文字之例，大致的分別為：

　　　　禮儀制度之例：文字的先後、有無 → 儀節 → 禮意

　　　　經書文字之例：文字的先後、有無 → 禮意

這二類凡例，在賈公彥《儀禮疏》，將有更為鮮明的表現。

第三節　義疏體規範下的禮例──《儀禮疏》

　　義疏是一種兼明傳注、經書的經學詮釋類型。對義疏而言，「明傳注乃所以明經」〔註60〕，傳注是指明路徑的指標，最終目的仍是闡明經義。六朝時期，延續漢儒治經的傳統外，又受到佛教疏鈔和僧徒講論的影響，興起義疏類的著作。這類著作的主要特點有二：一爲運用標明起迄的方式，爲經書分章。由於分章標明起迄，因此在形式上「條紬縷繹」〔註61〕。二爲採用問答方式講解經書，這種問答並無相難之意，而是合作相成。〔註62〕同時，六朝文風盛行，義疏類的著作亦每每重視用辭的解析。〔註63〕六朝義疏「依傍一家之注」，重新詮釋經文，甚至可異於舊注，並無「疏不破注」之事。〔註64〕

　　唐從隋制，舉行科舉考試，需統一經說，作爲考試依據，於是高宗永徽四年頒定《五經正義》。在「統一經說」的前提下，《五經正義》一方面承襲六朝的義疏體。另一方面，刪除與經說無關的佛理，並淘汰舊疏中訂正或違反注說的內容，「使《正義》依注釋經，專崇注說。」〔註65〕《五經正義》雖不包含《儀禮》，但根據《兩唐書》記載國子監教授此書；科舉考試亦列《儀禮》爲中經。〔註66〕另外，現存清代嘉慶二十年江西南昌府學重刊的《儀禮》宋刻本上，載「唐朝散大夫行大學博士弘文館學士『臣』賈公彥等撰」，自稱

〔註60〕清・黃承吉：〈春秋左傳舊疏考正序〉，《夢陔堂文集》（臺北：文海出版社，1967年5月初版），卷5，頁117。

〔註61〕清・黃承吉：〈春秋左傳舊疏考正序〉，《夢陔堂文集》，頁117。

〔註62〕牟潤孫：〈論儒釋兩家之講經與義疏〉，《注史齋叢稿（增訂本）》，（北京：中華書局，2009年6月），上冊，頁147。戴君仁：〈經疏的衍成〉，《梅園論學續集》（臺北：藝文印書館，1974年11月初版），頁102～107。古勝隆一：〈釋奠禮と義疏學〉，收入小南一郎編：《中國の禮制と禮學》（京都：朋友書店，2001年10月），頁469～504。

〔註63〕張寶三師：〈儒家經典詮釋傳統中注與疏之關係〉，《「孔學與二十一世紀」國際學術研討會論文集》（臺北：國立政治大學，2001年初版），頁324。

〔註64〕張寶三師：〈儒家經典詮釋傳統中注與疏之關係〉，《「孔學與二十一世紀」國際學術研討會論文集》，頁334～335。

〔註65〕張寶三師：〈儒家經典詮釋傳統中注與疏之關係〉，《「孔學與二十一世紀」國際學術研討會論文集》，頁336。

〔註66〕國子監教授《周易》、《尚書》、《周禮》、《儀禮》、《禮記》、《毛詩》、《春秋左氏傳》、《公羊傳》、《穀梁傳》，見《舊唐書・職官志》，卷44，頁1891，「祭酒、司業之職」。《新唐書・選舉志》則載：「凡《禮記》、《春秋左氏傳》爲大經，《詩》、《周禮》、《儀禮》爲中經，《易》、《尚書》、《春秋公羊傳》、《穀梁傳》爲小經。」（卷44，頁1160）見宋・歐陽修、宋祁：《新唐書》（北京：中華書局，1995年初版）。

爲「臣」。可知唐代《儀禮》應屬於官學。

　　六朝的疏解者，可依照文本解釋文句，也可發揮己見，甚至批評舊注，較爲自由。而唐代義疏體，因科舉統一經說之故，尊崇注說，限制詮釋空間。賈公彥《儀禮疏》徵引六朝黃慶、李孟悊二家章疏，在內容上「欲以諸家爲本，擇善而從，兼增己義」。〔註67〕然而，《儀禮疏》既爲科舉考試而編著，「定本」的性質，使得詮釋者必須根據「一家舊注」，詳細解釋，即使舊注有誤，或出現異於舊注卻更好的說法，多只能圓融輾轉地爲舊注辯解。〔註68〕劉師培認爲：

　　　　是《正義》所折衷者，僅一家之注，而士民之所折衷者，又僅一家之疏，故學術定于一尊，使說經之儒不復發揮新義，眯天下之目，錮天下之聰。〔註69〕

從學術自由來看，唐代義疏尊崇一家之注、限制詮釋空間，對獨立思考和自由詮釋產生負面影響。但失之東隅，收之桑榆，這種框架卻也產生共同關注的議題，同時在解經方法上也能得到相當程度的延續。

　　就禮例而言，清人陳澧曾著眼於賈公彥對鄭玄禮例的闡發，歸結出六種關係：

　　　　1、有鄭注發凡，而賈疏辨其同異者。

　　　　2、有鄭注不云「凡」，而與發凡無異，賈疏申明爲凡例者。

　　　　3、有鄭注不發凡，而賈疏發凡者。

　　　　4、有經是變例，鄭注發凡而疏申明之者。

　　　　5、有經是變例，注不發凡，而疏發凡者。

　　　　6、有賈疏不云凡，而無異發凡者。〔註70〕

〔註67〕　《儀禮》，賈疏，卷1，頁2，「《儀禮》大題疏」。

〔註68〕　張寶三師曾指出「唐修《正義》，雖大體遵注，亦非全不破注也。若謂《正義》以『不破注』爲原則乃可，謂其嚴守此例，則非確論也。」詳見氏著：《五經正義研究》（上海：華東師範大學出版社，2010年10月初版），頁387～395。《儀禮疏》亦可見到對鄭玄不滿的用語，如〈大射〉「戒百官」章，斥其「斷章取義」（卷16，頁187）。〈聘禮〉「郊勞」章，指出鄭注之誤（卷19，頁233～234）。又，喬秀岩從對六朝義疏的繼承與新變的角度，指出賈公彥《周禮疏》、《儀禮疏》因襲舊說，缺少創造新說的能力，並認爲義疏學不講究實事求是，而專主於闡明鄭學並使之細緻化形成體系、及訓詁的固定化表現。見氏著：《義疏學衰亡史論》（東京：白峰社株式會社，2001年2月初版），頁213～266。

〔註69〕　劉師培：《國學發微》（臺北：廣文書局有限公司，1970年10月初版），頁73。

〔註70〕　清‧陳澧：《東塾讀書記》，收入《陳澧集》，第2冊，頁143～147。

從內容分析，第 1、4 條，爲賈公彥「解釋」鄭玄的禮例；第 2、3、5 條，爲鄭玄未發凡或以例句說明，而賈氏「發凡」；第 6 條，則爲賈氏以「例句」的形式呈現規則。簡言之，從禮例來看，《儀禮注》與《儀禮疏》有解釋前人凡例、發凡括例二種關係。爲呈顯賈公彥介於鄭玄、凌廷堪之間的地位，下文同樣從禮制之例、解經之例的結構對照鄭玄《儀禮注》，並別立解釋方法，以說明《儀禮疏》條例的特色。〔註71〕需特別說明的是，所舉的禮例以彰顯特色爲主，而不從禮例能否成立著眼。

一、禮制之例的新貌

唐人義疏以「疏不破注」爲主軸，因此從內容著眼，《儀禮疏》的禮例分類將得到與《儀禮注》十分接近的結果，本文不擬重複。雖然如此，《儀禮疏》仍闡發許多鄭玄所未點明的禮例。據目前統計，鄭玄《儀禮注》以「凡」字爲首的禮例，約百餘條；而賈公彥《儀禮疏》以「凡」字爲首的禮例，有二百餘條，就數量而言，明顯增加。在表現形式上，《儀禮疏》的禮例略有所異，形式轉變所潛藏的涵義，頗值得留意。下文嘗試闡述賈公彥與鄭玄禮制之例的差異。

（一）開發新禮例，提升禮例數量

爲了闡明經旨，《儀禮疏》將鄭玄未言「凡」的例句或解釋，冠以「凡」字，並多爲後人所繼承。如：

例一：禮之通例，賓主敵者，賓主俱升。

〈士冠禮〉「迎賓及贊冠者入」章，「至于階，三讓。主人升，立于序端西面，賓西序東面。」鄭注：「主人、賓俱升，立相鄉。」〔註72〕賈公彥認爲〈士冠禮〉、〈士昏禮〉之賓主爲敵體，故揭示此升階之例。賈氏並辨別主、賓尊卑異的升階法：一、主尊賓卑時，如〈鄉飲酒禮〉、〈鄉射禮〉主尊賓卑，主人升一等，賓乃升；〈聘禮〉則公升二等，賓始升，君先於臣，爲「君行一，臣行二」。二、主卑賓尊時，如〈覲禮〉王使人慰勞侯氏，使者不讓先

升。〔註73〕此例後爲凌廷堪所承，「凡升階皆讓，賓主敵者俱升，不敵者不俱升。」〔註74〕

例二：凡賓主體敵之法，主人降，賓亦降。

〈聘禮〉歸饔餼，聘賓儐使者，「賓降堂，受老束錦，大夫止。」鄭注：「止不降，使之餘尊。」〔註75〕賈公彥認爲賓、主體敵時，若主人降階，則賓亦降；並應用此例說明〈聘禮〉「歸饔餼於賓介，賓儐使者」章，賓降堂取束錦，使者不降，在於「使之餘尊」〔註76〕，尊卑不敵，故使者不降。凌廷堪沿襲此說，括爲「凡賓、主人敵者，降則皆降」，用以說明〈鄉飲酒禮〉、〈鄉射禮〉、〈燕禮〉、〈大射〉、〈有司徹〉等篇。〔註77〕

例三：1、凡士之廟，五架爲之。棟北一楣，下有室戶，中脊爲棟，棟南一架爲前楣，楣前接簷爲庪。

2、凡廟之室堂皆五架，棟南北皆有兩架，棟北一架，下有壁，開戶；棟南一架謂之楣，則楣北有二架，楣南有一架。

見於賈疏〈士昏禮〉「納采」章、〈聘禮〉「聘享」章。〔註78〕〈鄉射禮・記〉鄭注五架之屋說：「正中曰棟，次曰楣，前曰庪」，賈氏遂闡明士廟制五架：中脊爲棟，棟南一架爲前楣，楣前接簷爲庪；棟北的後楣下，有室戶。宋人李如圭承襲賈氏之說，考察〈士昏禮〉、〈鄉射禮〉、〈聘禮〉的經、注、疏後，認爲上自天子下至士人，通用五架之制，「而其廣狹隆殺則異耳」。〔註79〕

（二）禮例的形式

1、限定有效範圍的禮例

相較於鄭玄「禮，……」、「凡……」等禮例敘述形式，賈公彥在部分禮例中明確標誌「《儀禮》之內」、「《經》」等，限定括例及應用範圍。這顯示賈氏對

〔註73〕《儀禮・聘禮》，賈疏，卷22，頁262。
〔註74〕清・凌廷堪：《禮經釋例・通例上》，卷1，頁83。
〔註75〕《儀禮・聘禮》，鄭注，卷22，頁262。
〔註76〕《儀禮・聘禮》，賈疏，卷22，頁262。
〔註77〕清・凌廷堪：《禮經釋例・通例上》，卷1，頁145～147。
〔註78〕《儀禮》〈士昏禮〉，卷4，頁40；〈聘禮〉，卷20，頁244。
〔註79〕宋・李如圭：《儀禮釋宮》（臺北：藝文印書館，1968年出版原刻景印百部叢書集成，守山閣叢書6），頁2上。按：近人鄭良樹考察近代出土文物與文獻互證的復原圖，亦十分相近。見氏著：《儀禮宮室考》（臺北：臺灣中華書局，1971年12月初版）。

於禮例應用的有效範圍，具有相當程度的自覺。而這些用語也意謂著賈氏括例態度較爲嚴謹。如：

> 經，有俎必有特牲。（《儀禮・士冠禮》，賈疏，卷 2，頁 23）

> 《儀禮》之內，單言廟者，皆是禰廟。若非禰廟，則以廟名別之。（《儀禮・士冠禮》，賈疏，卷 1，頁 3）

> 《儀禮》之內，單言薦者，皆據籩、豆而言也。（《儀禮・士昏禮》，賈疏，卷 5，頁 51）

> 《儀禮》一部之內，牛羊豕炙皆無醬配之。（《儀禮・公食大夫禮》，賈疏，卷 26 上，頁 315）

> 《儀禮》文，薦脅皆不云「折」，唯兄弟云「之脊，折」。（《儀禮・有司徹》，賈疏，卷 49，頁 584）

2、具衡量標準的禮例

與鄭《注》相同的是，《儀禮疏》括例的辭彙仍然豐富多變。較爲特別的是，多樣的用語中不僅出現規律、綱領義的「體例」、「某某之『法』」，同時也以「禮之『通』例」、「禮之常」等表現頻率的用詞。再加上義疏文字的說明、舉證，於是就敘述形式而言，《儀禮疏》的禮例意識更爲鮮明。茲舉數條證明：

第一，體例。《疏》所言「體例」，或指行事的規律、法則，如：

> 鄭云：「婦人於丈夫，雖其子猶俠拜」者，欲見禮子之體例，但是婦人於丈夫皆使俠拜，故舉子以見義也。（《儀禮・士冠禮》，賈疏，卷 2，頁 21）

> 鄭云：「降席，席西」，不言面，案前體例，降席，席西拜者，皆南面，拜訖則告旨。（《儀禮・燕禮》，賈疏，卷 14，頁 162。筆者按：「案前體例」，指〈鄉飲酒禮〉、〈鄉射禮〉主人獻賓。）

第二，以「法」字揭例。「法」字同樣具有規律、常態的意思，如《大戴禮記・曾子立孝》：「言必有主，行必有法，親人必有方。」王聘珍說：「法，常也。」〔註80〕

> 凡設几之法，受時或受其足，或受于手閒，皆橫受之。（《儀禮・

〔註80〕 清・王聘珍：《大戴禮記解詁・曾子立孝》（北京：中華書局，2004 年 5 月初版），卷 4，頁 74。

士昏禮》，賈疏，卷 4，頁 41）

　　凡堂上行禮之法，立行禮，不說屨；坐則說屨。（《儀禮·鄉飲
酒禮》，賈疏，卷 10，頁 101）

　　主人之法，先升導賓，賓後升，進宜難，禮之常然。（《儀禮·
鄉射禮》，賈疏，卷 11，頁 111）

第三，以「禮之通例」表示常規，如：

　　禮之通例，衣與冠同色。（《儀禮·士冠禮》，賈疏，卷 1，頁 3）

　　禮之通例，衣與冠同，屨與裳同。（《儀禮·士冠禮》，賈疏，
卷 3，頁 32）

　　禮之通例，賓、主敵者，賓、主俱升。……主尊賓卑，……主
人升一等，賓乃升。（《儀禮·士昏禮》，賈疏，卷 4，頁 40）

第四，以「禮之常」可表示次數的頻繁，也可表示普遍、固定的意思，
如

　　（按：主人）先升一等，禮之常。（《儀禮·鄉射禮》，賈疏，
卷 11，頁 111）

　　牽馬在右，禮之常。（《儀禮·聘禮》，賈疏，卷 21，頁 252）

　　盥後辭洗，是禮之常。（《儀禮·鄉飲酒禮》，賈疏，卷 9，頁
88）

第五，使用「大判而言」、「大判言之」等詞彙，表示依據大體上、大概
之意。在衡量標準上，具有數目比例的意識。如：

　　云「（按：陳饌）要方」者，據大判而言耳。（《儀禮·士昏禮》，
賈疏，卷 5，頁 51）

　　云「君行一，臣行二」者，但君行少，臣行多，大判而言，非
謂即「君行一，臣行二」。（《儀禮·聘禮》，賈疏，卷 20，頁 244）

　　但六入為玄，七入為緇，大判言之，緇衣亦名玄。（《儀禮·特
牲饋食禮》，賈疏，卷 44，頁 519）

靈活多變的括例用語，共同指涉衡量、標準之義，表現出禮例所具有的標準
性質。

　　3、歸納類型的禮例

對照之下，歸納類型的禮例，在《儀禮注》十分罕見〔註81〕，而《儀禮疏》較爲豐富。後者採用統計觀點，歸納禮儀行爲、名物的共相，並加以分類。同時，亦出現「應用」歸納而得的禮例，說明目前的經文當作何解。這類禮例反映出客觀的考察態度。以下舉數例爲證：

第一，肺的種類。賈疏：

> 凡肺有二種：一者舉肺，一者祭肺。就舉肺之中，復有三稱：一名舉肺，爲食而舉。二名離肺，〈少儀〉云「三牲之肺，離而不提心也」。三名嚌肺，以齒嚌之。此三者，皆據生人爲食而有也。就祭肺之中，亦復有三稱：一者謂之祭肺，爲祭先而有之。二者謂之忖肺，忖切之使斷。三者謂之切肺，名雖與忖肺異，切肺則忖肺也。三者皆爲祭而有。若然，切肺、離肺，指其形，餘皆舉其義稱也。（《儀禮·士冠禮》，賈疏，卷3，頁29～30）

> 凡舉肺有二名：一名離肺，亦名舉肺。祭肺，亦名刌肺也。
> （《儀禮·公食大夫禮》，賈疏，卷25，頁304）

賈氏歸納肺可分爲二類：一爲舉肺，又稱離肺、嚌肺，見於生人食禮、祭祀之禮。二爲祭肺，又稱忖肺、切肺，見於祭祀之禮。不過，賈公彥也意識到這條禮例有例外。〈士昏禮〉「婦至親迎」明爲生人食禮，爲何出現祭祀場合才有的祭肺？賈氏引用〈郊特牲〉說明娶婦「玄冕齊戒，鬼神陰陽也」，故同於祭祀而有二肺。〔註82〕易言之，賈公彥括例除了歸納肺體的名稱、使用場合，更留意到與例相違的情形，並進一步尋找解答。此可呼應上文賈氏具有禮例意識的說法。

第二，趨的種類。賈疏：

> 凡趨有二種：有疾趨，行而張足曰趨是也。有徐趨，則下文「舒武，舉前，曳踵」是也。今此經云：「不趨」者，不爲疾趨，故云「主慎也」。既不云疾趨，又不爲下文徐趨，但徐、疾之閒爲之，故以進而益恭爲威儀也。（《儀禮·士相見禮》，賈疏，卷7，頁76）

賈氏首先指出「趨」可分爲兩類：一種是「行而張足」的疾趨，一種是「舒武，舉前，曳踵」的徐趨。根據分類結果，賈氏認爲〈士相見禮〉「凡執幣者，

〔註81〕 就筆者目前所見，僅有一例：「凡下未拜有二：或禮殺，或君親辭。君親辭則聞命即升，升乃拜，是亦不言成拜。」《儀禮·燕禮》，鄭注，卷14，頁165。
〔註82〕 《儀禮·士昏禮》，賈疏，卷4，頁43。

不趨」，當在「徐、疾之間爲之」，以爲威儀。〔註 83〕此則先歸納「趨」可分爲兩類，再以歸納的結果解釋經書。

第三，升降階的種類。賈疏：

> 凡升階之法有四等：連步，一也。栗階，二也。歷階，三也。歷階，謂從下至上，皆越等，無連步。若《禮記・檀弓》云：「杜蕢入寢，歷階而升」是也。越階，四也。越階，謂左右足越三等，若《公羊傳》云：「趙盾避靈公，躇階而走」是也。（《儀禮・燕禮》，賈疏，卷 15，頁 181）

> 凡升降有四種：云走者，君臣急諫諍，則越三等爲走階，越一等爲歷階，又有連步，又有栗階，爲四等也。義已具於〈燕禮・記・疏〉也。（《儀禮・公食大夫禮》，賈疏，卷 25，頁 301）

賈氏將升降階的方式分成四類：一，連步，爲右足（或左足）升一階，左足（或右足）繼之，併於右足，即「聚足」；右足再升一階，左足繼升、併之，重複進行。二，栗階，前二級階用連步法，餘階則「左右足各一發」，即一足一階，不聚足。三，歷階，從下至上皆越等，不連步聚足，如《禮記》載杜蕢入寢「歷階而升」。四，越階，又稱「走階」，爲「左右足跨三等」，如《公羊傳》載趙盾避靈公「躇階而走」。觀察此例，可知賈公彥不僅意在歸納《儀禮》的升降階法，更有意統整各經典出現的升降階方式，如《禮記》、《公羊傳》。同時，賈氏亦應用此例解釋〈聘禮〉「主君禮賓」章，聘賓升堂「栗階」之事。〔註 84〕

比較《儀禮注》與《儀禮疏》的禮例，可以發現賈公彥雖受鄭玄影響，但禮例意識較爲鮮明。同時，賈氏的禮儀制度之例，出現統整歸納的類型有其特出之處；再者，禮例的數量上升，亦有拓展之功。

二、解經書文字之例

賈公彥肯定《儀禮》爲「周公攝政致太平之書」〔註 85〕，在詮釋經文的作用上至少發揮兩方面的影響：首先，作者身分與人數得到確認，《儀禮》

〔註 83〕《儀禮・士相見禮》，賈疏，卷 7，頁 76。
〔註 84〕《儀禮・聘禮》，賈疏，卷 21，頁 251。
〔註 85〕《儀禮・士冠禮》，賈疏，卷 1，頁 2。賈公彥：〈序周禮廢興〉，《周禮》，卷 1，頁 7。

爲周公一人所著，不假他人之手。其次，著作背景與動機也隨之明朗，《儀禮》是周公爲了周朝長治久安而作，蘊含深刻的義理。在這樣的觀念下，賈公彥以嚴謹的態度看待經文用辭，不僅詳細剖析其文學性，又追求周公之意。〔註 86〕

（一）文學評點式的用辭解析

承襲六朝義疏體重視用辭解析的態度，《儀禮疏》亦屢見類似文學評點的敘述。

第一，〈喪服〉「齊衰三月」章，載「寄公爲所寓」服喪。「寄」、「寓」二字同意，經文卻使用不同的兩個字。賈氏認爲「作文之勢」，「寄」字不可重複使用，故改用「寓」字。〔註 87〕

第二，〈覲禮〉侯氏受車服禮畢，拜送使者，又言「儐使者」之事。經文的敘述順序與實際的禮儀順序不符：

> 經文敘述順序：受車服禮 → 拜送使者 → 儐使者。

> 實際禮儀順序：受車服禮 → 儐使者 → 拜送使者。

鄭玄指出二者歧異的原因是「以勞有成禮，略而遂言」，由於慰勞使者有正規的禮儀，因此簡略地在文末順帶提過。賈氏進一步說：

> 經云：「侯氏送，再拜」者，事勢宜終，故連言之，其實「儐
> 使者」在拜送前，必以之儐，後略言者，以儐有成禮可依，故後略
> 言。案上篇以來，每有儐禮，皆是成篇之法，是「成禮」也。（《儀
> 禮》，賈疏，卷 27，頁 327）

賈氏承襲鄭說的同時，更比較〈覲禮〉侯氏郊勞使者的禮儀，指出「案上篇以來，每有儐禮，皆是成篇之法」，經文書寫有其特定模式，「儐禮」爲「成篇之法」。根據上述二條，可知賈氏將《儀禮》重視經文的字句變化，進而加以剖析。

第三，〈士冠禮〉「加冠祝辭」章，始加冠的祝辭爲：「令月吉日」，再加冠則說：「吉月令辰」。賈氏提出二者用語不同，爲「互見其言，是作文之體」，並無「義例」存在。〔註 88〕同時，此條亦反證賈公彥認爲部分文字歧異，是

〔註 86〕林慶彰師：〈中國經典權威形成的幾個原因〉，《中國經學研究的新視野》（臺北：萬卷樓圖書股份有限公司，2012 年 12 月初版），頁 25～46。
〔註 87〕《儀禮・喪服》，卷 31，頁 367。
〔註 88〕《儀禮・士冠禮》，賈疏，卷 3，頁 31。

有「義例」存在的情形。

（二）追求周公之旨的用辭解析

在「周公制禮」的核心概念下，當經文出現不一致的書寫時，除了上述的文學手法外，賈公彥認爲若非書籍流傳過程中有所差池，則是蘊含深意。前者，如〈有司徹〉不儐尸之禮，經文未載主婦之魚、腊取於何處，鄭玄說「未聞」，而賈公彥則指出「轉寫者脫耳」的可能性。〔註89〕至於蘊含深意的部分，賈公彥嘗試勾勒「周公致太平之迹」，呈現完整儀節，使學習者知其來龍去脈，採取的辦法是：比較相關記載，按其詳略，補足儀節；並說明其爲「互見爲義」，或「省文」，或「文不具」等等。〔註90〕如〈鄉射禮〉「賓、主人射」章，「主人堂東袒、決、遂，執弓，搢三挾一個，賓於堂西亦如之。……賓序西，主人序東，皆釋弓，說決、拾，襲，反位。」

鄭注：「或言堂，或言序，亦爲庠、謝互言也。」

賈疏：「上云『榭則鈎楹內』，謂射於榭者也；『堂則由楹外』，謂射於庠者也。此當有鄉大夫射於庠，亦有州長射於序，故互見其義。『互言』者，今袒、決、遂，則言堂東西，見在庠。在榭亦然。『釋弓，說決、拾』，則言序東序西，序則榭也。在庠亦然。故言『互言』之，周公省文，欲兩見之也。」（《儀禮》，鄭注、賈疏，卷12，頁130）

鄭玄指出經文記載行射禮或言堂、或言序的現象，爲不同建築物「互言」的結果。賈公彥則進一步指出「互言」，是「周公」有意兩見的緣故。

「周公設經」的概念，不僅僅停留在表面文字敘述的差別，最重要的是必須顯現階級上的尊卑位序，如此方能穩定社會秩序，使人人各安其位，達到天下太平。因此賈公彥特別重視尊卑階序與文字歧異的關聯，以下分作三類見其梗概。

〔註89〕《儀禮‧有司徹》，賈疏，卷50，頁601～602。

〔註90〕日人高橋忠彥注意到賈公彥大量應用「省文」筆法解經，進而詳細爬梳《儀禮疏》的省文情形，如互見、不具、各舉一邊、舉上明下、不言、不云、「文不具，其實……」、「不言……可知」、文有詳略、「文有詳略，相兼乃具」、互見爲義等等。（日）高橋忠彥：〈『儀禮疏』、『周禮疏』に於ける「省文」について〉，《中哲文學會報》第8號（昭和58年，西元1983年），頁39～50。按：此文承　張寶三師提示而知，特此致謝。

1、因尊卑而敘述有先後

尊卑顯現在文字敘述的先後上,如:

(1)〈喪服〉「殤大功」章,賈疏:「尊卑爲前後,次第作文也」。(《儀禮》,賈疏,卷 30,頁 371)

(2)〈喪服〉「齊衰不杖期」章,賈疏:「喪服條例,皆親而尊者在先。」(《儀禮》,賈疏,卷 30,頁 355)

(3)〈喪服〉「齊衰不杖期」章,賈疏:「凡大夫之服,例在正服後。」(《儀禮》,賈疏,卷 30,頁 357)

《儀禮》十七篇的文辭解析,以〈喪服〉一篇所見最富,此或出於六朝時期「章疏甚多」〔註91〕,可資者眾。上述前二條指出〈喪服〉行文時,以尊者爲先;最後一條則指出身爲「貴人」〔註92〕的「大夫之服」在正服之後,說法看似矛盾,實則有生死的不同。所謂「尊卑爲前後」、「尊者在先」,指〈喪服〉敘述死者的次序,以尊者在先,如斬衰喪以父爲先,齊衰喪以母爲先,不杖期喪以祖爲先。〔註93〕而「大夫之服,例在正服後」指服喪的生者而言,若服喪者身分爲大夫或與大夫相關之人士,則敘述時多置於該喪服之末。因此,〈喪服〉敘述的先後,反映出死者、生者身分的尊卑。

2、因尊卑而變文

尊卑也表現在用詞是否一致,如:

案上文體例,與卑者之爵稱「易」,與尊者之爵稱「更」。(《儀禮‧燕禮》,賈疏,卷 14,頁 166)

若然,經之體例,皆上陳服,下陳人。此服之異在下言之者,欲見與男子同者如前,與男子異者如後,故設文與常不例也。(《儀禮‧喪服》,賈疏,卷 29,頁 348)

上下體例,平文皆士,若非士,則顯其名位。(《儀禮‧喪服》,賈疏,卷 33,頁 389)

「體例」的意思之一,是行文規範或用詞格式。承襲鄭玄的作法,賈公彥亦觀察經文的書寫模式,並從尊卑的角度解釋用字差異或區別一般與特殊情形。

〔註91〕 《儀禮》,賈疏,卷 1,頁 2,「《儀禮》大題疏」。
〔註92〕 《儀禮‧喪服》,卷 33,頁 387。
〔註93〕 《儀禮‧喪服》,賈疏,卷 30,頁 371。

3、因尊卑而省文

文字敘述的詳略，也是表現尊卑的方式之一。茲舉二例作爲說明：

第一，〈鄉射禮〉「司射作射，請釋獲」章，「司馬命去侯，獲者許諾。」賈疏：

> 案〈大射〉第二番射，司馬命去侯，云「如初」。此司馬命去侯，不言「如初」者，此臣禮威儀省。(《儀禮》，賈疏，卷 12，頁129)

〈大射〉爲諸侯之禮，該篇描述第二番射箭時，司馬命獲者離開設侯的位置，言「如初」，指同於第一番射。而〈鄉射禮〉則省略「如初」二字，乃因〈鄉射禮〉的主人爲臣子（州長爲士）的身分，故不詳言司馬活動細節，以顯示君臣尊卑有別。

第二，〈燕禮〉「公酬賓，賓酬大夫，遂成旅酬」章，「公坐取大夫所媵觶，興，以酬賓。」

> 鄭注：「興，以酬賓，就其階而酬之也。升，成拜，復再拜稽首也。先時君辭之，於禮若未成然。」

> 賈疏：「云『興，以酬賓，就其階而酬之也』者，經但云『興，以酬賓』，鄭知公就西階者，以其賓降拜不於阼階下，而言西階下，故知公在賓西階上也。不言西階者，以公尊，空其文也。」(《儀禮》，賈疏，卷 14，頁 165)

經文僅言國君取觶酬賓，而鄭玄則指出國君「在西階」行酬禮。賈氏進一步解釋經文不詳載公的活動，乃因公的身分尊貴，故「空其文也」。比較鄭玄、賈公彥的敘述，鄭玄的說明補足禮儀細節，而賈氏卻加上尊卑之義加以詮釋，可見在「周公制禮」概念下，解析經文詳略之旨，或因人而異。

上述諸條，禮儀活動皆相同，差別只在文字敘述。可見探討文字歧異的根本，在於禮儀活動具有必然性的概念。

三、檢證內文的傾向

相較於鄭玄《儀禮注》，《儀禮疏》的條例明顯反映內在詮釋、檢證的特色，故特別獨立討論。

義疏體以闡明經旨、注意爲目標，《儀禮疏》一方面引用許多典籍進行解釋，如《儀禮·士昏禮》：「賓降出主人降授老鴈。」鄭注：「老，群吏之

尊者」，賈公彥疏：

> 大夫家臣，稱老。是以〈喪服〉公、士、大夫以「貴臣」爲室
> 老。《春秋左氏傳》云：「執臧氏老」，《論語》云：「趙魏老」，《禮記》
> 「大夫，室老行事」，皆是。老，爲家臣之貴者，士雖無君臣之名，
> 云「老」亦是羣吏中尊者也。（《儀禮》，賈疏，卷4，頁40）

賈氏引用《左傳》、《論語》、《禮記》等關於「老」的記載，與鄭注「老，群吏之尊者」互證。另一方面，賈氏引用《儀禮》經文以闡明《儀禮注》，形成《儀禮》經、注、疏的內在詮釋、檢證。而《儀禮疏》之所以能大量使用《儀禮》經文，實與禮儀分節密切相關。

鄭玄《儀禮注》已略見分章、節的端倪，如「事屍之禮，始於綏祭，終於從獻」、「記俎出節」。〔註94〕承襲六朝義疏體標明起迄的作法，《儀禮疏》或直接標明經文起迄，或以「節」字、「科」字表明。以「節」字表明段落，如〈士冠禮〉：「士冠禮。筮于廟門。」賈疏：

> 自此至「宗人告事畢」一節，論將行冠禮，先筮取日之事。（《儀
> 禮》，賈疏，卷1，頁3）

先述經文起、迄爲一「節」，後述其章旨。用「科」字者，爲六朝義疏體「科分」、「章段」之遺風，如「以其皆在無算爵之科」、「此四等婦人，皆在杖科之內」，〔註95〕區別出無算爵、杖等儀節。值得注意的是，賈公彥計算飲酒時的用爵數量，一方面是爲了估計禮器數量，另一方面卻也意謂著細分禮儀步驟，如〈特牲饋食禮〉賈疏：

> 此一科之內，乃有十一爵：賓獻尸，一也。主婦致爵于主人，
> 二也。主人酢主婦，三也。主人致爵于主婦，四也。主婦酢主人，
> 五也。尸舉奠爵酢賓長，六也。賓長獻祝，七也。又獻佐食，八也。
> 賓又致爵于主人，九也。又致爵于主婦，十也。賓獻主人酢，十一

〔註94〕 《儀禮》，〈士虞禮〉，鄭注，卷43，頁508；〈特牲饋食禮〉，鄭注，卷46，頁547。按：《禮記‧學記》：「一年離經辨志」，鄭注：「離經，斷句絕」。清人孫希旦引張子：「離析經之章句也。」見氏著：《禮記集解》（臺北：文史哲出版社，1990年8月一版），卷36，頁959。可知漢代已爲經文分章斷句。關於章句的形式與內涵，可參戴君仁：《梅園論學續集‧經疏的衍成》，頁98、100。林慶彰師：〈兩漢章句之學重探〉，《中國經學史論文選集》（臺北：文史哲出版社，1992年），頁277～297。張寶三師：〈漢代章句之學論考〉，《臺大中文學報》第14期（2001年5月），頁35～76。

〔註95〕 《儀禮》，〈鄉射禮〉，賈疏，卷13，頁145；〈喪服〉，賈疏，卷28，頁341。

也。(《儀禮》，賈疏，卷45，頁533～534)

計算酒爵數量的同時，也將〈特牲饋食禮〉賓三獻一科的流程區別為：賓獻尸、主婦致爵于主人、主人酢主婦等十一個步驟。又，〈特牲饋食禮〉賈疏：

> 但賓長獻十一爵，此兄弟之長加獻則降，唯有六爵。以其闕主
> 人、主婦致爵，并酢四爵，及獻佐食五。唯有六在者：洗觚為加獻，
> 一也。尸酢長兄弟，二也。獻祝，三也。致爵於主人，四也。致爵
> 於主婦，五也。受主人酢，六也。(《儀禮》，賈疏，卷45，頁536)

〈特牲饋食禮〉經文僅言長兄弟加爵，「如初儀，不及佐食。洗致如初，無從」，賈氏比較賓三獻、兄弟之長加爵的儀節，指出不同：兄弟之長加爵因無獻主人、主婦，及佐食之禮，故只有六爵。此六爵的禮儀包括加獻尸、尸酢長兄弟、獻祝、致爵於主人、致爵於主婦、受主人酢。準此，賈氏主於計爵的同時，也闡述其中儀節。因此除了標明文句起迄者，此類推算禮器數量的文字亦可視為辨別禮儀進程的記號。清人陳澧讚譽《儀禮疏》分章之細密，「使讀之者心目俱朗徹矣」。〔註96〕

（一）運用內證闡明經例

禮例是禮儀的規則，後人需透過歸納的方式，方能證明規則的存在及其應用場合。然而《儀禮》記載連續的禮儀活動，若欲引用，並不容易。因此義疏體區隔儀節進行流程的分章，提供簡明的敘述詞彙。如：

> （1）凡有戒無宿者，非止於此。案〈鄉飲酒〉、〈鄉射〉主人戒賓，
> 　　　及〈公食大夫〉各以其爵，皆是當日之戒，理無宿也。(《儀禮・
> 　　　士冠禮》，賈疏，卷1，頁7)
>
> （2）凡用醴，皆不見用冪，質故也，即〈士冠〉禮子，〈昏禮〉禮
> 　　　賓、贊禮婦，〈聘禮〉禮賓，此等用醴皆無冪是也。(《儀禮・
> 　　　鄉射禮》，賈疏，卷13，頁146)
>
> （3）凡用醴者，無玄酒。〈士冠禮〉醴子、〈昏禮〉醴婦、〈聘禮〉
> 　　　醴賓，醴皆無玄酒，質故也。(《儀禮・燕禮》，賈疏，卷14，
> 　　　頁159)

上述三條，賈氏皆先發凡，而後引述各篇章節，如第（1）條的「主人戒賓」，第（2）條的禮子、禮賓、贊禮婦、禮賓，第（3）條的醴子、醴婦、醴賓，

〔註96〕清・陳澧：《東塾讀書記》（廣文書局本），記8，頁222。

均爲儀節簡稱。括例的同時，以章節作爲佐證，無形中使章名猶如括例或證例的單位，言禮者從而得到共同的依據。至清人凌廷堪有進一步的發展，詳下文。

（二）運用內證闡明注例

賈公彥同樣引用《儀禮》經文闡明鄭玄《儀禮注》的條例，茲舉三例作爲說明：

第一，〈士昏禮〉「醴使者」章，鄭注：「凡祭，於脯醢之豆間。必所爲祭者，謙敬，示有所先也。」〔註97〕進食前，以乾肉條沾染肉醬，置於豆間，以祭祀、感念先人。賈公彥說：

> 云「凡祭於脯醢之豆間」者，謂祭脯醢俎豆皆於豆間，此及〈冠禮〉、〈鄉飲酒〉、〈鄉射〉、〈燕禮〉、〈大射〉皆有脯醢，則在籩豆之間。此注不言「籩」，直言「豆」者，省文。〈公食大夫〉及〈有司徹〉豆多者，則言祭於上豆之間也。（《儀禮》，賈疏，卷4，頁42）

首先，以〈士冠禮〉、〈鄉飲酒禮〉、〈鄉射禮〉、〈燕禮〉、〈大射〉等皆祭於豆、籩之間，闡明鄭玄注。其次，指出脯盛於籩，醢於豆，鄭玄「凡祭，於脯醢之豆間」只言豆不言籩，是爲「省文」，以補救鄭玄措辭不夠嚴謹的問題。最後，舉〈公食大夫〉、〈有司徹〉祭於上豆之間的例外情形，補充《儀禮注》的不足。

第二，〈鄉射禮〉第二番射事，司馬獻獲者時，設其薦、俎於侯，而非獲者的位置「乏南」。鄭玄因而括例指出：

> 凡他薦、俎，皆當其位之前。（《儀禮》，鄭注，卷12，頁133）

其他獻酒時，薦、俎的陳設之位，皆在受獻者的位置前方。賈公彥則進一步指出所謂「凡他薦、俎」，係指「凡燕，及食，并祭祀之薦、俎」均設置受者之位前，而〈鄉射禮〉、〈大射禮〉爲行祭侯之禮，故將獲者的薦俎設於侯前。〔註98〕是以賈氏證明、解說鄭玄禮例的同時，禮例的應用範圍也隨之區別。

第三，〈少牢饋食禮〉載「司宮設罍水于洗東，有枓；設篚于洗西，南肆。」鄭玄注：「凡設水用罍，沃盥用枓，禮在此也」〔註99〕，說明禮制存

〔註97〕《儀禮·士昏禮》，鄭注，卷4，頁41。
〔註98〕《儀禮·鄉射禮》，賈疏，卷12，頁133。
〔註99〕《儀禮·少牢饋食禮》，鄭注，卷47，頁561。

於器物中。賈公彥考察〈士冠禮〉、〈士昏禮〉、〈鄉飲酒禮〉、〈燕禮〉、〈大射〉、〈特牲饋食禮・記〉後，總結說：

> 凡摠《儀禮》一部內，用水者，皆須罍盛之；沃盥水者，皆用枓爲之。……餘文不具，省文之義也。（《儀禮》，賈疏，卷 47，頁561）

此爲鄭玄括例，而賈公彥據《儀禮》經文，檢證其說。

第四節　解《儀禮》爲主的禮例——《禮經釋例》

清代，淩廷堪曾著〈辨學〉闡明對學術流變的看法，並自云學術歸趨說：

> 若夫斤斤於聲音文字者，蓋閔小學之不行而六書之久昧也；遲遲於二《傳》三《禮》者，蓋知異說之未淆而古義之尚在也。其又何怪乎？且吾聞之，氣之所開，勢不能禁。庸衆以從俗爲良圖，豪傑以復古爲己任。〔註100〕

所謂「異說」，當指歸趨新義的濂、洛、關、閩「後學者」所提出的「空談」，其治學態度爲「以篤學爲鄙俗，以空談爲粹精」。〔註101〕「古義」，據淩氏自言「其視唐以還固無足重輕矣，且欲軼魏晉而上之」〔註102〕，則指漢人經說，擴大範圍亦可包含闡釋漢人經說的義疏或著作。淩氏表明遵崇古義的學術立場，「豪傑以復古爲己任」，頗有慨然澄清天下「異說」之志。

針對空談的異說，淩廷堪以「禮」爲核心，運用儒家既有的經典重新定義心性論、工夫論，特別是宋儒曾經作爲立論根據之一的〈中庸〉、〈大學〉。〈愼獨格物說〉：

> 〈禮器〉曰：「禮之以少爲貴者，以其內心者也。德產之致也精微，觀天下之物無可以稱其德者，如此，則得不以少爲貴乎？是故君子愼其獨也。」此即〈學〉、〈庸〉愼獨之正義也。愼獨指禮而言。禮之以少爲貴，〈記〉文已明言之。然則〈學〉、〈庸〉之愼獨，皆禮之內心精微可知也。後儒置〈禮器〉不觀，而高言愼獨，則與禪家之獨觀空何異？由此觀之，不惟明儒之提倡愼獨爲認賊作子，

〔註100〕清・淩廷堪：《校禮堂文集・辨學》（北京：中華書局，2006 年 3 月初版中國歷史文集叢刊），卷 4，頁 34。
〔註101〕清・淩廷堪：《校禮堂文集・辨學》，卷 4，頁 34。
〔註102〕清・淩廷堪：《校禮堂文集・辨學》，卷 4，頁 34。

即宋儒之詮解愼獨，亦屬郢書燕説也。又曰：「君子曰：無節於内者，觀物弗之察矣。欲察物而不由禮，弗之得矣。故作事不以禮，弗之敬矣。出言不以禮，弗之信矣。故曰：禮也者，物之致也。」此即〈大學〉格物之正義也。格物亦指禮而言。禮也者，物之致也，〈記〉文亦明言之。然則〈大學〉之格物，皆禮之器數儀節可知也。後儒置〈禮器〉不問，而侈言格物，則與禪家之參悟木石何異？由此觀之，不惟明儒之爭辨格物爲牀下鬭蟖，即宋儒之補傳格物，亦屬鬻沙爲飯也。……嘗謂〈學〉、〈庸〉之愼獨及〈大學〉之格物，其説皆在〈禮器〉中，本極簡易。〔註 103〕

以經典選擇來說，凌氏認爲〈中庸〉、〈大學〉，「其説皆在〈禮器〉中，本極簡易」〔註 104〕，如二篇所言的愼獨，皆爲〈禮器〉的所説的「內心精微」；〈大學〉的格物，凌氏界定爲「禮之器數儀節」，即〈禮器〉一篇的內容。〔註 105〕凌氏此説有幾項重要的意義：第一，朱子將〈中庸〉、〈大學〉從《禮記》抽出，與《論語》、《孟子》合爲《四書》。凌廷堪則重新將〈中庸〉、〈大學〉放回禮學脈絡中〔註 106〕，並以「禮意」與「禮文」、內與外結合二者加以詮釋。當〈中庸〉、〈大學〉回到禮學脈絡的闡述後，《四書》也在無形中爲之消解。〔註 107〕第二，相較於宋儒的形上、形下之分，凌氏採取的詮釋策略是禮意、禮文的「內外」之分，將理學當中的「愼獨」定位於「內心精微」，而相對於「外在」的器數儀節。第三，以內外之分而言，「外」、器的重要性並不亞於內。「內心精微」猶需憑藉具體可見、可實踐的器數儀節，方能達致於外。若無「器」，則「精微」無由而見，「禪家之獨觀空何異？」因之「器」有其不可或缺的重要性。此當爲凌廷堪以〈禮器〉周納〈大學〉、〈中庸〉二篇之意。

〔註 103〕清・凌廷堪：《校禮堂文集・愼獨格物説》，卷 16，頁 144～145。

〔註 104〕清・凌廷堪：《校禮堂文集・愼獨格物説》，卷 16，頁 145。

〔註 105〕清・凌廷堪：《校禮堂文集・愼獨格物説》，卷 16，頁 144～145。

〔註 106〕凌廷堪〈好惡説上〉指出《左傳》中探討禮之本原的見解，與〈大學〉、〈中庸〉相表裡，並說：「然則〈大學〉雖不言禮，而與〈中庸〉皆爲釋禮之書也明矣。」見氏著：《校禮堂文集》，頁 140～142。

〔註 107〕王汎森曾指出清初學術思想出現「去形上化」的表現，《四書》的地位衰退，甚至出現取消《四書》一名的言論。可見凌廷堪的學説有其學術背景。詳見氏著：〈清初思想中形上玄遠之學的沒落〉，《中央研究院歷史語言研究所集刊》第 69 本第三分（1998 年 9 月），頁 557～587。

　　相較於宋明理學，淩廷堪同樣提出以禮為核心的心性論和工夫論。根據
《孟子》，淩氏指出父子有親、君臣有義、夫婦有別、長幼有序、朋友有信
五者，為人性所固有之善。學禮，乃為回復人受之於天的善，「夫性具於生
初，而情則緣性而有者也。性本至中，而情則不能無過不及之偏，非禮以節
之，則何以復其性焉」〔註108〕，以禮節制人情，而達到復性。聖人本於「人
所共由」的五倫制禮，「故曰道者所由，適於治之路也，天下之達道是也」。
〔註109〕禮既是人所當遵循的「達道」，同時也是大道所指向的目標。淩氏說：

　　　是故聖人之道，一禮而已矣。……禮之外，別無所謂學也。……
　　　蓋至天下無一人不圍於禮，無一事不依於禮，循循焉日以復其性於
　　　禮而不自知也。〔註110〕

　　　蓋道無迹也，必緣禮而著見，而制禮者以之；德無象也，必藉
　　　禮為依歸，而行禮者以之。〔註111〕

禮被淩氏提升到制高點。淩氏認為宋明理學的宇宙論易涉虛玄、易沾染佛
道，但禮學則是無可取代的儒家正宗，強調禮學及古義，即擺落宋明以降的
理學、釋老之說。退一步來說，淩廷堪是在理學的詮釋框架下（心性論、工
夫論），重新賦予新內容。所謂的「新內容」，其實是周公所制之「禮」、「古
義」。以工夫論而言，張壽安指出：

　　　先習禮之器數儀節，是格物的工夫；從儀制中體驗思辨其精
　　　義，洞明禮原本於人之情性，明白親親之等、尊尊之義，都是人性
　　　之本然需求，此是致知的工夫；洞曉禮原於性，然後以誠意踐履之，
　　　就是誠意；堅守人我的同好同惡，不落入偏私，就是正心。依此一
　　　習禮學禮內外兼修的工夫循序漸進，自然成就修齊之事，一旦事事
　　　皆有實效可驗，即能成治平之道。〔註112〕

職是，〈大學〉的八條目格物、致知、修身、齊家、治國、平天下，在禮的
範圍內可以完成，毋須外求於形上的理。另一方面，禮是具體實踐之學，身

―――――――――――――

〔註108〕清・淩廷堪：《禮經釋例・復禮上》，卷首，頁59。
〔註109〕清・淩廷堪：《禮經釋例・復禮中》，卷首，頁63。
〔註110〕清・淩廷堪：《禮經釋例・復禮上》，卷首，頁59～61。
〔註111〕清・淩廷堪：《禮經釋例・復禮中》，卷首，頁63。
〔註112〕張壽安：《以禮代理――淩廷堪與清中葉儒學思想之轉變》（臺北：中央研究
　　　　院近代史研究所，1994年5月出版，中央研究院近代史研究所專刊（72）），
　　　　頁60～61。

分的尊卑、親疏表現在具體可見的器服、行爲上。凌氏認爲學習禮儀，可以歸約人的言行，如金之於模範、木之於規矩，〔註113〕從而達到變化氣質、涵養德行的效用。皮錫瑞對於凌廷堪以復禮等同於復性，提出相當精要的闡述：

> 其（筆者按：凌廷堪）論禮所以節情復性，於人心世道，尤有關繫。據此可見古之聖人制爲禮儀，先以灑埽應對進退之節，非故以此爲束縛天下之具。蓋使人循循於規矩，習慣而成自然，囂陵放肆之氣，潛消於不覺，凡所以涵養其德，範圍其才者，皆在乎此。〔註114〕

皮氏指出凌廷堪體認到禮儀對人的規範作用，乃經由外在實踐，久而內化於意識、思想。

以「禮」爲復古的途徑（也是目標），凌廷堪所認定的「禮」乃周公所制之禮，即《儀禮》。《禮經釋例·序》說：

> 廷堪年將三十，始肆力于是經，潛玩既久，知其間同異之文，與夫詳略隆殺之故，蓋悉體夫天命民彝之極而出之，信非大聖人不能作也。學者舍是，奚以爲節性修身之本哉！〔註115〕

《儀禮》爲體認「天命民彝之極」者、「大聖人」而著，是「節性修身之本」。此未言「聖人」的身分，據《禮經釋例》（以下簡稱《釋例》）卷八〈封建尊尊服制考〉，《校禮堂文集》〈拜周公言〉、〈荀卿頌并序〉，皆言「周公制禮」〔註116〕，可知其延續漢唐舊說，認爲《儀禮》是周公的著作。凌廷堪曾說：

> 昔河間獻王實事求是。夫實事在前，吾所謂是者，人不能強辭而非之；吾所謂非者，人不能強而是之也，如六書、九數及典章制度之學是也。虛理在前，吾所謂是者，人既可以持一說以爲非；吾所謂非者，人亦可別持一說以爲是也，如義理之學是也。〔註117〕

六書、典章制度等「實事」，不得因個人意見變化；義理之學、虛理，將隨個人想法而不同。對照之下，異說、空談之所以不爲凌氏所取，蓋因其不得徵

〔註113〕清·凌廷堪：《校禮堂文集·復禮上》，卷4，頁28。
〔註114〕清·皮錫瑞：《經學通論·三禮》，頁13。
〔註115〕清·凌廷堪：《禮經釋例·序》，頁39。
〔註116〕清·凌廷堪：《禮經釋例·封建尊尊服制考》卷8，頁434，「慈母如母」條。《校禮堂文集》〈拜周公言〉，卷5，頁40；〈荀卿頌并序〉，卷10，頁76。
〔註117〕清·凌廷堪：《校禮堂文集·戴東原先生事狀略》，卷35，頁317。

實〔註118〕、無定，典章制度等「實事」則具有較爲客觀的標準，因而可具有人我適用的普遍性。於是淩氏致力於禮制的考訂，《禮經釋例》即爲完成復性說的重要著作之一。

　　然而，追求周公之道，需有所憑藉，此即乾嘉時期漢學的風氣。淩氏在〈辨學〉中說：「其視唐以還固無足重輕矣，且欲軼魏晉而上之」，欲據漢人經說，闡明聖人之道。〔註119〕劉師培曾說：

　　　　是則所謂漢學者，不過用漢儒之訓故以說經，及用漢儒注書之

　　條例以治群書耳，故所學即以漢學標名。〔註120〕

運用漢人的訓詁、條例解釋諸經群書，故名漢學。準此，遵崇古義的觀點，反映在《釋例》有二：其一，以鄭玄《儀禮注》爲了解周公《儀禮》的重要根據。其二，採納鄭玄、賈公彥的解釋、條例及用例法等，闡明周公所著的《儀禮》。下文將從禮例的內容、比例的方法與應用進行討論。

一、禮例與禮之大節

　　上文曾指出賈公彥依六朝義疏體，爲《儀禮》區分章節。此法下至宋代，朱熹《儀禮經傳通解》可說是爲《儀禮》分章的里程碑。該書截斷眾節，於後一行標明「右某事」，較之賈疏分節尤爲「簡明」〔註121〕。雖不免割裂經文之嫌，然補疏、駁疏、校勘等仍屬經學考訂之法，「純是漢唐注疏之學」〔註122〕，且極便讀者學習《儀禮》。礙於書籍流傳，清代首部爲《儀禮》分章的《儀禮鄭註句讀》（下文簡稱「《句讀》」），卻是張爾岐自行摸索《注》、《疏》而得。〔註123〕該書形式上亦採截斷經文之法，分「科」起迄則沿襲

〔註118〕劉師培將漢學分爲懷疑派、徵實派、叢綴派、虛誣派，將淩廷堪列爲徵實派，見劉師培：《左盦外集・近代漢學變遷論》，收入《劉申叔先生遺書》，頁1784。

〔註119〕清代漢學，以漢人經說的「古義」作爲瞭解聖人經典的憑藉，惠承　林慶彰師的教導，特此致謝。而清代漢學以「古義」詮釋經典，成爲「新疏」，形成經學史上漢唐之學、宋學和清代漢學三階段，詳參林慶彰師：《《五經大全》之修纂及其相關問題探究》，《明代經學研究論集》（臺北：文史哲出版社，1994年5月），頁33。張素卿師：〈古義與新疏──從新疏薈萃清代經學之成果談起〉，林慶彰師、蔣秋華主編：《經典的形成、流傳與詮釋（一）》（臺北：臺灣學生書局，2007年11月初版），頁59～86。

〔註120〕劉師培：《左盦外集・近代漢學變遷論》，收入《劉申叔先生遺書》，頁1783。

〔註121〕清・皮錫瑞：《經學通論・三禮》，頁24～25。

〔註122〕清・陳澧：《東塾讀書記》（廣文書局本），記8，頁223。

〔註123〕張爾岐：「聞有朱子《經傳通解》，無從得其傳本，坊刻考註解詁之類，皆無

賈公彥《疏》並加以發展，將一整套的禮儀活動區分爲更小而獨立的禮節。〔註124〕

　　凌廷堪《禮經釋例》辨明經文儀節，即得力於《儀禮疏》與《句讀》。就直接引述而言，如「凡獻尸畢，皆獻祝與佐食」條，引用賈公彥提出〈特牲饋食禮〉賓長三獻共用十一爵、〈有司徹〉賓長三獻用十爵之說。〔註125〕又，〈特牲饋食禮〉載賓長獻祝及佐食事，然〈士虞禮〉則無此敍述。凌氏引用張爾岐「當亦獻祝及佐食」之說，補足儀節，進而推斷「士禮吉祭、虞祭，每獻尸畢，必獻祝及佐食也。」〔註126〕就分章而言，「凡酢如獻禮，崇酒，不告旨；禮殺者，則以虛爵授之」條，比較正祭與飲酒禮的獻酢時，凌氏大量使用分章名稱：

　　　　〈特牲饋食禮〉主人初獻，尸醋主人，主婦亞獻，尸酢主婦，賓三獻，主婦致爵于主人，受爵酌醋，主人致爵于主婦，更爵酌醋，尸卒爵，酢賓，賓酌致于主人主婦，更爵酢于主人，〈少牢饋食禮〉主人初獻，尸酢主人，主婦亞獻，尸酢主婦，賓長三獻，尸醋賓長。〈有司徹〉不儐尸之禮，主人初獻，尸醋主人，主婦亞獻，尸醋主婦，賓長三獻，主婦致爵于主人，受爵自醋，尸作止爵，酢賓，賓致爵于主人主婦，易爵自醋，以及〈士虞禮〉主人獻尸，尸醋主人，……。〔註127〕

所是正，且多謬誤，所守者唯鄭註、賈疏而已。註文古質，而疏說又漫衍，皆不易了讀，不數繙輒罷去。」張爾岐：《儀禮鄭註句讀‧序》，頁23。顧炎武亦說：「濟陽張處士稷若篤志好學，不應科名，錄《儀禮鄭氏註》，而采賈氏、吳氏之說，略以己意斷之，名曰《儀禮鄭註句讀》。」顧炎武：〈儀禮鄭註句讀序〉，《儀禮鄭註句讀》，頁10。按：張氏自言「所守者唯鄭註、賈疏而已」，顧炎武則說「采賈氏、吳氏之說」，二說略有不同。就筆者目前所見，《儀禮鄭註句讀》中未引用吳廷華《儀禮章句》或《三禮疑義》的說法，由於張氏是否參考吳書，不影響本文的討論，因此進一步比對張氏與吳氏書中的章句分法當俟他日。

〔註124〕以〈特牲饋食禮〉一篇爲例，賈公彥《儀禮疏》和張爾岐《儀禮鄭註句讀》分章大致相近，但《句讀》更爲具體、詳盡。如《儀禮疏》將筮尸、宿尸爲合一節，《句讀》則分而爲二。《儀禮疏》不爲「記」文分節，《句讀》則多有區別。

〔註125〕清‧凌廷堪：《禮經釋例‧祭例上》，卷9，頁499～500。

〔註126〕清‧凌廷堪：《禮經釋例‧祭例上》，卷9，頁500。按：本文主要針對凌廷堪繼承《句讀》的部分作討論，不過，凌廷堪也有根據禮例辯駁《句讀》者，如《禮經釋例》，卷6，頁337；卷8，頁410～411。

〔註127〕清‧凌廷堪：《禮經釋例‧飲食之例上》，卷3，頁191。

〈特牲饋食禮〉「主人初獻」章，包含主人獻尸、主人獻祝、主人獻佐食等三項儀節，而各項儀節又有酌酒、拜受、拜送、祭酒等種種步驟。運用章名概括禮儀程序，可使行文精簡，毋須重述禮文，又令人明其所指，猶如共同的比較單位。綜上所述，凌廷堪用張爾岐的《儀禮鄭注句讀》，而張氏是從鄭注、賈疏而來，換言之，這是一系列從漢唐注疏，到清代漢學的發展脈絡。

在前人區分章節的基礎下，凌廷堪以「禮之大節」作為禮例的基準之一。節，為竹子枝幹分段處。〔註128〕以其為分段，故有節制、停止之意，如《易‧頤》「象曰：君子以慎言語，節飲食」〔註129〕。因其節制而有法度、適當的概念，如《禮記‧樂記》：「好惡無節於內」，鄭注：「節，法度也。」〔註130〕同時，因竹子分段而可指關節、經過裁斷的重要關鍵，如《國語‧魯語》：「夫祀，國之大節也」，韋昭注：「節，制也」。〔註131〕甚至於將「節」與禮互釋，如《禮記‧文王世子》：「興秩節」，鄭注：「秩，常也。」孔穎達疏：「興舉尋常舊禮，以祭先師先聖焉。」應用在一套禮儀流程上，「禮之大節」可指禮儀活動中的重要步驟或程序，〔註132〕亦可指經過裁斷，確定具有關鍵意義的禮儀規則。

以禮儀步驟而言，飲食、賓客、射禮、喪事、祭祀諸篇，大體依照禮儀進程排列。如〈賓客之例〉前八條為：

1、凡賓至，則使人郊勞。

2、凡郊勞畢皆致館。

3、凡賓至廟門，皆設几筵。

4、凡賓、主人相見，皆行受摯之禮。

5、凡賓、主人受摯畢，禮盛者則行享禮。

6、凡賓、主人行禮畢，主人待賓，用醴則謂之禮，不用醴則謂之儐。

〔註128〕漢‧許慎：「竹約也。」見氏著：《說文解字》，五篇上，頁191。

〔註129〕《易‧頤》，卷3，頁69。

〔註130〕《禮記‧樂記》，卷37，頁666。按：《荀子‧彊國》：「禮義，節奏是也。」楊倞注：「節奏，有法度也。」見《荀子集解‧彊國》，下冊，卷11，頁291。

〔註131〕舊題周‧左丘明著：《國語‧魯語》，卷4，頁165。舊題漢‧董仲舒著：《春秋繁露‧循天之道》：「節者，天之制也」，亦同。

〔註132〕周何：「祭祀鬼神，當有一定的儀式節目，因此而有禮節的意義。」見氏著：《禮學概論》，頁2。

7、凡爲人使者，正禮畢，則行私覿或私面之禮。

8、凡賓、主人禮畢，皆還其摯。

將〈聘禮〉、〈覲禮〉等篇的禮儀活動，分成四個階段：第一，由賓初入境的郊勞、致館，爲上述第 1、2 條。第二，正式禮儀開始的設几筵、主人受摯、享禮，包含上述第 3、4、5 條。第三，正式禮儀結束後，主人款待賓客的「禮」或「儐」，使者以個人身分見主人的私覿或私面之禮，爲第 6、7 條。第四，最後禮畢時，還摯，爲上述第 8 條。可知部分條例的排列順序，乃禮儀進程的反映。

以禮儀關鍵而言，凌氏自言爲「禮之大節」的八條：

凡庭洗，設于阼階東南，南北以堂深，天子諸侯當東霤，卿大夫士當東榮，水在洗東。

凡內洗，設于北堂上，南北直室東隅，東西直房戶與隅間。

凡設尊，賓、主人敵者于房戶之間，君臣則于東楹之西，並兩壺，有玄酒，有禁。

凡醴尊，皆設于房中，側尊，無玄酒。

凡堂上之篚，在尊南，東肆。

凡堂下之篚，在洗西，南肆。

凡陳鼎，大夫、士，門外北面，北上；諸侯，門外南面，西上。反吉，則西面。

凡設席，南鄉、北鄉，于神則西上，于人則東上；東鄉、西鄉，于神則南上，于人則北上。〔註133〕

這些關於器物的條例，本應列入〈器服〉之卷，以其關乎行禮者的身分定位，或可辨禮儀吉凶，或諸侯禮儀所常見者，因而視爲重要儀節規則，置於〈通例〉。

當《釋例》選擇條例，著眼於禮儀活動的「過程」或「關鍵」時，經文中只出現一次的儀節，也視爲例，如：

凡初食加饌之稻粱，則用正饌之俎豆；卒食正饌之黍稷，則用加饌之庶羞。

凡正饌醢醬大羹湆，加饌簠粱，皆公親設。

<hr>

〔註133〕清・凌廷堪：《禮經釋例・通例下目錄》，卷2，頁118。

　　凡公親設之饌，必坐遷之；公親臨食，必辭之。

　　凡會同之禮四傳擯，皆如覲禮。

　　凡會同、巡守之禮，皆祀方明。〔註134〕

可知凌氏認爲構成禮例的因素，在於儀節的必然性，即同一套禮儀內必然出現的環節，而且每次出現內容都一致。

二、比例與屬辭比事

　　相較於《儀禮注》、《儀禮疏》寓禮例於注釋中，《釋例》最明顯的不同，在於以凡、目的形式成書。禮學詮釋中，之所以產生如此創新的作法，凌廷堪說：

　　初仿《爾雅》，爲《禮經釋名》十二篇。如是者有年，漸覺非

　　他經可比，其宏綱細目必以例爲主，有非訓詁名物所能賅者。乾隆

　　壬子，乃刪蕪就簡，仿杜氏之於《春秋》，定爲《禮經釋例》。〔註135〕

凌氏參照杜預的方法，欲使學者得《儀禮》之經緯塗徑。據今所見，《春秋釋例》先揭凡例，繼而列舉經文爲「目」，後以「釋例曰」闡述該條例之涵義，並剖析筆法不一的原因。如「公即位例」，杜氏列舉《春秋》十四公元年的經文、《左傳》之文後，說：

　　凡有國有家者，必審別嫡庶，以明正統。君薨之日，嗣子之位，

　　國已定也。……嗣子位定於初喪，而改元必須踰年者，繼父之業，

　　成父之志，不忍有變于中年也。〔註136〕

杜氏闡明諸侯、大夫即位，以正統爲尊，從喪禮中站立的位置，可知繼承者爲何人，而「踰年」始得改元，乃在於嗣子承父之業，不忍年中改號。杜預不僅說明諸侯、大夫即位者的身分於何時確認、如何得知，並解釋君薨踰年始書「即位」的禮意。就結構而言，《春秋釋例》對《禮經釋例》的影響在於凡目的形式，與解釋禮意的作法。

　　凌廷堪綜合《春秋釋例》與賈公彥將禮例的範圍限定於《儀禮》一書的

〔註134〕清・凌廷堪：《禮經釋例》，〈飲食之例中〉，卷4，頁233、234、235；〈賓客之例〉，卷6，頁324、326。

〔註135〕清・凌廷堪：《禮經釋例・序》，頁39。

〔註136〕晉・杜預：《春秋釋例》（臺北：臺灣中華書局，1970年3月臺一版），卷1，頁1下。

作法，取《儀禮注》、《儀禮疏》的條例，參之以《儀禮》「同異詳略之文」，而成凡目的形式，如：

> 凡餕者亦祭

> 廷堪案：〈士昏禮〉婦饋舅姑畢，「婦餕姑之饌。御贊祭豆、黍、肺、舉肺、脊。乃食，卒。姑酳之，婦拜受，姑拜送。坐祭，卒爵。」〈特牲饋食禮〉尸出，宗人遣舉奠及長兄弟餕，佐食授舉，各一膚，又云：「皆取舉、祭食、祭舉乃食，祭鉶，食舉。」主人「酳，酳上餕」，酳酢主人，「主人坐祭，卒爵」。〈少牢饋食禮〉尸出，「司宮設對席，乃四人餕」，又云：「餕者皆祭黍、祭舉」。卒食，主人酳酳，「皆祭酒，卒爵。」是餕者亦祭也。餕是殺禮，亦祭者，重尊者之餘也。又〈士昏禮〉：「媵餕主人之餘，御餕婦餘，贊酳外尊酳之。」又婦饋舅姑，婦餕畢，「媵御餕，姑酳之」，皆不云祭者，禮又殺也。〔註137〕

「凡」之下，皆列舉經文爲目，並加以疏通其意「餕是殺禮，亦祭者，重尊者之餘也」。同時，闡明例外的原因，如媵御食餘食時，經文未云祭食，凌氏以爲「禮又殺也」。仿照《春秋釋例》的形式，使《禮經釋例》不同於鄭玄、賈公彥的隨文注釋，以單獨成條的凡例形式，附加檢驗參考的《儀禮》內文及禮意闡釋。於是，禮例被突出成爲主角，經文提供檢證的基礎，意義則成爲解釋異同的關鍵。在《釋例》一書中，明確地揭示出禮文、禮意的結構。不僅是形式，在括例方法、辨別條例的標準上，《釋例》亦深受《春秋》學影響，下文將進一步說明。

（一）儀節的比例之法

《禮記・經解》說：「屬辭比事，《春秋》之教也」。《春秋釋例》在凡例之下，列舉經、傳爲證，即爲此法。以「屬辭比事」的角度觀察《禮經釋例》的作法，當爲儀節的「比例」。凌氏說：

> 其繁縟之中，有條而不紊，非比其例而觀之，則聖人親親之殺、尊賢之等，何由而見乎？〔註138〕

> 今比其例而觀之，雖微文瑣節，井井然若網在綱，有條而不

〔註137〕清・凌廷堪：《禮經釋例・飲食之例下》，卷5，頁264～265。
〔註138〕清・凌廷堪：《禮經釋例・通例下》，卷2，頁134。

索，始知《禮經》廣大精深，非聖人不能作也。〔註139〕

即比較相同儀節，而得其規則。曹元弼申述《禮經釋例》指出：

> 《傳》曰：「屬事比辭，《春秋》教也。」周公制禮，猶孔子
> 作《春秋》。《春秋》一字一句，皆褒貶所寓。《禮經》一字一句，
> 亦皆名義所關。淩氏釋禮例，屬事也；今釋經例（筆者按：曹氏闡
> 明《儀禮》經文之例），比辭也。……夫治《禮》如治《春秋》，亦
> 如治律。《春秋》與律，一字不可忽也。故治《禮》者，必以全經
> 互求，以各類各篇互求，以各章各句互求，而後辭達義明，萬貫千
> 條，較若畫一，人倫天秩，斯爲眞知。〔註140〕

曹氏以《禮經釋例》未闡明《儀禮》文例爲不足，猶可商榷。但這段話非常
深刻地指出禮、《春秋》、律三者，極重視遣詞用字，宜以屬辭比事推求其義。
從文字和意義的層面來看，張素卿師曾比較各家之說，會通王夫之、孫希旦、
章學誠，及章炳麟的詮解，指出：

> 「屬辭」，指斟酌用語以命字設辭，並綴輯相續以成文；「比
> 事」，指將事件排比編次使整合爲一。「屬辭比事」之《春秋》教，
> 是教化學者使之能善於連屬文句、比次事蹟，藉此判斷是非、嚴明
> 大義；蓋「屬辭」以成「文」，而「事」即其實際的內容，編次「事」
> 之始終本末而理序井然，則「義」在其中矣。〔註141〕

由辭而文，而事，進而達義，脈絡分明。那麼，按照條例應用的互見、比類、
推次等過程，〔註142〕《禮經釋例》的比例可分爲三點說明：

第一，「比較」異中之同、同中之異。以「異中之同」而言，如祭禮與飲
酒禮，性質雖有不同，然而就儀節流程來說，則有相同處：

> 〈鄉飲酒〉，此飲食之禮也，而〈有司徹〉祭畢飲酒，其例亦
> 與之同。尸即〈鄉飲酒〉之賓也，侑即〈鄉飲酒〉之介也。主人獻
> 尸、主人獻侑、主人受尸酢，即〈鄉飲酒〉之主人獻賓、主人獻介、

〔註139〕清·淩廷堪：《禮經釋例·射例》，卷7，頁378。
〔註140〕清·曹元弼：《禮經學》，《續修四庫全書》，第94冊，卷1，頁568。
〔註141〕張素卿師：《敘事與解釋——左傳經解研究》（臺北：書林出版社有限公司，
1998年初版），頁135。
〔註142〕程克雅曾從語言學的觀點，以《禮經釋例》的飲食之例爲對象，說明《釋例》
對關鍵詞、句式、篇章等文例的比較與歸納，相當值得參考。本文則以《春
秋》學的屬辭比事的觀點，進行討論。見氏著：〈乾嘉禮學學者解經方法中「文
例」之建立與運用〉，收入蔣秋華編：《乾嘉學者的治經方法》，頁461～507。

賓酢主人也。主人酬尸，奠而不舉，即〈鄉飲酒〉之主人酬賓，奠而不舉也。旅酬、無算爵，即〈鄉飲酒〉之旅酬、無算爵也。此異中之同也。〔註143〕

是以，祭禮、飲酒禮，皆有獻、酢、酬、旅酬、無算爵等流程。

第二，爲禮例分類。《釋例》藉由經文記載進行比較、推論後，得知各條例應用範圍的廣狹，進而將禮例分爲八類：

> 曰通例，上下二卷；曰飲食之例，上中下三卷；曰賓客之例，一卷；曰射例，一卷；曰變例，一卷；曰祭例，上下二卷；曰器服之例，上下二卷；曰雜例，一卷；共爲卷十三。〔註144〕

按照《釋例》，通例爲：

> 凡禮皆有之。〔註145〕

> 行禮之大節。〔註146〕

> 爲人使者不答拜，是禮之通例，〈聘禮〉之外，如〈昏禮〉、〈公食大夫禮〉、〈覲禮〉之使者皆然，《禮經》具在，可考而知也。〔註147〕

雜例爲：

> 凡冠、昏之禮有類可歸者，散見諸例；無類可歸者，皆附于雜例。〔註148〕

界於通例、雜例之間者，則爲專屬某類禮儀、器服之例，數量可匯爲一類者。易言之，「遍見」於各種禮儀的迎送、拜、授受、升降階、戒宿、洗盥、禮器等，均納入通例。而「專屬」飲食、賓客、射禮、喪事、祭祀、器服等，則細分各類，視爲別例。〔註149〕數量不足以成類，而仍可成例者，則歸入雜例。簡言之，該書的條例有通例、別例、雜例三種層次。這種由應用範圍

〔註143〕清·凌廷堪：《禮經釋例·序》，頁37。

〔註144〕清·凌廷堪：《禮經釋例·序》，頁40。

〔註145〕凌廷堪云：「所謂擯介者，凡禮皆有之，亦禮之通例也。」見氏著：《禮經釋例·通例下》，卷2，頁134。

〔註146〕凌廷堪云：「自此以下八例，皆行禮之大節，故不入飲食及器服之例，而入通例。」見氏著：《禮經釋例·通例下·目錄》，卷2，頁118。

〔註147〕清·凌廷堪：《禮經釋例·變例》，卷8，頁415。

〔註148〕清·凌廷堪：《禮經釋例·雜例·目錄》，卷13，頁642。

〔註149〕彭美玲師曾爲「別例」定義說：「專屬某禮者（如冠昏之例、飲酒之例等）。」本文承彭師之定義與用語。見氏著：《古代禮俗左右之辨研究——以三《禮》爲中心》，頁80。

廣狹而分類的方法，係比較該事物在整體中所佔的分量（相當於現代「百分比」的概念），則屬於另一種「比例」之法。總之，淩廷堪將規則的必然性視爲禮例的要素，並應用歸納法，辨別各條例應用範圍加以分類。

另一方面，應用歸納法將產生例與例外的分辨，如：「凡升階皆連步，唯公所辭則栗階」、「凡無算爵不拜，唯受爵於君者拜」、「凡牲皆用右胖，唯變禮反吉用左胖」等條，「唯」字以下，皆屬例外。

近代學者梁啓超即從方法上稱許《釋例》說：

> 乾嘉間則有淩次仲的《禮經釋例》十三卷，將全部《儀禮》拆散了重新比較整理貫通一番，發現出若干原則。其方法最爲科學的，實經學界一大創作也。〔註150〕

「將全部《儀禮》拆散了重新比較整理貫通一番」，即在分節的基礎上，拆散禮文，比較異同，並加以分類的步驟。梁氏並認爲《禮經釋例》爲禮學中「登峰造極」的作品之一。〔註151〕

（二）儀節的判例之法

《春秋》也涉及法律判案，即決事比。清人皮錫瑞指出「借事明義」是《春秋》大旨，說：

> 蓋所謂見之行事，謂託二百四十二年之行事，以明褒貶之義也。……猶今之大清律，必引舊案以爲比例，然後辦案乃有把握，故不得不借當時之事，以明褒貶之義，即褒貶之義，以爲後來之法。
>
> 〔註152〕

評判往昔陳跡，以「爲後來之法」，與慣例模式相近。劉寧認爲據《春秋》所記之事能推斷出孔子的「大義」，乃因「春秋二百四十二年間的每一件歷史事件，都包含了孔子的裁斷，類似一個判例」；所謂「判例法」，爲大量運用各「判例」之間、判例與新案件之間的對比，「遵循先例」原則就是對比法的運用，法律學將這種對比稱爲「區別技術」（distinguishing technique）。〔註153〕

〔註150〕梁啓超：《中國近三百年學術史》，頁264。

〔註151〕梁啓超：《中國近三百年學術史》，頁268。

〔註152〕清·皮錫瑞：《經學通論·春秋》，頁21。

〔註153〕劉寧：〈杜預和《春秋》義例學的史學化與學術化〉，收入楊晉龍師、劉柏宏主編：《魏晉南北朝經學國際研討會論文集》（臺北：中央研究院中國文哲研究所，2016年初版），上冊，頁462～463。按：此文承蒙劉柏宏先生指點，特此致謝。

易言之，孔子應用「既有的」倫常規範與行事準則（慣例〔註154〕），判斷各個事件合禮與否，從而給予褒貶的評價，猶如法官判案。

以此觀點，重新看待「屬辭比事」一語，或許可以有不同的解釋。「屬辭比事」一語，屬、比爲動詞，辭、事爲屬與比的對象。「屬」，「連也」，段玉裁指出「凡言屬而別在其中，……言別而屬在其中」〔註155〕，即「屬」與「別」爲部分和全體的關係。「比」，「密也」，因其相親密，而有「及也、次也、校也、例也、類也、頻也、擇善而之、阿黨」等意。〔註156〕「辭」，指言說、陳述，而《說文》：「辭，說也，……猶理辜」〔註157〕，按照一定的標準處理有罪者，故「辭」可指法律相關的兩造言辭，乃至訴狀、供詞等。〔註158〕如《禮記》：「分爭辯訟，非禮不決」，爭訟以禮爲標準。若「辭」可能與爭訟、治罪有關，則在此語境下的「事」，當是帶有某種價值涵義的事件，而非單純現象。如：

《國語・周語上》：「賦事行刑，必問於遺訓。」〔註159〕

《禮記・經解》：「屬辭比事，《春秋》教也。」鄭注：「《春秋》多記諸侯朝、聘、會、同，有相接之辭、罪辯之事。」孔疏：「屬，合也。比，近也。《春秋》聚合會同之辭，是『屬辭』，比次褒貶之事，是『比事』也。」（《禮記》，卷50，頁845）

《漢書・翟方進傳》：「行事以贖論」，《漢書補注》引劉敞說：

〔註154〕博登海默考察英美、歐洲大陸的司法體系，指出判例本身或審判者的命令、意志，並不等同於權威，而是判例蘊涵的「原則的內在優點，或體現在判例中的習慣的現實性」，使判例具有權威；因此司法判例在歐洲大陸被認爲是「可以結晶成爲習慣法規範，從而取得充分的法律力量和效力。」見（美）埃德加・博登海默著，張智仁譯：《法理學——法律哲學和方法（修訂版）》，頁388～394。

〔註155〕《說文解字》，段玉裁注，頁406。

〔註156〕《說文解字》，段玉裁注，頁390。按：如《周禮・地官・小司徒》：「凡民訟，以地比正之」，鄭司農：「以田畔所與比，正斷其訟。」賈公彥疏：「以地之比鄰，知其是非者，共正斷其訟。」（《周禮》，賈疏，卷11，頁173）

〔註157〕漢・許慎：《說文解字》，14篇下，頁749。

〔註158〕周鳳五師曾探討包山楚簡《集箸言》言字的意義，指出「言」與「辭」在「理辜」方面完全可以相通，因此「言」當指與司法訴訟有關的訴狀、供詞等，而《集箸言》這一標題，當理解爲與戶籍登錄有關的司法訴訟文書。見氏著：〈包山楚簡《集箸》、《集箸言》析論〉，《中國文字》新21期（1996年12月），頁35～36。

〔註159〕舊題周・左丘明著：《國語・周語上》，卷1，頁23。

「漢時人言『行事』、『成事』，皆已行、已成事也。」〔註160〕

　　《後漢書・陳寵傳》陳寵「撰《辭訟比》七卷，決事科條，皆以事類相從。」〔註161〕

上述資料中的「事」，多指「疑似違反禮法」的案件。而秦朝所行的「廷行事」、漢朝的「決事比」等，以「事」指稱案件，並以「禮法」作爲衡量的標準。那麼，相對於書面文辭的比較，實際應用於法律時，「屬辭比事」即連綴各種罪行，比次案件，從而判斷其刑罰。《周禮・秋官・大司寇》：「凡庶民之獄訟，以邦成弊之。」鄭眾：「邦成，謂若今時決事比也。弊之，斷其獄訟也。」賈公彥說：

　　云「邦成，謂若今時決事比也」者，此八者皆是舊法成事品式。
　　若今律，其有斷事，皆依舊事斷之，其無條，取比類以決之，故云
　　決事比也。(《周禮》，賈疏，卷34，頁518)

依照舊有的判決，判斷新案件；若因「律文有限，人事無窮」〔註162〕，無可襲用者，則取相似案件，上下推次以裁斷。相較之下，禮例和決事比的操作模式相同；只是審度事件的核心價值，一以禮爲主，一以法爲主。

　　這種近似判案的態度，在《釋例》中的表現有二：一，以《儀禮》經文爲衡量標準，或裁斷是否爲例，或評判前人舊說。二，比例的操作方式，爲參考舊經驗以評判新事件，反映在《禮經釋例》上，即襲用前人的禮例成說。

1、以《儀禮》經文為首要判斷根據

三《禮》的關係，淩廷堪認爲：

　　若《周官》則別爲一書，《漢志》附於禮家者，……非禮之本
　　經也。至于二戴氏之《記》，乃章句之餘，雜記說禮之言，互相引證，
　　不但非禮之經，且與傳注有間。〔註163〕

《釋例》所用之例，首先排除「非禮之本經」的《周官》。其次，《儀禮》與

〔註160〕清・王先謙：《漢書補注・翟方進傳》（臺北：藝文印書館，1996年初版），
　　　　下冊，卷84，頁1481，引劉敞言。又王念孫說：「行事者，言已行之事，舊
　　　　例成法也。」見氏著：《讀書雜志・漢書》（臺北：樂天出版社，1972年），
　　　　志四之十二，頁341，「比事」條。
〔註161〕劉宋・范曄：《後漢書・陳寵傳》，卷46，頁1548～1549。
〔註162〕劉詠溱：《《周禮》賈疏引唐制集證》，收入《民國時期經學叢書》（臺中市：
　　　　文听閣圖書公司，2009年初版，據民國22年蔭餘堂校印本影印），第三輯，
　　　　第30冊，頁36～37。
〔註163〕清・淩廷堪：《校禮堂文集・與阮伯元孝廉書》，卷22，頁198。

《禮記》的位階，凌氏指出二戴《記》爲「章句之餘」、「《禮記》出于漢儒說禮者之言」〔註164〕。面對經、記異說，凌廷堪明確地劃清界線：

> 傳記之文，有與經合者，有與經違者，當據經以正傳記，未可強經以就傳記也。〔註165〕

易言之，《釋例》以《儀禮》經文爲首要依據，並進而以此爲準，衡量是否爲例、評斷學者的見解。

（1）以《儀禮》爲據評斷禮例

《釋例》「凡拜送之禮，送者拜，去者不答拜」條，凌氏先舉〈鄉飲酒禮〉、〈鄉射禮〉、〈聘禮〉、〈公食大夫禮〉、〈特牲饋食禮〉、〈有司徹〉送賓爲證，又說：

> 他如〈士冠禮〉醴賓畢，賓出，主人于外門外，再拜；〈士昏禮〉納采問名，主人送于門外，再拜；〈士相見禮〉賓見主人，賓退，主人送于門外，再拜，還贄亦然；皆此例也。〔註166〕

在「條例」的觀念下，以經文敘述爲根據，評論〈士冠禮〉醴賓、〈士昏禮〉納采問名、〈士相見禮〉舊臣見君，皆屬此例。

相對地，根據《儀禮》經文，凌廷堪亦判定部分禮文屬於「非例」：

其一，「凡賓升席自西方，主人升席自北方」條，凌氏說：

> 又案〈鄉飲酒禮〉：「賓升席，自西方」注：「升由下也。」此據〈鄉射〉經文賓席東上而言。〈鄉飲酒・記〉：「主人、介升席自北方，降自南方。」注：「席南上，升由下，降由上，由便。」此據〈曲禮〉而言，皆因文釋之，非謂禮之通例如此也。故〈鄉射禮〉：「賓升席，自西方。」注云：「賓升降，由下也。」賈疏不得注意，徵引雖繁，而膠葛不明。今但據見于經文及注者，取以爲例，經注無文者，不敢爲之說也。〔註167〕

以《儀禮》經文爲首要根據下，凌氏認爲鄭玄注解根據《禮記》，且「因文釋之」，以致經說不一。同時，凌氏未從「升由下，降由上」之說，括例僅言「凡賓升席自西方，主人升席自北方」，而不討論降席，乃因「經注無文」。綜言

〔註164〕清・凌廷堪：《禮經釋例・通例上》，卷1，頁100。

〔註165〕清・凌廷堪：《禮經釋例・通例上》，卷1，頁101。

〔註166〕清・凌廷堪：《禮經釋例・通例上》，卷1，頁102。

〔註167〕清・凌廷堪：《禮經釋例・通例下》，卷2，頁142。

之，淩氏以《儀禮》爲據，駁鄭玄「升由下，降由上」並非通例，〔註168〕並斥其據《禮記》注解《儀禮》。

其二，「凡飲酒，君臣不相襲爵」條，君臣飲酒時，臣子不敢襲用君王之爵，皆易爵而用，然而〈燕禮〉、〈大射〉酬賓時，「公有命，則不易不洗」〔註169〕，賓卒觶後，「若膳觶也，則降，更觶，洗」，《釋例》載：

> 敖氏繼公曰：「公優所酬者，或使得用膳觶，而不可及乎其他，
> 是以更用角觶」，受酬者得用象觶，蓋以君命之故，非常例也。〔註170〕

國君有命，賓可不易、不洗而襲用國君之觶，但「不可及乎其他」，禮遇的對象不得類推，因此賓飲畢而降堂、更觶，以便後續與他人行飲酒禮。相較於君臣飲酒，臣子不襲君爵，此受酬者因受君命，始得襲用象觶，具有或然性，因此淩廷堪認爲「非常例也」。此以禮儀行爲的必然性與否作爲衡量標準。

其三，《釋例》「凡室中、房中拜，以西面爲敬。堂下拜，以北面爲敬」條，文末言：

> 唯〈聘禮·記〉私獻、〈公食大夫禮〉禮終賓降，皆東面再拜
> 稽首。（自注：〈公食大夫〉注：「不北面者，異于辭。」）此不北面
> 者，以禮殺之故，非正例也。〔註171〕

〈聘禮·記〉私獻之禮，賓於門外東面坐奠獻，行再拜稽首禮。〔註172〕〈公食大夫禮〉禮畢，賓降堂東面再拜稽首，公亦降而答拜。爲了和行禮過程中的辭讓有所區別，此禮畢之拜，屬於禮殺，故「東面」，不北面故「非正例」。此以禮儀流程的盛殺，考量是否爲禮儀規則。

因此，慣例中「禮也」、「非禮也」的裁判，在《禮經釋例》轉換爲「例也」、「非例也」。由於淩廷堪講究徵實，在態度上近似法家，因此得到後人「綜核名實，威令嚴明」〔註173〕，及「上溯古義，而斷以己之律令」〔註174〕的評

〔註168〕 清·淩廷堪：《禮經釋例·通例下》，卷2，頁141。按：淩廷堪此條禮例的
　　　　不確之處，詳參葉國良師：〈論淩廷堪的《禮經釋例》〉，《禮學研究的諸面向》，
　　　　頁92～93、95～97。
〔註169〕 《儀禮》〈燕禮〉，卷14，頁165；〈大射〉，卷17，頁197。
〔註170〕 清·淩廷堪：《禮經釋例·飲食之例下》，卷5，頁267。
〔註171〕 清·淩廷堪：《禮經釋例·通例上》，卷1，頁93。
〔註172〕 〈聘禮〉私獻，因行禮於門外，故東面，似乎不能和「堂下」北面拜相比。
〔註173〕 劉師培：《左盦外集·近代漢學變遷論》，收入《劉申叔先生遺書》，頁1784。
〔註174〕 章炳麟：〈清儒〉，收入王小紅選編：《章太炎儒學論集》（成都：四川大學出
　　　　版社，2010年5月初版），下冊，頁1046。按：此語爲章太炎總論淩廷堪、

價。

（2）以《儀禮》為據評斷學者的見解

第一，以《儀禮》經文爲基礎，進行詮釋者，多受到凌氏的讚美。如〈郊特牲〉：「朝覲，大夫之私覿非禮也，……大夫執圭而使，所以申信也」，鄭玄、孔穎達指出大夫「受命出聘」，則有私覿；若大夫從君出境，則「不敢私覿」。凌氏說：

> 今以《禮經》證之，〈覲禮〉無私覿，〈聘禮〉有私覿，鄭、孔
> 之說甚明，悉與經合也。〔註175〕

以《儀禮》考察鄭、孔二氏對《禮記》的詮釋，合於經文，故譽之「甚明」。

第二，若學者詮釋古籍時，於《儀禮》經文無據、不引用《儀禮》、悖於《儀禮》者，凌氏或未從其說，或指其「疏於禮」，或明言其誤。如陳祥道《禮書》說：「士人之胏俎，立舌而不立心；大夫之胏俎，立心而不立舌。」凌氏考察士祭的〈特牲饋食禮〉但言「立舌」，而大夫「立心」之說，則「於經亦無明文可證也」，故未從其說。〔註176〕又，〈少牢饋食禮〉胏俎「舌皆切本末」，鄭注：「凡割本末，食必正也。」據此，凌氏說：

> 至于《論語集注》謂割不正爲割肉不方正，不知引〈少牢〉疏，
> 而引漢陸續母事，則更非經義矣。〔註177〕

頗有朱子引證失當之意。宋人洪邁《容齊五筆》引《左傳》、《公羊傳》中乘馬束帛的記載，譏《湘山野錄》及夏竦之誤，而未引用《儀禮》經、注，凌氏遂言其「疏於《禮》，可知也。」〔註178〕再如胡三省研究《資治通鑑》時，引用〈投壺〉的「釋算」解釋射箭的「畫籌」，未引《儀禮》射禮諸篇解釋。凌氏乃喟歎說：「豈精於史學，而疏於《禮經》歟！」〔註179〕

凌氏以《儀禮》經文爲本位，若學者引用其他經籍闡明《儀禮》經義，時或招致凌氏的批評。如〈聘禮〉「郊勞」章，「受于舍門內。」鄭注：「不受于堂，此主於侯伯之臣也。公之臣受勞於堂。」凌氏說：

三胡、段玉裁、王念孫、俞樾、孫詒讓等數家戴震後學的評語，當可說明凌廷堪的特色。

〔註175〕清・凌廷堪：《禮經釋例・賓客之例》，卷6，頁314。
〔註176〕清・凌廷堪：《禮經釋例・祭例上》，卷9，頁482。
〔註177〕清・凌廷堪：《禮經釋例・祭例上》，卷9，頁482。
〔註178〕清・凌廷堪：《禮經釋例・器服之例上》，卷11，頁582。
〔註179〕清・凌廷堪：《禮經釋例・器服之例上》，卷11，頁593。

　　然則鄭氏此注，蓋據《周禮》而推之，非《禮經》本義矣。
〔註180〕
又如〈覲禮〉：「庭實唯國所有」，鄭玄引《禮記・禮器》互證，認爲初享用馬或虎豹之皮，次享用三牲、魚腊等物，其餘無常貨。〔註181〕凌氏認爲鄭玄根據《禮記》解釋，「其說非也」，並以《儀禮》爲經文爲主，考察〈聘禮・記〉載「皮馬相間可也」、〈覲禮〉經文：「匹馬卓上，九馬隨之」，指出「則三享皆皮馬，無他物可知」。〔註182〕申言之，禮儀以慣例思維進行人事褒貶、《春秋》學的決事比，表現在《禮經釋例》以《儀禮》爲本位評論前人經說的形式中。

2、以鄭玄《儀禮注》爲次要標準

　　《釋例》以鄭玄《儀禮注》爲次要標準，進行詮釋的情形如下：

　　首先，以《儀禮注》爲解經的主要根據。《釋例》的行文先言經，次言注，視情形引《儀禮疏》，即以《儀禮注》爲階，見經文之旨。若經、注相吻合，而其他經說違注時，凌氏則視他說爲誤。如「凡藉玉之器曰繅」條，討論繅的制度時，凌氏認爲敖繼公之說「與《注》異，不可從。」〔註183〕又如〈士昏禮・記〉「父醴女而俟迎者」，鄭注：「父醴之于房中，南面，蓋母薦焉，重昏禮也。女奠爵于薦東，立于位而俟壻。」凌氏評論說：

　　　　此數語直可補經。識者謂鄭氏注精確處與經並行，良不誣也。
〔註184〕
是以凌氏多據《儀禮注》解經文、闡明禮例。

　　其次，《儀禮注》的影響力，還表現在禮例條目的沿用上。茲舉數條正面承襲而無疑者：

　　　　凡入門，將右曲，揖；北面曲，揖；當碑，揖；謂之三揖。

　　　　凡一辭而許曰禮辭，再辭而許曰固辭，三辭不許曰終辭。

　　　　凡設饌，以豆爲本。

　　　　凡凶事交相右，吉事交相左。〔註185〕

〔註180〕清・凌廷堪：《禮經釋例・賓客之例》，卷6，頁299。
〔註181〕《儀禮・覲禮》，鄭注，卷27，頁325。
〔註182〕清・凌廷堪：《禮經釋例・賓客之例》，卷6，頁306～307。
〔註183〕清・凌廷堪：《禮經釋例・器服之例上》，卷11，頁585。
〔註184〕清・凌廷堪：《禮經釋例・飲食之例下》，卷5，頁248。
〔註185〕清・凌廷堪：《禮經釋例》，〈通例上〉，卷1，頁80；〈通例下〉，卷2，頁147；

此類正面承襲者，爲鄭玄已提及，而凌氏進一步引用經文證明。另一類更能彰顯《儀禮注》的權威者，爲凌氏有疑，但在條目上仍遵從鄭玄的說法。以授受之例而言，凌氏統觀《儀禮》全文後，認爲「行禮尊者之前，則同面受；不於尊者之前，則訝相受」〔註186〕，並指出：

> 蓋鄭、賈之說，以訝受爲尊卑相受法，並受爲敵者相受法。教氏之說，則以訝受爲行禮之事，並受爲相禮之事。皆與經不合。今仍依鄭氏注釋之，而附鄙見於此，俟深於禮者擇焉。〔註187〕

凌氏明知鄭注異於《儀禮》經文，仍遵用鄭玄的條例：

> 凡授受之禮，同面者謂之並授受。
> 凡授受之禮，相鄉者謂之訝授受。〔註188〕

再參照《釋例》其他關於授受的禮例：

> 凡授受之禮，敵者于楹間，不敵者不于楹間。
> 凡相禮者之授受，皆訝授受。
> 凡卑者于尊者，皆奠而不授；若尊者辭，乃授。〔註189〕

相較於這些授受條例皆點出行禮者的身分，獨獨「並授受」、「訝授受」兩條明顯地省略行禮者身分，可以發現凌廷堪是有意地以訓詁的解釋形式，在遣辭用字上迴避這兩種授受法的身分問題，從而在內文中表達他的考量，也是尊鄭的表現。又，「凡會同巡守之禮皆祀方明」條說：

> 考此二節，經、注文多疑義，未敢強解，姑即舊注大概錄之，以俟知禮者。〔註190〕

凌氏雖有疑義，而仍錄之。禮器諸例，說明其原則爲：

> 《禮經》諸器，必有關禮例者始錄之，即有詳其形制者，亦皆據經、注之明文，其餘瑣細無足輕重，及後人臆說，如聶氏《三禮圖》諸書所載，不暇悉辨也。〔註191〕

同樣以經、注爲據。若上述不誤，從判例的角度來看，《禮經釋例》取鄭玄

〈飲食之例中〉，卷4，頁230；〈變例〉，卷8，頁422。

〔註186〕清・凌廷堪：《禮經釋例・通例下》，卷2，頁126。

〔註187〕清・凌廷堪：《禮經釋例・通例下》，卷2，頁126～127。

〔註188〕清・凌廷堪：《禮經釋例・通例下》，卷2，頁121；卷2，頁124。

〔註189〕清・凌廷堪：《禮經釋例・通例下》，卷2，頁127；卷2，頁129；卷2，頁131。

〔註190〕清・凌廷堪：《禮經釋例・賓客之例》，卷6，頁327。

〔註191〕清・凌廷堪：《禮經釋例・器服之例上》，卷11，頁587。

《儀禮注》既有的禮例為條目，進而一一比對經文，鑑別、裁決某儀節合例
與否，實為另一種形式的判例彙本。

　　復以判例的角度，重新審視《釋例》的分類。漢代法律判例彙編以「集
類為篇，結事為章」〔註192〕，綜合相同或相似的事件為主要編輯形式。《釋
例》一書，不論在通例、還是別例，均有「以類集結」的作法：在通例中，
將有關的條例比鄰而列；別例更是以主題的方式呈現，如飲食、賓客、射禮
等類。職是，《春秋》學的「屬辭比事」法反映在《釋例》一書的「比例」，
具體表現則為詮釋方式與分類。

第五節　從「慣例」到「比經推例」

　　西漢博士官編訂的《禮記》、鄭玄《儀禮注》、賈公彥《儀禮疏》、凌廷堪
《禮經釋例》，皆以《儀禮》為對象，然其條例內容、形式卻有所不同，顯現
禮例的認定，隨編著者或注解者而有所不同。本節將從時代環境的改變，探
討禮例變化的原因。

一、經學成立對禮例的影響

　　西漢博士官為講解《儀禮》，編定先秦到西漢的文獻而成《禮記》一書。
〔註193〕相較於鄭玄《儀禮注》，作為《儀禮》之「記」的《禮記》並無解析
經書文字的條例敘述。如果從「經典」成立的過程分為「一、內容的出現。
二、內容的成文化。三、成書。四、成為經典」等四個階段，〔註194〕或許

〔註192〕唐・房玄齡等撰：《晉書・刑法志》，第 2 冊，卷 30，頁 922～923。
〔註193〕羅聯添、戴景賢、張蓓蓓師、方介：《國學導讀》，頁 255～262。
〔註194〕甘懷真：〈先秦禮觀念再探〉，《皇權、禮儀與經典詮釋：中國古代政治史研究》
　　　　（臺北：臺灣大學出版中心，2004 年 6 月初版，東亞文明研究叢書 7），頁 3。
　　　　按：錢玄亦曾從此觀點探討，其云「配合禮經的記，它的發展有三個過程。
　　　　其最初的記，常附在經之篇末，不成篇。如今《儀禮》十七篇中有十三篇篇
　　　　末有記。據鄭玄注中校今古文，今文、古文皆有記。武威漢簡中《儀禮》也
　　　　有記。其次，為獨立成單篇，分散而未輯成書，如《古文記》，因未成書，所
　　　　以它的篇目、篇數都不固定。最後，編輯成書，如成之大小戴《禮記》。」此
　　　　說對於思考經、記關係，實富啟發性。然其說涉及《儀禮》成書必在《禮記》
　　　　之前，而且以漢代經學的觀點說明二書的關係，但先秦時期，《禮記》並未成
　　　　書，而是單篇流傳的方式，如《漢書・藝文志》載：「記百三十一篇，七十子
　　　　後學所記也」，故未從之。見氏著：《三禮通論》，頁 35。

能解釋這種現象。

　　第一，從內容的出現來看，禮以實踐作爲主要傳承方式。〔註195〕先秦禮學的傳承與孔子有關，孔子傳禮於弟子時，「《詩》、《書》，執禮，皆雅言」，其傳授法以具體的實際操作爲主。朱子說：

> 然古禮非必有經，蓋先王之世上自朝廷，下達閭巷，其儀品有章，動作有節，所謂禮之實者，皆踐而履之矣，故曰「禮儀三百，威儀三千，待其人而後行」，豈必簡策而後傳哉！〔註196〕

禮以實踐、「行」爲主。再以先秦口耳相傳的傳授過程來看，習禮時，似不必然按照文獻的記載，舉手投足；身體力行地習得容禮、體態、舉措的可能性較高。沈文倬曾指出非常重要的概念：禮儀活動的出現，先於禮書撰作；《儀禮》反映宗周文化。〔註197〕準此，先秦的記，有部分可能是當時實際學習禮儀活動的筆記，因此內容多敘述具體的禮儀活動與器物，或禮的涵義，而對經書的字句訓詁較少。《禮記・郊特牲》：

> 祊之爲言儵也，肵之爲言敬也。……嘏，長也，大也。鄭注：「主人受祭福曰嘏，此訓也。」（《禮記》，卷26，頁507）

此似爲針對某一文本的訓詁之辭，但也可能是口耳相傳過程中的學習記錄，或是解釋某個儀節、禮器的「義」。參考《國語・周語下》載叔向對單靖公的家臣說：

> 其《詩》曰：「昊天有成命，二后受之。成王不敢康，夙夜基命宥密。於，緝熙！亶厥心，肆其靖之。」是道成王之德也。成王能明文昭，能定武烈者也。夫道「成命」者而稱「昊天」，翼其上也。「二后受之」，讓於德也。「成王不敢康」，敬百姓也。「夙夜」，恭也。「基」，始也。「命」，信也。「宥」，寬也。「密」，寧也。

〔註195〕春秋時期有禮書，如《左傳》哀公三年，魯國火災，子服景伯「命宰人出禮書，以待命，命不共，有常刑。」（卷57，頁997～998）又，《周禮・春官・大史》說：「大祭祀，與執事卜日，戒及宿之日，與群執事讀禮書而協事。祭之日，執書以次位常，辨事者考焉。不信者誅之。大會同朝覲，以書協禮事，及將幣之日，執書以詔王。」（卷26，頁402）可知「禮書」較接近官方文書，記載日常行禮或遭變事的流程、職司。

〔註196〕宋・朱熹：《朱子文集・講禮記序說》，見於李光地：《朱子禮纂》，卷1，頁3上。

〔註197〕沈文倬：〈略論禮典的實行和《儀禮》書本的撰作〉，《菿闇文存──宗周禮樂文明與中國文化考論》，上冊，頁1～58。

「緝」，明也。「熙」，廣也。「亶」，厚也。「肆」，固也。「靖」，穌

也。〔註198〕

叔向引用《詩經》、逐字解釋，並非手持一文本，加以說明，而是根據記憶，直接呈現在對話中。《左傳》襄公九年穆姜引述《易》、《左傳》昭公二十八年成鱄引述《詩經》，也是類似的模式。那麼，《禮記》當中這類訓詁之辭，也可能源於記誦而見於口耳相傳、論談，不一定是書面學習。

《禮記》之所以能如孔穎達所說的「凡言記者，皆是記經所不備，兼記經外遠古之言」〔註199〕，記載《儀禮》經文所無的部分。按照漢、唐學者的看法，《儀禮》爲周公之書，《禮記》則少數包含禮古經，其他多爲七十子所記。就時序而言，《儀禮》在前，《禮記》在後；就編撰目的而言，《禮記》是解釋《儀禮》的傳記，因此可以解釋《儀禮》與《禮記》重見的禮儀。但問題是，成書在後者，爲何能夠出現較早的《儀禮》所無的內容？第一種可能，《禮記》多於《儀禮》的內容，乃是針對今人看不到的禮古經。第二種可能，禮儀的流傳，不以書面爲主，而是實踐。〔註200〕後代仍行前人之禮，故後人能寫下前人所未寫的禮儀。即使《禮記》內容可能針對亡佚的禮古經進行解釋〔註201〕，亦無法排除禮以「實踐」作爲長期流傳的主要方法，口

〔註198〕 舊題周・左丘明著：《國語・周語下》，卷3，頁116。
〔註199〕 《禮記》，孔穎達正義，卷1，頁11，「《禮記》大題疏」。
〔註200〕 日本學者田中利明也留意到賈公彥對「記」文定義的矛盾，按照與經文的相關性，重新將「記」分爲直接的記、間接的記二類。直接的記，與經文具有主從關係，爲實踐禮儀當世「即使不敘述人們也能夠知道的，而對於後世來說卻無法理解的內容。……隨著社會變動，口耳傳誦關於古代儀式的內容逐漸有被遺忘的可能，因此需要把這些內容記錄下來。」間接的記，與經文關係不緊密，「是一種對等的關係」，這類「記」文有部分可單列成爲經文。該文從經、記的關係與實踐的角度著眼，解釋《儀禮》「記」文與經文產生歧異的原因，頗值得參考。然其將動詞「記載」、名詞「記」文等同視之，並忽略《儀禮》篇名或取首句數字，如〈士相見禮〉因先言士相見而名篇，其內容仍可包含其他階級的禮儀，因此論述細節可進一步商榷。見田中利明著、刁小龍譯：《儀禮》中「記」的問題——關於武威漢簡〉，《武威漢簡《儀禮》整理與研究》，頁332～348。
〔註201〕 根據宋朝王應麟考證的十八篇禮古經之名，包含〈學禮〉、〈天子巡狩禮〉、〈朝貢禮〉、〈朝事儀〉、〈烝嘗禮〉、〈中霤禮〉、〈王居明堂禮〉、〈古大明堂禮〉、〈昭穆篇〉、〈本命篇〉、〈聘禮志〉；又有〈奔喪〉、〈投壺〉、〈遷廟〉、〈釁廟〉、〈曲禮〉、〈少儀〉、〈內則〉、〈弟子職〉。十八篇中，〈學禮〉或可對應《禮記》的〈學記〉，〈聘禮志〉或可對應《禮記》的〈聘義〉，而〈王居明堂禮〉、〈古大明堂禮昭穆篇〉或可對照〈明堂陰陽記〉。而〈奔喪〉以下數篇則見於大、小

耳相傳或文獻記載爲次。〔註 202〕

從漢代講禮分成容禮、通經二派，或可證明實際操作與禮書學習，得爲二事。容禮一派，由「善爲容」的徐生被立爲禮官大夫，傳其子徐襄，「不能通經」的徐襄，同樣因「善爲容」而爲禮官大夫，並傳授學生。通經一派，則由漢初高堂生傳士禮十七篇，蕭奮傳孟卿、后倉，后倉傳戴德、戴聖、慶普等，立爲學官。兩派雖言禮，然其學習層面不同。〔註 203〕

第二，《儀禮》與《禮記》篇章的「成文化」時間相近。先秦古書主要爲單篇流傳的形式，當孔門後學於春秋末期至戰國時陸續撰作《儀禮》，〔註 204〕《禮記》同時也處於形成階段。《儀禮》成書的上限約在魯哀公末年魯悼公初年，爲周元王、定王之際；下限是魯共公十年前後，即周烈王、顯王之際，「由孔子的弟子、後學陸續撰作的。」〔註 205〕而《禮記》的來源多方，相對地「成文化」的時間有所不同。據葉國良師的研究，《禮記》各篇的來源可分爲三類：

1、來自於《禮》古經：如小戴《禮記》的〈投壺〉，大戴《禮記》的〈投壺〉等。

2、來自「記」：如〈月令〉、〈明堂位〉等可能出自《明堂陰陽》、《明堂陰陽說》。

3、來自漢人作品：如孔德成先生認爲〈曲禮〉開頭有「曲禮曰」，

戴《禮記》、《管子》。然而，古人名篇或取首句數字，上述思考係據篇名相互對應，能否成立，猶可商榷。見宋·王應麟：《漢書藝文志考證》（北京：中華書局，2011 年 1 月初版），卷 2，頁 156。

〔註 202〕周·荀卿：《荀子·勸學》：「始乎誦經，終乎讀禮。」（上冊，卷 1，頁 11）《禮記·曲禮》：「居喪未葬，讀喪禮。既葬，讀祭禮。喪復常，讀樂章。」（卷 4，頁 74）按：《說文解字》載：「讀，誦書也。」（三篇上，頁 91）在口耳相傳的時代，運用記憶、聽覺的方式學習禮儀，而不專指視覺的閱讀文本。段玉裁《說文解字注》有更爲詳盡的例證與說明，可參。又，楊晉龍師曾統計傳統中國文獻文本中，聽覺性的讀書類詞彙爲視覺性的看書類詞彙的十倍，亦可說明聽覺性的學習曾在古代中國占有重要地位。參：〈看書何如讀書精：讀經與研究探論〉，《中國經學》第 11 輯（2013 年 6 月），頁 204～207。

〔註 203〕《史記·儒林列傳》，第 5 冊，卷 121，頁 3126。另參劉文強、簡文山：〈《禮記》〈月令〉、〈王制〉鄭注「周制」、「殷制」觀念探析——兼論鄭玄經學立場問題〉，《中山人文學報》第 7 期（1998 年 8 月），頁 8～9。

〔註 204〕沈文倬：〈略論禮典的實行和《儀禮》書本的操作〉，《菿闇文存——宗周禮樂文明與中國文化考論》，上冊，頁 1～58。

〔註 205〕沈文倬：〈略論禮典的實行和《儀禮》書本的撰作〉，《菿闇文存——宗周禮樂文明與中國文化考論》，上冊，頁 58。

此篇可能選錄自《后氏曲臺記》。〔註206〕

由「內容成文化」觀之，有來自《禮》古經或七十子及其後學的作品，也有漢人作品。而來自《禮》古經、部分七十子後學的篇章，可能和《儀禮》成書時間重疊。成書時間重疊，是以二書反映相近的思想與禮文；加之以禮是一門講究具體實踐的學問，〔註207〕那麼《禮記》所記載的可能是比《儀禮》一書更早的禮儀背景。因此《禮記》能補經文所「不備」，「兼記經外遠古之言」。同時，也因為長期實踐的結果，只需記錄「變禮」或「非禮」，即知舊制。

《禮記》當中有些資料，可以此觀點解讀：

其一，〈檀弓下〉說：

> 國昭子之母死，問於子張曰：「葬及墓，男子、婦人安位？」
> 子張曰：「司徒敬子之喪，夫子相，男子西鄉，婦人東鄉。」曰：「噫！
> 毋！」曰：「我喪也，斯沽。爾專之，賓為賓焉，主為主焉。婦人從
> 男子，皆西鄉。」（《禮記》，卷9，頁174）

子張說：「夫子相，男子西鄉，婦人東鄉」，反映弟子觀察孔子執禮事的言行，從而模仿、學習，即禮儀的習得並非專主於書面文獻。國昭子的回答，除了顯示當時貴族對禮的生疏，也可能表示《儀禮》尚未成書或禮儀的規範性不高。又，〈檀弓上〉說：

> 曾子弔於負夏，主人既祖，填池，推柩而反之，降婦人而后行
> 禮。從者曰：「禮與？」曾子曰：「夫祖者，且也。且，胡為其不可
> 以反宿也？」從者又問諸子游曰：「禮與？」子游曰：「飯於牖下，
> 小斂於戶內，大斂於阼，殯於客位，祖於庭，葬於墓，所以即遠也。
> 故喪事有進而無退。」曾子聞之曰：「多矣乎，予出祖者。」（《禮記》，
> 卷7，頁134）

倘若當時《儀禮》業已著成，並且流傳，就不會有子游、曾子的歧見，直接以〈既夕禮〉為據即可。孔穎達亦曾留意到《禮記》多有「不定之辭」，而為之說解：

〔註206〕葉國良師：〈二戴《禮記》與《儀禮》的關係〉，《經學側論》，頁113～129。

〔註207〕孔德成師從禮文、禮意的觀點，指出：「道德本來只是種抽象的觀念，如果想把他見諸實行，必須有一種組織在社會上，作為依據，這才能把他樹立起來。」見氏著：〈論儒家的「禮」〉，東海大學主編：《中國文化月刊》第11期（1980年9月），頁94。

其作記之人多云「蓋」，多云「或曰」，皆無指的，並設疑辭者，
以周公制禮，永世作法，時經幽厲之亂，又遇齊晉之強，國異家殊，
樂崩禮壞，諸侯奢僭，典法訛舛，是以普天率土不閑禮教。……但
初制禮之時，文已不具，略其細事，舉其大綱；況乃時經離亂，日
月縣遠，數百年後，何能曉達？記人所以不定，止爲失禮者多。推
此而論，未爲怪也。（《禮記》，孔穎達正義，卷7，頁126）

孔氏將《禮記》存有異說的現象，歸結爲：周公制禮時，舉其大綱而已，略
其細事，經西周末年、春秋時期，「樂崩禮壞」而典法訛舛，世人不習禮教，
故多異說、不定之辭。此承漢代周公制禮、且將「禮」視爲具體的《儀禮》、
《周禮》之書的觀念。就孔氏所處疏不破注的學術環境而言，誠將《禮記》
異說現象作了相當合適的闡述。然就近代將禮的實踐與禮書撰作分別討論的
研究成果來看，《禮記》異說現象，實則反映《儀禮》成書之晚。

其二，《禮記》屢見「聞」之於某人，如后木「聞諸縣子」、縣子瑣云：
「吾聞之」、曾子「聞之」於夫子「喪欲速貧，死欲速朽」、子路「聞諸夫子：
喪禮，與其哀不足而禮餘也，不若禮不足而哀有餘也」等等。此固然是話術
的一種，卻也突顯古禮藉由口耳相傳，代代傳承，並躬身實踐的特質。

其三，元人敖繼公未從朱子《儀禮經傳通解》將記文逐條列於經文之後，
認爲記文：

有特爲一條而發者，有兼爲兩條而發者，亦有兼數條而發者，
亦有於經意之外，別見他禮者。〔註208〕

兼爲兩條、數條而發者，或因便於學習，而揭示禮儀規則；「於經意之外，
別見他禮者」，如「〈士冠·記〉言無大夫冠禮而有其昏禮」，作記之時，猶
見大夫昏禮，反映作記的年代亦甚早。以是，《禮記》未特重解讀《儀禮》
文字有無、先後之例，或許相當程度地反映《禮記》成文化的時代和《儀禮》
相近。

第三，《禮記》的成書是爲了救濟《儀禮》的不足。葉國良師曾指出《儀
禮》與《禮記》的關係：《儀禮》載士禮六篇，天子禮一篇，階級越高，記
載越少，爲救濟《儀禮》的不足，后倉採取「推士禮而致於天子」的辦法，
以滿足階級社會的禮儀需求，並撰寫或從古禮書編選補充教材，此即《禮記》
成書的背景。〔註209〕由於二戴《禮記》是補充與發揮性質，因此編輯上缺

〔註208〕元·敖繼公：《儀禮集說·後跋》，《通志堂經解》，第33冊，卷17，頁19361。
〔註209〕葉國良師：〈二戴《禮記》與《儀禮》的關係〉，《經學側論》，頁114～120。

乏系統性。〔註 210〕以此觀之，《禮記》一「書」，內容本身收集整理前人之作〔註 211〕，而前人作品並不完全針對《儀禮》一書，因此現存的《禮記》專門講解《儀禮》字句的部分較少，以字句之有無、先後討論聖人制禮涵義者，尤爲罕見。綜言之，先秦到漢代的諸篇「記」在撰寫時，針對的是更早以前或寫作當時的禮儀，而不全然針對《儀禮》的書面文字；至漢武帝立《儀禮》爲學官，博士爲講解《儀禮》而編選先秦到漢代的文獻，成爲《禮記》一「書」。先秦之「記」與《禮記》，二者的編寫動機不同。

另外，《禮記》中的六篇「義」與〈喪服四制〉，就其冠、昏、飲酒、射、燕、聘、喪服的次第同於《儀禮》，及名爲「義」，指「《儀禮》有其事，此《記》釋其義也」〔註 212〕來看，這七篇文章的排序異於戴德或戴聖的《儀禮》編次，而與劉向排序的十七篇次第相應，則此七篇當是劉向本的《儀禮》出現後，所形成的順序。〔註 213〕此編排方式顯示《禮記》的「成書」年代，重視《禮記》與《儀禮》的關係。

第四，《禮記》成爲經典，卻仍籠罩在《儀禮》之下進行解釋。唐代時，《禮記》被立爲五經之一。孔穎達等學者以「疏不破注」爲解釋基調，遵從並深化鄭玄《禮記注》的說法。而鄭玄是以《儀禮》爲經、《禮記》爲傳記的體系、位階，解釋《禮記》。因此《禮記》雖被唐人立爲「經」，但因「疏不破注」的緣故，實質上仍不得不在《儀禮》的脈絡中進行詮釋。

總之，《禮記》諸「篇」本不完全針對《儀禮》經文撰作，如相傳來自《子思子》的〈大學〉、〈中庸〉等篇。在漢代經學成立之後，《禮記》成「書」以補救《儀禮》經文不足，並在經傳體系、周公制禮的觀點下，居於《儀禮》

〔註 210〕葉國良師：〈二戴《禮記》與《儀禮》的關係〉，《經學側論》，頁 125。

〔註 211〕高明：〈禮記概說〉，《高明文輯》（臺北：黎明文化事業股份有限公司，1978年初版），上冊，頁 394～395。

〔註 212〕《禮記・鄉飲酒義》，孔穎達正義，卷 61，頁 1003。

〔註 213〕《儀禮》一書，除了武威漢簡外，傳世本有戴德、戴聖、劉向的三種不同的次序。今本《儀禮》的篇章次序爲劉向本，而《禮記》六篇「義」和〈喪服四制〉的次序，與此本相應。可知這七篇文章和劉向本《儀禮》關係密切。見清・孫希旦：《禮記集解・冠義》，下冊，卷 58，頁 1411。又，認爲六篇「義」爲一人作，如清人孫希旦曾指出〈冠義〉以下六篇「皆據《儀禮》正經之篇而言其義。其辭氣相似，疑一人所作。」莊有可：「〈冠〉、〈昏〉、〈鄉〉、〈射〉、〈燕〉、〈聘〉六義，蓋一人手筆。」見《禮記集說》（臺北：力行書局，1970年，影印清嘉慶九年刻本），第 2 冊，卷 48，頁 1411。《禮記》此七篇順序與《儀禮》版本，乃至漢代禮學流傳的關係，仍有待進一步研究。

經之次。唐人雖立《禮記》爲「經」，但唐代注疏仍遵循鄭玄的觀點，在《儀禮》的脈絡下解釋《禮記》。因此，《禮記》有別於鄭玄《儀禮注》，缺乏據文字有無、先後等探討意義的禮例類型，其原因殆與漢代「經學」成立有極爲密切的關係。〔註214〕

二、內證詮釋所反映的涵義

以歷時性而言，長期積累、實踐的禮儀，被視爲先例、慣例。因此鄭玄注解禮書時，按照禮的慣例特質，梳通制度因革，反映在禮例上，則爲三代沿革，與周漢對照之例。特別是漢人承周、秦之禮，就鄭玄所處的時代，禮儀仍被躬行實踐。〔註215〕當禮儀是親身經歷或生活的一部分時，禮例就不完全來自於書面學習與歸納，也包含具體實踐的成分。

唐人賈公彥的《儀禮疏》，卻缺乏古今（唐制）互證之例，異於鄭玄《儀禮注》。此點不同，或可從二方面觀察。

第一，賈公彥《周禮疏》仍以唐制和古禮相比況，如〈大司徒〉「以保息六養萬民」，「五曰寬疾」，鄭玄注：「寬疾，若今癃不可事，不筭卒。可事者，半之也。安富平其繇役，不專取。」賈疏：

> 云「寬疾，若今癃不可事不筭卒」者，漢時癃病不可給事，不

〔註214〕趙伯雄指出早期的《春秋》學，《公羊傳》很少使用日月時例，通過何休的發揮，「日月時例」才成爲《公羊》學的重要解經方法。據何休自云據胡毋生「條例」解釋，則日月時例也可能就在胡毋生的條例中，只是受限於材料，目前無法加以證明。見氏著：《春秋》學中的「日月時例」，彭林主編：《中國經學》第 1 輯（2005 年 11 月），頁 211〜212。按：胡毋生爲漢景帝時的博士，可知《公羊》學也是在立於學官之後，較爲有系統地發展條例解經法。

〔註215〕《禮記‧郊特牲》：「詔祝於室，坐尸於堂。」鄭玄注：「謂朝事時也。朝事，延尸于尸西，南面，布主席東面，取牲膟膋，燎于爐炭，洗肝于鬱鬯而燔之，入以詔神於室，又出以墮于主，主人親制其肝，所謂制祭也。時尸薦以籩豆，至薦孰，乃更延主于室之奧，尸來升席，自北方，坐于主北焉。」孔疏：「鄭之此注，雖參《禮記》及〈少牢〉、〈特牲〉而言之，亦約漢時祭宗廟之禮言也，故其事委曲也。」（卷 26，頁 507〜509）按：漢代所行之禮，包含承襲前人之舊，亦有新創者，鄭玄的注解反映新舊二種禮儀。劉增貴師指出漢代許多典禮中，仍行沃盥，但已出現「擬而不盥」的情形，「只是在祭祀中做個樣子，顯示此一習俗的改變。」可知漢人亦有新變者。見氏著：〈中國古代的沐浴禮俗〉，《大陸雜誌》第 98 卷第 4 期（1999 年 4 月），頁 13。又，楊樹達《漢代昏喪禮俗考》、劉善澤《三禮注漢制疏證》（長沙：岳麓書社，1997 年初版）說明漢代仍行前代禮俗。劉氏書，承彭美玲師指點，敬致謝忱。

算計以爲士卒。若今廢疾者也。云「可事者半之也」者，謂不爲重
役，輕處使之，取其半功而已，似今殘疾者也，是其寬饒疾病之法。
云「安富平其繇役，不專取」者，言繇役均平，又不專取，則富者
安，故云「安富」也。（《周禮·地官·大司徒》，賈疏，卷 10，頁
158）

唐代對廢疾、殘疾者的寬待，如《新唐書·食貨志》載：「凡主戶內有課口者
爲課戶。若老及男廢疾、篤疾」不課。〔註216〕《唐六典》說：

凡州、縣城門及倉庫門須守當者，取中男及殘疾人均爲番第以
充，而免其繇賦焉（自注：若修理廨宇及園廚，亦聽量使）。〔註217〕

唐朝前期的課征，租庸調以人丁爲基準，徵收穀物、布疋（力役可用物品折
抵），並另有雜繇與色役。對於廢疾者，不課役；而殘疾者視身體狀況，課
徵雜繇或色役。此法，和漢代對癃者「不可事不算卒、可事者半之」之法，
皆合於周代「寬疾」。又，《周禮·地官·小司徒》：「以歲時入其數」，賈公
彥疏：

云「歲時入其數，若今四時言事」者，漢承周後，皆四時入其
數。今時白役簿，皆在於冬。代異時殊，故有革別也。（《周禮》，賈
疏，卷 11，頁 168）

按照《唐六典》：「凡三衛皆限年二十以上，每歲十一月已後，本州申兵部。」
又，《新唐書·食貨志》說：

凡里有手實，歲終具民之年與地之闊陿，爲鄉帳。鄉成於縣，
縣成於州，州成於戶部，又有計帳，具來歲課役，以報度支。〔註218〕

周朝以歲時申報家中人口與財物，漢代則四季申報，而唐代則在冬季申報人
口與田里，或有同異，因此賈公彥說「代異時殊，故有革別也」。〔註219〕賈
公彥以唐制注解《周禮》，一方面繼承漢儒杜子春、鄭玄、馬融、賈逵及六
朝干寶等注經家，「舉今以曉古，沿流而溯源以明時制之遠有本原，以見《周
禮》之『行』於後世」；另一方面，亦有其社會背景，唐太宗「尊信周禮，
銳意欲行周公之道」。〔註220〕是則，自漢代以降，注釋者以禮制沿革的觀點，

〔註216〕宋·歐陽修等撰：《新唐書·食貨志》，卷 51，頁 1343。
〔註217〕唐·李林甫等撰：《唐六典》（北京：中華書局，1992 年初版），卷 5，頁 152。
〔註218〕宋·歐陽修等撰：《新唐書·食貨志》，卷 51，頁 1343。
〔註219〕劉詠溱：《《周禮》賈疏引唐制集證》，《民國時期經學叢書》，第三輯，第 30 冊，
　　　　頁 17。
〔註220〕劉詠溱：《《周禮》賈疏引唐制集證》，《民國時期經學叢書》，第三輯，第 30 冊，

引用時制闡明《周禮》經文，不絕如縷。古今制度沿革、實踐層面的比例法，仍保留在賈公彥《周禮疏》中。〔註221〕

　　第二，《儀禮疏》的禮例具內證傾向：其一，《儀禮疏》根據文字有無、先後，以省文、互文、舉中以見上下等解經書文字之例，闡發周公之道，屬於《儀禮》的內在詮釋。其二，賈公彥應用內證法闡明《儀禮注》的禮例，已如本章第四節，此不重複。其三，歸納統計之例、表明用例範圍的禮例。目前所見，六朝時期已出現這二類禮例。歸納統計之例，如：

> 皇氏云：享有四種：一是諸侯來朝，天子饗之，則《周禮‧大行人》職云：「上公之禮，其享禮九獻」是也。……二是王親戚及諸侯之臣來聘，王饗之。禮亦有飯食及酒者，親戚及賤臣不須禮隆，但示慈惠，故並得飲食之也。其酌數亦當依命，其牲折俎，亦曰殽烝也。……三是戎狄之君使來，王享之，其禮則委饗也。其來聘賤，故王不親饗之，但以牲全體委與之也。……四是享宿衛及耆老、孤子，則以醉爲度。（《禮記》，孔穎達正義引，卷13，頁263）

皇侃將天子享禮依對象分成諸侯來朝、王親戚及諸侯之臣來聘、戎狄之君使來、享宿及耆老孤子共四類，並比較各類所用的禮儀細節。又如崔靈恩統計一年當中祭日月之禮爲四：一，迎氣之時，祭日於東，祭月於西。二，春分朝日，秋分夕月。三，夏正郊天之時，主日以配月。四，孟冬大蜡之時，祭日月。〔註222〕至於標明用例範圍，如《禮記正義》引熊安生說：

頁 1～2。按：遵崇周公的唐太宗期盼藉由知晉朝之興亡以求唐代長治久安，故重修《晉書》。以舊經驗作爲當下依據，亦屬慣例思維。關於唐太宗修《晉書》的考察，詳參張蓓蓓師：〈唐修《晉書》論衡〉，陳飛、徐正英主編：《中國古典文學與文獻學研究》（北京：學苑出版社，2008年1月初版），第4輯，頁323～364。

〔註221〕孔穎達亦時以「唐禮」與《禮記》相印證，如「唯隋禮及今禮，皆蜡之後日」（卷26，頁502）、「今禮及隋禮，棄藳爲祭天席，蒲越爲配帝席，俱藉神也。」（卷26，頁503）

〔註222〕《禮記‧郊特牲》，孔穎達正義引，卷26，頁497。按：這類例子，又如《禮記‧文王世子》孔穎達引熊安生語「凡釋奠有六」，包含始立學釋奠、四時釋奠、師還釋奠。（卷20，頁396）〈郊特牲正義〉引熊安生語：「凡大祭並有三始：祭天，以樂爲致神始，以煙爲歆神始，以血爲陳饌始。祭地，以樂爲致神始，以腥爲歆神始，以血爲陳饌始。祭宗廟，亦以樂爲致神始，以灌爲歆神始，以腥爲陳饌始。」（卷26，頁508）〈郊特牲正義〉：「凡祫有二種：一是正祭之時，既設祭於廟，又求神於廟門之內。……二是明日繹祭之時，設饌於廟門外西室，亦謂之祫。」（卷26，頁509）

> 凡《儀禮》之例，一種席皆稱重。故〈燕禮注〉云：「重席，
> 重蒲筵」是也。所以〈鄉射〉大夫辭加席，亦是一種。稱「加」者，
> 以上已云「公三重，大夫再重」，故變云「加」耳。若餘經，雖異席
> 亦稱重，則此經是也（筆者按：指《禮記・禮器》）。（《禮記》，孔穎
> 達正義引，卷 23，頁 453）

「重」指數量的單位，使用同一種席而欲標明數量時，用「一重」、「二重」。
若是兩種材質或紋樣不同的席，經文多具體說明，如〈公食大夫禮〉上下大
夫之禮「蒲筵常，緇布純，加萑席尋，玄帛純」，蒲席、萑席為不同材質，經
文直接標示。熊安生認為其他經典即使是不同材質的席，亦稱「重」，因此標
示「凡《儀禮》之例」，確定其範圍。

　　面對賈公彥是否引用唐制解經的現象，從實踐的角度來看，顯示物質環
境的改變。《儀禮》記載古代貴族的禮儀活動，除了名物制度外，還有揖讓
周旋、跪坐興立等古人的動作形態、生活情狀。〔註 223〕先秦席地而坐，不
使用桌子、椅子，禮儀活動中奠物、取物，多跪坐於地，如〈鄉飲酒禮〉主
人獻賓一節，賓祭食、祭酒、堂酒、拜等共跪七次，「或者因為這些食物放
在地上，取來方便，或者因為把手中之爵放在地上，便於拱手而拜」。〔註 224〕
相對地，行禮時亦可因部分有高度的器物，而不須跪坐。如〈士喪禮〉國君
使人襚，尸用夷床，床有高度，致襚時不須跪而致衣，故鄭玄說：「床高由
便」。倘若禮儀行為與器物息息相關，那麼當物質環境改變時，記載周代禮
儀的《儀禮》便逐漸失去可行性。〔註 225〕如古人席地而坐，漢末以降，多
居床榻，則跪坐進退的動作便無法一如《儀禮》。〔註 226〕唐朝韓愈指出《儀
禮》難讀，並說：

> 其行於今者蓋寡，沿襲不同，復之無由考，於今誠無所用之。

〔註 223〕沈文倬：〈坐跪通釋──從甲骨文、金文的一些象形文字說古人的坐〉，彭林
　　　　主編：《中國經學》第 4 輯，頁 41。
〔註 224〕沈文倬：〈坐跪通釋──從甲骨文、金文的一些象形文字說古人的坐〉，彭林
　　　　主編：《中國經學》第 4 輯，頁 43。
〔註 225〕參考自葉國良師：〈二戴《禮記》與《儀禮》的關係〉，《經學側論》，頁 128。
　　　　按：《儀禮》記載的禮儀（禮文）因物質條件、社會環境而失去可行性，然
　　　　而人的情感仍須透過一定的形式表達，因此許多禮儀內容隨時代而變化，此
　　　　當為禮儀因革損益的原因之一。
〔註 226〕尚秉和：《歷代社會風俗事物考》（臺北：臺灣商務印書館，1971 年 4 月台三
　　　　版），卷 23，頁 288。

〔註227〕
那麼，《儀禮疏》缺少和唐制相證的記載，或許出於實踐上的不易。〔註228〕

據上所述，似乎表示六朝到唐代時期，經學詮釋進入歸納、比較文本，從而總結條例的過程。晉朝杜預《春秋釋例》一一羅列《春秋》經文，歸納、闡發凡例，亦可呼應此說。六朝到唐代時期，比較禮學「書面文獻」的作法，不僅欲探求周公制禮之精義，同時也嘗試尋求文字的內在關聯與書面秩序，故比例而得周公之制，亦比例而足周公之制。綜言之，鄭玄《儀禮注》十分簡要，加之以漢人因襲前代禮制者眾，〔註229〕尚無法確知鄭玄是否採用歸納比較文本而括例的方式。但根據賈公彥《儀禮疏》的凡例類型、比例方法，及比例內容，較爲明確地顯示禮例係從比對文獻而得，禮例的性質從先秦產生於實踐、具規範作用的「慣例」，逐漸地轉化爲「解經之例」。

三、專解《儀禮》之例

目的與使用的方法，將改變禮例的特質。隨著賈公彥將《儀禮》詮釋轉向內化後，凌廷堪參考杜預《春秋釋例》的作法，使詮釋方法、禮例內容等方面，有更爲深刻的進展。

（一）內證法的表現

就詮釋方法而言，從六朝以降，呼應鄭玄「周公制禮」的概念，《儀禮》爲周公所作，筆法當中蘊涵深刻的意義，禮學詮釋逐漸走向內證法。至唐朝，由於科舉考試和義疏體的規範，孔穎達《禮記正義》、賈公彥《儀禮疏》的內證傾向尤爲鮮明。參考杜預《春秋釋例》屬辭比事的作法，內證法在《禮經釋例》被運用得更爲徹底：

其一，相較於鄭玄、賈公彥引用《周禮》、《禮記》等其他經典的條例，《禮經釋例》一書的條例多來自《儀禮》經文、鄭注與賈疏。即使沿用鄭注、

〔註227〕唐・韓愈：《韓昌黎文全集》，上冊，卷1，頁70。
〔註228〕然而，《周禮疏》仍有以唐制和周制相對應的記錄，原因可能有二：一，禮制因革的概念。二，唐太宗時重《周禮》欲以之改革，政策、制度仍可應用於唐，這顯示比需要物質環境（如宮室制度）相配合的禮儀行爲，政策方面的沿襲與接受較爲容易。
〔註229〕彭林曾從更爲實質的社會演變，指出「先秦、兩漢，時代相接，其文獻大多經過整理，故文字、文物當屬同一系統。」見氏著：〈鄭玄與三《禮》名物研究〉，王振民主編：《鄭玄研究文集》，頁100。

賈疏的條例，亦於《儀禮》經文有據。特別鮮明的是官制，鄭玄引用《周禮》等經籍闡明職官的職責，而淩廷堪則僅就《儀禮》的禮儀活動加以說明，如「凡佐禮者，在主人曰擯，在客曰介」〔註230〕、「凡相大禮，皆上擯之事」〔註231〕。

其二，解釋條例時，鄭玄、賈公彥或徑引《周禮》、《禮記》等其他經籍的說法，淩氏則先羅列《儀禮》的禮文，並加以闡述，其他經籍的相關記載附於文末，顯示主從位階分明。「凡燕禮使宰夫爲主人，食禮公自爲主人」條，引用〈燕禮〉、〈大射〉、〈公食大夫〉、〈聘禮・記〉的經文後，淩氏解釋說：

> 蓋君與臣行禮不敵，故使宰夫獻。若兩君相燕，亦自爲主人，如昭公十二年《左氏傳》「晉侯以齊侯宴」是也。至於昭公二十七年傳「公如齊飲酒，使宰獻而請安」，杜氏曰：「比公於大夫也。」然則昭公失國，齊侯不以兩君之禮待之矣。〔註232〕

「蓋君與臣行禮不敵，故使宰夫獻」，解釋此條禮例之意。「若兩君相燕」以下，則補充敵體的燕禮與食禮。而魯昭公與齊侯爲敵體，卻使宰獻，與此條例所言相同，可知齊侯以君臣禮待之。

其三，《禮經釋例》所附專文，也以《儀禮》經文爲主要根據，如〈周官九拜解〉，淩氏說：

> 〈大祝〉九拜，鄭注、賈疏而後釋《周官》者，多語焉不詳。……今據《禮經》爲之疏通而證明之。〔註233〕

〈周官九祭解〉，淩氏說：

> 〈大祝〉九祭，後鄭破杜子春及先鄭之說，以爲皆飲食之祭，善矣。惜其猶徵傳記，未能悉依《禮經》也。爰取舊注之善者從之，餘則以經爲主，下以己意，俟後之學者擇焉。〔註234〕

〈射禮數獲即古算位說〉，淩氏說：

> 自珠算盛行，古算籌算位皆已不傳，僅此見於《禮經》者，尚

〔註230〕清・淩廷堪：《禮經釋例・通例下》，卷2，頁134。
〔註231〕清・淩廷堪：《禮經釋例・賓客之例》，卷6，頁330。
〔註232〕清・淩廷堪：《禮經釋例・飲食之例中》，卷4，頁241。
〔註233〕清・淩廷堪：《禮經釋例・通例上》，卷1，頁111。
〔註234〕清・淩廷堪：《禮經釋例・飲食之例下》，卷5，頁284。

可推見聖人遺制。〔註235〕

因此，解釋《周禮》等其他典籍的禮制時，凌氏也以《儀禮》爲主要根據。準此，凌氏基本上以《儀禮》爲主，盱衡其他經典。進一步來說，凌廷堪降低《周禮》的地位、不遵循三《禮》互注的方式〔註236〕、將《儀禮》與《禮記》區分經記的位階等作法，可說是回歸鄭玄以前的經學面貌。〔註237〕

除了以《儀禮》爲範圍進行內證詮釋外，凌廷堪根據歸納《儀禮》經文的結果，爲禮例分類。於是「比例」法，在《釋例》呈現出三種面向：第一，比較禮文的異同。同者爲類，可進而推次經文所未言者。異者或視爲「非例」，或解釋歧異的原因。第二，參考舊經驗，以評斷當下事件的比例。在《釋例》中轉爲參考周公之經、鄭注和賈疏等，評論其他經說。第三，比例之法，本具有數目和比例的意識，如上引《禮記》當中「凡……，唯……」的敘述。《釋例》採用歸納法探討禮例「應用範圍廣狹」的同時，也表現出整體和局部的關係，即分類上的通例、別例、雜例之別。

鄭玄、賈公彥與凌廷堪，同樣採取互見異同、評斷禮例與事件的作法，分類亦皆有數目比例之別。《禮記》、《儀禮注》的數目意識多來自價值觀，《釋例》亦承之，然該書體例上的「分類」因使用歸納法而以禮文出現次數爲主要根據，近似今人所謂的百分比，而有別於鄭玄、賈公彥。

（二）禮例內容的改變

禮例內容的改變，可分爲二點說明：

第一，解釋經書文字之例，大幅減少。凌廷堪承繼前人說法，認爲《儀禮》爲周公所作，然而相較於鄭玄、賈公彥對經書文字先後、有無的重視，《釋例》則未強調「書／不書」所蘊涵的價值觀，而較著重於重建、建構禮儀制度，以得周公之精意。因此，《釋例》屢以相變爲敬、文不具解釋文字、儀節，

〔註235〕清・凌廷堪：《禮經釋例・射例》，卷7，頁384。

〔註236〕雖然凌氏仍有不得不引用《禮記》、《周禮》之處，但基本上仍以《儀禮》爲基。此待討論禮例的限制時，一併說明。按：以本經證本經，本爲注釋舊法，但清人似乎更有意識地採用內證法，如皮錫瑞說：「古文家即尊信《周禮》，亦但可以《周禮》解《周禮》，不可以《周禮》解各經。」見氏著：《經學通論・三禮》，頁57。

〔註237〕凌廷堪說：「以《儀禮》一經，在漢與《易》、《書》、《詩》、《春秋》，並列爲五」，《周官》「非禮之本經」，二戴《記》「爲章句之餘，雜記說禮之言」。見氏著：《校禮堂文集・與阮伯元孝廉書》，卷22，頁198。

而較少針對經書文字的有無等問題，闡發禮意。〔註238〕此或因從文字著眼探討禮意，易形成此亦一是非，彼亦一是非，無可徵驗而流於「空談」，不如從儀物討論之徵實。〔註239〕同時，藉著書面文獻的考察，禮儀活動中所蘊涵的一致性、固定性、連續性因而得以闡明。故相較於《儀禮注》、《儀禮疏》，《釋例》可謂是解《儀禮》禮儀制度之例的集大成。

　　第二，就禮儀之例而言，《儀禮注》、《儀禮疏》的「凡」言呈現多元內容，而《釋例》在專書形式下，以禮儀進程排列禮例先後順序，使「凡」言章程法式的意味轉濃。〔註240〕

　　從慣例的角度來看，由於例的作用主於參考舊經驗、規則，以決定當下事件，在「周公制禮」的概念下，《儀禮》成為「周公致太平之迹」的一部分，是周代的舊經驗之一。因此相對於漢代的鄭玄、唐代的賈公彥、清代的凌廷堪，《儀禮》一書皆視作可供參考的前朝之制、《儀禮》一書皆是例。

　　鄭玄、賈公彥皆以《儀禮》為規則，進而用於解經、釋禮，此待下章詳細討論。但因為《儀禮注》、《儀禮疏》為隨文注釋，「凡」言較為分散，而且「凡」言亦因對照經文內容而呈現多元內容，使得《儀禮》全書皆是例的表現較不明確。「凡」言的多元內容，如「凡者，五服悉然」〔註241〕、「凡下未拜有二：或禮殺，或君親辭」等為全體總計之辭。說明禮意者，如「凡異者，君尊變於賓」、「必用異姓，廣敬也。」用例對照經文內容，表明普遍與特殊，如「凡魚之正十五，而鼎減一為十四者，欲其敵偶也」，說明士昏禮取敵偶之

〔註238〕相對於鄭玄、賈公彥，凌廷堪言經書文字之例，數量明顯下降。目前所見，如〈通例下〉，卷2，頁126、151、155、162；〈飲食之例下〉，卷5，頁280；〈賓客之例〉，卷6，頁310；〈射例〉，卷7，頁382；專文〈封建尊尊服制考〉，卷8，頁460。上述諸條雖言「經例」一詞，卻多從禮儀流程考量，經例與禮文之例的界線並不明確。如凌氏說：「考〈喪服〉「子嫁」注云：『凡女行於大夫以上曰嫁，行於士庶人曰適人。』此經例也。上經〈齊衰三月〉章『女子子嫁者、未嫁者為曾祖父母』，傳曰：『嫁者，其嫁於大夫者也。未嫁者，其成人而未嫁者也。何以服齊衰三月？不敢降其祖也。』詳傳意，未嫁者謂許於大夫而未嫁者，蓋尊尊之意。」（卷8，頁460～461）可見即使是遵從鄭玄闡明經文用字的條例，凌氏亦從嫁與未嫁的身分對服喪（禮儀）的影響，加以說明。

〔註239〕凌廷堪承戴震而說：「義理，不存乎典章制度，勢必流入於異學曲說而不自知。」見氏著：《校禮堂文集·戴東原先生事略狀》，卷35，頁312。

〔註240〕凡字性質的細微變化，及重視面向的不同，係與學妹楊素梅女士討論時受到啟發，特此致謝。

〔註241〕《禮記·雜記上》，孔穎達正義，卷41，頁721。

意，用十四條魚，屬於特殊情形。《儀禮注》與《儀禮疏》中各種形式的例句，顯示作者雖具有禮例意識，但隨宜而言，並未以嚴謹的態度統一禮例形式與內容。

對照之下，《禮經釋例》的凡例內容以具體禮文爲主。有別於隨文注釋，《禮經釋例》作爲一部專書，匯聚諸條凡例，〈飲食之例〉、〈賓客之例〉、〈射例〉、〈變例〉、〈祭例〉等依照儀節進程排列先後順序，突顯一套禮儀的標準流程爲章程法式之義。〔註242〕因此個別的、單一的儀節，乃至整套的禮儀流程，皆可爲例。若《儀禮》中各套禮儀進程皆是例，即顯示凌氏認爲《儀禮》一書皆是例。而《禮經釋例》則嘗試在諸多禮儀規則中，抽繹出較具關鍵性或普遍性的原則。

復從實踐的角度，觀察《禮經釋例》中缺少清代禮制與《儀禮》對照的內容。鄭玄、賈公彥仍處於跪拜、坐席的環境中，因此禮例的性質可有慣例、歸納書面而得的條例。但是唐代以後，社會環境的改變，影響禮儀的實踐。尚秉和根據唐宋筆記，指出：

> 蓋席地之風，歷三代兩漢至晉而更。跪坐之容，歷三代兩漢以訖於唐，約數千年，至宋而革，迄於今惟日本、高麗仍席地跪坐，合中國無有也。且高座既興，高几、高案亦相因以起，凡讀書習字諸動作亦相因以變更。……此中國起居史上之一大革命，而載籍無詳者，豈不異哉！〔註243〕

漢魏至唐，席地者漸少，〔註244〕南宋以後大量地使用桌椅，至少產生二方面的影響：其一，器物的改變。古人席地而坐時，豆、爵、俎等飲食器皆高足，葉國良師指出此不僅從力學考量，便於取用，亦兼避灰塵。使用桌椅後，高足飲食器，也漸漸從日常生活中消失。〔註245〕又，古人在正式禮儀中，設几

〔註242〕張壽安指出明清禮學轉型的現象爲由「私家儀注」的家禮學，轉向「以經典爲法式」的《儀禮》學，循典章制度、儀文節式，以求禮意。見氏著：《十八世紀禮學考證的思想活力——禮教論爭與禮秩重省》（北京：北京大學出版社，2005年），頁16、63。該說指出明清禮學的發展脈絡，誠爲洞見。而本文則嘗試從禮例的角度說明產生變化的因素之一。

〔註243〕尚秉和：《歷代社會風俗事物考》，卷23，頁290。

〔註244〕尚秉和：《歷代社會風俗事物考》，卷23，頁288。柯嘉豪則說明椅子引起日常生活的變化外，更進一步探討出佛教是中國人接受使用椅子過程中的關鍵因素之一。見氏著：〈椅子與佛教流傳的關係〉，《中央研究院歷史語言研究所集刊》第69本第4分（1998年12月），頁727～763。

〔註245〕參葉國良師：《禮制與風俗》（上海：復旦大學出版社，2012年8月），頁148

而不倚，以示莊重；燕居則倚几，較爲舒適自在。〔註246〕使用桌椅後，席地而憑几亦漸漸消失。其二，人們的生活習慣、行爲產生變化。席之廢，則飲食不須跪坐於地，可同桌宴飲，則跪坐之禮廢、行酒之禮異。〔註247〕皮錫瑞亦從古代宮室、衣冠、飲食與後代不同的觀點，認爲習禮者宜先考其大略、熟讀經文，從而以焦循的習禮格演習禮儀。〔註248〕此反映出清人深刻地體認到古今社會環境、物質條件對於禮儀實踐的影響。在此情形下，禮儀的實踐性亦隨之下降。〔註249〕因此《釋例》當中「屬辭比事」的態度，正是基於文獻本身，而非來自躬身實踐的揖讓升降。

　　職是，不論從方法，還是內容來看，在所謂「集大成」〔註250〕的《禮經釋例》中，禮例非常清晰地在禮學之內，成爲專門研讀「《儀禮》經文」的方法。〔註251〕如清人陳澧讚美《釋例》「大有助於『讀』此經者矣」〔註252〕，

〔註246〕　如《左傳》昭公五年「設机而不倚」，乃行禮時。《莊子》載「南郭子綦隱机而坐」、「公子牟隱机大息」則爲燕居時。見《左傳》昭公五年，卷43，頁746。《莊子集釋》〈齊物論〉，卷1下，頁43；〈秋水〉，卷6下，頁598。

〔註247〕　尚秉和：《歷代社會風俗事物考》，卷23，頁298～299。葉國良師：《禮制與風俗》，頁26。沈文倬：〈坐跪通釋——從甲骨文、金文的一些象形文字說古人的坐〉，彭林主編：《中國經學》第4輯，頁47。按：朱子曾批評宋代禮制敗壞，細思其中緣故，部分亦來自於失去實踐的環境。如春秋時期，人們席地而坐，朱子到各地州縣學時，見孔子塑像多坐在椅子上，而椅子又放在臺座上，「到春、秋釋奠，卻乃陳籩籃薦豆於地，是甚義理？」反映禮文古今雜糅以致不諧。見宋・黎靖德編：《朱子語類》（北京：中華書局，1994年3月），卷90，頁2293。

〔註248〕　清・皮錫瑞：《經學通論・三禮》，頁77～78。按：焦循說：「爲此格演之者，必先讀經。」反映物質條件轉變後，禮儀實踐的層面有所轉換或不再落實於現實生活，見氏著：《雕菰樓集・習禮格序》，收入《叢書集成初編》（上海：商務印書館，1936年初版），第2191冊，卷17，頁288～289。

〔註249〕　李隆獻師觀察清代學者「禮書」中所表現的復仇觀，說：「清儒考證《周禮》、《禮記》之復仇細節，蓋非必欲施行於現實社會，而係以詮解經文、經義爲主，此實清代學者『禮書』復仇觀之大異於歷代者，蓋亦爲其最大之特色。」同樣指出清儒在解釋禮書時，部分缺少實踐性。見氏著：〈清代學者「禮書」復仇觀的省察與詮釋〉，《臺大中文學報》第35期（2011年12月），頁240。

〔註250〕　李富俠：〈凌廷堪《禮經釋例》對戴震學術的繼承與發展〉，《洛陽師範學院學報》2012年31卷9期，頁85～88。

〔註251〕　後人對於凌廷堪《禮經釋例》的正面評價多源於此觀點，除了第壹章曾引阮常生、陳澧之言外，皮錫瑞：「近時則凌氏《禮經釋例》，善承鄭、賈之學，大有助於讀此經者矣。」清・皮錫瑞：《經學通論・三禮》，頁31。錢大昕書云：「《禮經》十七篇，以樸學，人不能讀，故鄭君之學獨尊。然自敔繼公以

即著重於解經的功能。而禮例功能的轉變，適呼應凌氏個人的理想——復禮
——專注於周公所著之經典，辨別各種禮儀的場合，以掌握禮儀程序，幫助
人們學習，進而達到復禮、修身養性，乃至移風易俗的效果。

來，異說漸滋。尊製一出，學者得指南車矣。」見〈錢辛楣先生書〉，收入《校
禮堂文集》，卷首，頁 4。盧文弨：「君此書出，而天下始無有畏其難讀者矣。」
清・盧文弨：〈校禮堂初稿序〉，收入《校禮堂文集》卷首，頁 1。又，錢基
博承陳澧之說，茲不贅引，見氏著：《經學通志・三禮志》，頁 142。「在今日
看來，凌廷堪的《禮經釋例》可以說是《儀禮》一書的最重要的導讀書。」
見姜廣輝編：《中國經學思想史》（北京：中國社會科學出版社，2010 年 11
月初版），第四卷上，頁 405。

〔註252〕清・陳澧：《東塾讀書記》，《陳澧集》，第 2 冊，卷 8，頁 147。

第參章 鄭、賈、淩以禮例研治經籍文本的表現

　　根據第貳章第五節的探討，禮例的來源可分爲慣例與比經推例二種。《禮記》所載的慣例，主要針對當時或更早的禮儀實踐及其人事，不完全針對《儀禮》經文。鄭玄、賈公彥、淩廷堪等學者以《儀禮》經文爲圭臬，逐漸轉向比經推例。三位學者應用禮例的主要表現有二：其一，根據禮儀規則以研治經籍文本，此爲本章的內容。其次，應用「禮之大節」的概念闡述禮文與禮義，將於下一章進行討論。

　　應用禮例研治經籍文本，可分爲：一，校勘經文、考訂舊說。二，界定禮制、補足禮文。三，貫通經籍，研治其他經籍文本，從而界定《儀禮》與其他經籍的關係。

　　試想面對經籍白文時，如何校勘經書文字、界定禮制，乃至貫通經籍？以校勘而言，張舜徽指出校勘書籍有外證、內證之法：

> 凡屬本書以外的一切實物或記載，直接、間接可以訂正本書謬誤、補綴本書遺佚的材料，都是「外證」。至於「內證」，便在於從本書的文字、訓詁、語法，以及前後文氣、全書義例各方面找線索，來證明哪些地方有錯字、有脫文，雖沒有他書可資佐證，但也有足夠的理由說明其所以然，使所提出的論斷，可以成立。[註1]

此說清楚界定外證、內證的意義與用法。以《儀禮》條例辨正其他經書或傳

〔註1〕 張舜徽：《中國古代史籍校讀法》（臺北：里仁書局，2000 年 9 月三版），頁122。按：此書承　林慶彰師提示，特此致謝。

注（相對於《儀禮》，傳注自爲一書），屬外證；運用《儀禮》條例辨正《儀禮》經文，爲內證。從禮儀的角度來看，禮儀的種類不同、行禮者階級不同，禮文亦隨之有同有異，運用內證或外證校勘如何能成立？《儀禮》中，〈燕禮〉、〈大射〉皆爲諸侯禮，獻酢酬等禮儀或有重疊處，以〈燕禮〉校〈大射〉固無不可，反之亦然。但〈大射〉主人獻工後，舉行射禮的記載，卻不能以〈燕禮〉相對照，而需與〈鄉射禮〉相參，乃因後者禮儀種類、流程相似的緣故。而〈大射〉與〈鄉射禮〉二篇雖然相近，因階級不同，又不得一一互勘。即使有相同篇章時，如《儀禮》有古文、今文本，《周禮》有故書、今書，《禮記》亦有「或本」的異文，鄭玄亦根據「禮制」駁正經文，〔註2〕此所謂「禮制」實爲禮儀規則。簡言之，禮書的校勘，不宜片面地取數篇文獻進行本書前後比較的內證（或本校法）、以他書校本書的外證（或他校法），而須謹愼觀察相關因素。〔註3〕

除了書籍、篇章之間的校勘外，還有從文字字形、聲韻著眼的校勘方法，如字之誤、聲之誤。當學者閱讀經書，發覺上下文不合而懷疑文字有誤時，大體從字形、聲韻尋找線索，求得可能的答案。以聲韻而言，〔註4〕虞萬里指出聲誤約有三種情形：其一，聲同韻同；其二，聲同而韻有旁轉、對轉關係；其三，韻同而聲類部位相同或發音方法相近。〔註5〕同聲韻的字本已不少，若再加上旁轉、對轉等，聲韻相近的文字並不在少數。在此情形下，如何界定是甲字而非乙字，可用於解釋古書？〔註6〕龍宇純認爲「只以旁轉之

〔註2〕 李雲光：《三《禮》鄭氏學發凡》，頁 106～112。

〔註3〕 陳垣、王叔岷指出以書籍互校，爲校讎學方法之一。相較於陳氏僅將書籍區分爲本書、他書，王先生進一步指出底本（本書）、注、疏、類書、關係書等階序性，符合古人認爲書籍之間是具有體系、階序的看法。詳參陳垣：《校勘學釋例》（上海：上海書店，1997 年 7 月初版），頁 118～122。王叔岷：《斠讎學（補訂本）》（北京：中華書局，2007 年 6 月初版），頁 105～165。

〔註4〕 關於鄭玄《三禮注》、《毛詩箋》中，聲訓的探討與轉變，可參劉文清：〈鄭玄《三禮注》「之言」訓詁術語析論——兼論其術語意義之演變〉，《臺大中文學報》第 41 期（2013 年 8 月），頁 33～84。

〔註5〕 虞萬里：〈《三禮》漢讀、異文及其古音系統〉，《榆枋齋學術論集》（南京：江蘇古籍出版社，2001 年初版），頁 112。

〔註6〕 龍宇純、張以仁探討如何界定聲訓、並從學術思想的角度說明聲訓的起源與應用，特別是龍先生、陳槃認爲禮制與聲訓關係密切，值得參考。見龍宇純：〈論聲訓〉、〈正名主義之語言與訓詁〉，陳槃：〈〈正名主義之語言與訓詁〉附記〉，收入龍宇純：《絲竹軒小學論集》（北京：中華書局，2009 年 2 月初版），頁 346～357、358～377。張以仁：〈聲訓的發展與儒家的關係〉，《中國語文學

說為憑講假借，而不問有無其他充分理由或證據，應該是不可靠的。」〔註7〕陸宗達、王寧認為「離開了文獻的語言實際而任意聯繫音義關係，會變成一種聲韻遊戲。所以，在運用『因聲求義』的訓詁方法時，一定要認真檢證於文獻語言。」〔註8〕字形相近者，或許不多，但仍應考量訛誤、地域性的書寫習慣，及相互影響、文飾等情形。而且「探求字義不能只憑字形附會，必須核證文獻語言」〔註9〕，在眾多文字中選擇合適者，仍當以全文能否通讀作為前提。簡言之，字形、聲韻的校勘法，是在語境（上下文義）的規範內進行。於是解釋古書不只是字（詞）對字（詞）的層面，當有更為寬廣的背景作為判定標準。〔註10〕語境既然是最重要的因素，那麼要進一步追問的是，《儀禮》或禮書的語境是什麼？是什麼樣的語境，提供學者考量何者為合適的文字？以禮書而言，當是禮制或經義。所謂禮制，係指各「階級」因應「禮儀的種類」而有其應行的禮數，如士冠禮、公冠禮、士昏禮。所謂「經義」，可以指經文的意思或義理。判讀文字時，經文的意義是一項重要指標。那麼「禮書經文的意思」為何？從禮文來說，可指各階級在各種禮儀場合所當行的禮數，如上所述的禮制；就禮義而言，則是尊卑、親親、男女有別等概念。〔註11〕因此，學者討論鄭玄《注》的字之誤、聲之誤，因字形、字音而誤者雖為大多數，卻仍不得不分出「應用禮制、經義」而判定字誤、聲誤一類，可見規則的必然性對校勘經文洵具重要影響。

《禮記·玉藻》：「君子遠庖廚。凡有血氣之類，弗身踐也。」鄭注：

踐，當為翦，聲之誤也。翦，猶殺也。（《禮記》，鄭注，卷29，

論集》（臺北：東昇出版事業有限公司，1981年9月初版），頁53～83。

〔註7〕龍宇純：〈有關古書假借的幾點淺見〉，《絲竹軒小學論集》，頁405。

〔註8〕陸宗達、王寧：《訓詁與訓詁學》，頁92～101。

〔註9〕陸宗達、王寧：〈《說文解字》與以形索義的訓詁方法〉，《訓詁與訓詁學》，頁57。

〔註10〕葉國良師指出文字能傳達概念、制度等內容，若涉及名物制度時，單憑形音義的訓解將產生侷限性。見氏著：〈從名物制度之學論經典詮釋〉，《居愚居文獻論叢》（臺北：大安出版社，2011年9月），頁89～131。

〔註11〕《禮記·坊記》：「唯卜之日，稱二君。」鄭注：「二，當為貳。」孔疏：「云『二當為貳』者，小二是一二之二，大貳是副貳之貳，此取副貳之貳，不取一二之二，故轉二為貳也。云『惟卜之時辭得曰君之貳某爾』者，言嗣子於他餘事皆不得自稱君之貳，惟代君臨卜之時，得稱君之貳某。所以然者，敬重卜之神靈，不敢私顧父子之嫌。若不稱君貳，無緣代君而卜，辭窮不得不稱君二故也。」（卷51，頁870）孔穎達指出鄭玄從副貳的尊卑之意，認為「二」當為「貳」。當二字同音時，選用另一個異於經文的字，更突顯意義的重要性。

頁 546)

由於踐字在原文的上下脈絡，無法成說。因此，鄭玄從聲音的角度說明「踐」字當爲「翦」，爲「殺」的意思。此乃根據語境，決定哪一個字詞可以成立。張以仁曾指出鄭玄《禮記注》「踐，當爲翦，聲之誤也」等相似例子，說：

> 聲誤和假借，是不易明確畫分界限的。是否段玉裁即認爲聲誤實亦假借，或鄭玄於假借和聲誤之間，另有其他依據，皆有待進一步的論證。〔註12〕

有些例證顯示聲誤和假借難以區分，張先生認爲鄭玄判斷聲之誤時，可能另有其他依據。受張先生啓發，進而參考近代相關學者的著作，如楊天宇指出鄭玄校《禮記》版本時有「據禮制以決不從或本」，注三《禮》的「當爲」術語包含「據禮制以糾字之誤」，「聲之誤」、「字之誤」等術語亦涵蓋「某字之用因不合禮制而誤而鄭注『聲之誤』」、「某字之用因不合禮制而誤而鄭注爲『字之誤』」。〔註13〕虞萬里〈三《禮》鄭注「字之誤」類徵〉亦說明禮制、經義爲判斷字之誤的根據之一。〔註14〕因此，從篇章（文例或版本）、字形、聲韻等觀點，並不能作爲辨正《儀禮》經文、經說的全部解答，禮儀規則的必然性，亦扮演舉足輕重的角色。值得說明的是，學者校書時，並非單用一種方法，而是綜合相關線索，處理文字和內容的問題。

界定禮制，採取由此及彼的界定方式，如互文、文不具、文相變、推次等。沈文倬說：

> 不具者，文同互見之法也。事同則儀同，如門外之迎送，兩階之升降，堂上之獻、酢、酬，固通乎諸禮者也。苟非變文參伍言之，將雷同而流於刻板矣。〔註15〕

從寫作的觀點來看，文不具、互見是簡省文字的方法。藉由比較篇章，將可得知原文所減省的部分。而推次，則以「由士禮以推天子」最爲人所知。然而，從禮儀的觀點來看，上述方式將面臨與校勘同樣的問題：除非有相同的

〔註12〕 張以仁：〈「讀如」、「讀若」、「讀曰」與「當爲」〉，《中國語文學論集》，頁 170 ～171。

〔註13〕 楊天宇：《鄭玄《三禮注》研究》（天津：天津人民出版社，2007 年 4 月），頁 565～567、710～716、747～748、755～758。

〔註14〕 虞萬里：〈三禮鄭注「字之誤」類徵〉，https://ez2o.com/45jTD（106 年 6 月 26 日校）。

〔註15〕 沈文倬：〈菿闇述禮〉，《菿闇文存——宗周禮樂文明與中國文化考論》，下冊，頁 636。

篇章，否則階級尊卑有別、禮儀種類不同，如何能以此就彼？即使是有相同篇章的今古文《儀禮》，也同樣有根據禮制以決定採用何者的情形。〔註16〕至於缺乏文本者，如《禮記・喪大記》：「主人即位，襲帶絰，踊。」鄭注：「有襲絰乃踊，尊卑相變也。」孔穎達說：

> 云「有襲絰乃踊，尊卑相變也」者，案〈士喪禮〉先踊乃襲絰，此先襲絰乃踊，士爲卑，此據諸侯爲尊，故云「尊卑相變也」。(《禮記》，孔穎達正義，卷44，頁766)

在不改變經文、符合文意的前提下，鄭玄、孔穎達比對〈士喪禮〉、〈喪大記〉，認爲諸侯喪禮「襲、絰 → 踊」，士喪禮「踊 → 襲、絰」。此說並不宜以文例的觀點視之，主要原因在於若爲文例，文字記載或禮儀應當全同，而二篇有同有異。況且諸侯與士階級不同，禮儀或有同異，難以從文例的觀點解釋。從不同階級各有其禮數的觀點，或許能較好地解釋這個問題。因此，記載階級社會的禮儀文獻，推次、互文、文不具、互見之所以能成立，禮儀規則所具有的必然性，當是原因之一。

　　以貫通經籍而言，鄭玄、賈公彥、孔穎達、淩廷堪等學者皆徵引諸多文獻，闡明經文、注文。引述者以個人的觀點，組織不同的作品，加以詮釋。〔註17〕因此，若出現斷章取義或是再創造的情形，是情理之中的事。但引述的目的爲何？引用其他經籍說明禮書，解釋字義，誠然是一種極爲重要的目的。但從理解的過程來看，讀懂一字、一句，乃至段落、篇章及全書，是一種部分和全體的關係。因此字句的解釋，可以包含在全書之中。明瞭該書的內容，屬於閱讀的層面；闡發該書對讀者（後人）的價值和意義，則是另一層面的問題。〔註18〕傳統訓詁學認爲「訓詁」專指字句解釋者，多據《經典釋文》引張揖《雜字》說：「訓者，謂字有意義也。」〔註19〕但漢代的《說

〔註16〕 參楊天宇：〈鄭玄校《儀禮》兼采今古文之條例考〉，《鄭玄《三禮注》研究》，頁303～313。

〔註17〕 馬耀民：〈作者、正文、讀者──巴赫汀的《對話論》〉，呂正惠編：《文學後設思考》（臺北：正中書局，2001年9月初版），頁71。

〔註18〕 如《禮記・祭義》：「樂以迎來，哀以送往，故禘有樂，而嘗無樂。」鄭注：「迎來而樂，樂親之將來也。送去而哀，哀其享否不可知也。小言之，則爲一祭之間，孝子不知鬼神之期。推而廣之，放其去來於陰陽。」孔穎達指出「言推此一祭而廣論一年」，神之去來猶如陰陽二氣。（卷47，頁807）意義可有多方的解讀，亦可由小及大、見微知著。

〔註19〕 唐・陸德明：《經典釋文》（上海：上海古籍出版社，1985年10月初版，據北京圖書館藏宋元遞修本影印縮印），下冊，卷29，頁1618。

文解字》指出：「訓，說教也。」所謂的「教」是指由「上所施、下所效」
的傳承路徑，〔註20〕其內容爲「使識舊事也」〔註21〕。而且其他文獻論及「訓」
字時，亦著重於往昔教訓之意，如《國語・魯語》：「若啓先王之遺訓。」《尙
書・顧命》鄭注：「大訓，謂禮。法先王禮教，即虞書典謨是也。」因此，「訓」
主要的意思當是以口傳或文獻的方式，以「往昔的經驗」作爲內容教導後人，
使人馴順、合於法度與規則。〔註22〕近年出土的清華簡〈保訓〉，記載文王
向武王傳授取得、維持天命的寶貴訓示，北京大學藏西漢竹書〈周訓〉以商
周史事訓誡太子，〔註23〕皆以往昔經驗教導下一代。可知所謂的「訓」，本
從參考舊經驗的「慣例」而來。〔註24〕「詁」字，亦有故言、事、「指義」
等意思。〔註25〕何況，《經典釋文》除了引用張揖的話，在解釋《爾雅》時
亦說：

> 案〈釋詁〉以下三篇皆釋古今之語、方俗之言，意義不同，故

〔註20〕 漢・許愼：《說文解字》，3篇上，頁91；3篇下，頁128。

〔註21〕 《周禮・地官・師氏》：「掌國中、失之事以教國子弟。」鄭注：「教之者，使
識舊事也。」（卷14，頁212）

〔註22〕 《左傳》文公六年：「告之訓典。」杜注：「訓典，先王之書。」《周禮・夏官・
訓方氏》：「掌道四方之政事與其上下之志，誦四方之傳道。」鄭注：「傳道，
世世所傳說往古之事也，爲王誦之，若今論聖德堯舜之道矣。」（卷33，頁
21上）按：訓方氏，既爲「訓」，而鄭玄將之解爲「傳說往古之事」，則將訓
著重於往昔教言。

〔註23〕 周鳳五師：〈北京清華大學藏戰國竹書〈保訓〉新探〉，《孔德成先生學術與薪
傳研討會論文集》（臺北：國立臺灣大學中國文學系，2009年12月初版），頁
191～203。閻步克：〈北大竹書〈周馴〉簡介〉，《文物》2011年6期，頁72。

〔註24〕 《淮南子・要略》說：「孔子脩成、康之道，述周公之訓，以教七十子，使服
其衣冠，脩其篇籍，故儒者之學生焉。」（卷21，頁709）孔子根據周代篇籍，
傳述成康之道、周公流傳下來的遺訓。闡揚周公遺訓，是希望能夠恢復禮樂
秩序。筆者以爲漢代經學所立多爲周代的王官學，此爲前代之訓，漢人吸取
前人經驗與教訓，並爲當代施政提供參考，以達到通經致用的目標。東漢以
後，博士倚席不講，學術與政治分流，唐代更以經書爲考試取士之用，訓字
才轉而著重於字句層面。訓、故訓、訓詁等字的歷時性變化，或許反映經學
與政治的演變。此外，若「訓詁」只是字與字、篇與篇、書與書之間相互解
釋，實無法呈現「古代」注釋者心目中的經學位階（如《漢書・藝文志・六
藝略》所言的《儀禮》與《禮記》、《春秋》與《論語》的關係），也不易完整
說明在口耳相傳盛行的時代，如何進行訓詁？

〔註25〕 漢・許愼《說文解字》說：「詁，訓故言也。」（3篇上，頁93）《漢書・揚雄
傳》顏師古注說：「詁謂指義也。」（第11冊，卷87上，頁3514）《後漢書・
盧植傳》載盧植作《三禮解詁》，李賢注說：「詁，事也，言解其事意。」（第
8冊，卷64，頁2116）。

　　立號亦異。至於訓釋墳典，其實一焉。〔註26〕
更可佐證解釋字詞、闡發篇章或全書的意義，乃爲部分與全體關係。那麼，
引述其他經籍解釋《儀禮》時，除了解釋字句外，亦可從價值方面思考。

　　更進一步來說，古人具有聖人制禮作樂的觀點，爲經籍排列位階，與現
代去除聖人光環、並列群書的校勘法，並不完全相同。就鄭玄、孔穎達、賈
公彥等人而言，以周公之制辨別後代書籍之誤，以《儀禮》之經校《禮記》
之記，實屬情理自然。葉國良師說：

　　　　取《儀禮》和《詩經》互證其中所載禮典，本是漢唐儒者舊法。
　　毛傳、鄭箋以禮說《詩》，旨在「據源說委」，因在當時，既以《儀
　　禮》、《周禮》爲記錄周公制禮作樂之書，年代較《詩》三百爲早，
　　則就毛、鄭而言，在論證之邏輯上順理成章，無需特別說明其合理
　　性。賈公彥《儀禮疏》，引《詩經》篇章印證《儀禮》禮典或儀節，
　　旨在「據委證源」，賈氏既以《儀禮》爲周公所作，則就賈氏而言，
　　亦順理成章，同樣無需特別說明其合理性。〔註27〕

鄭玄、賈公彥、淩廷堪認爲《儀禮》爲周公所作，《儀禮》一書既爲周人實踐、
遵循的舊經驗，那麼據此討論與《儀禮》同時代、較晚的著作亦可成立。葉
師此說不僅指出作者的時代是解讀《詩》與禮的關鍵之一，更說明源委的慣
例思維。而且除了時代先後、經傳體系外，注釋者並非僅具有比較甲「書」、
乙「書」異同的觀點，更在於「某禮應當如此進行」的觀點，即「禮儀規則」
的概念。綜上所述，就古人而言，能夠以《儀禮》貫通其他典籍，乃在於學
術位階（王官學、經）與禮儀的規範性（規則）。

　　總之，本章擬「傳述」注解者應用規則的必然性、慣例的觀點，說明以
禮例校勘經文、界定禮制、貫通經籍的表現。由於賈公彥、淩廷堪皆承襲鄭
玄之法，僅在說法上或有異同，爲廓清源流，本章以鄭玄爲主要對象，賈公
彥、淩廷堪的說法則視情形列舉。

第一節　辨正經、說

　　《漢書·藝文志》載周朝制禮後：

〔註26〕唐·陸德明：《經典釋文·爾雅·釋訓》（宋元遞修本），下冊，卷29，頁1618。
〔註27〕葉國良師：《《儀禮》與《詩經》互證的學術意義》，《中國經學》第10輯（2012
　　　　年），頁22。

及周之衰，諸侯將踰法度，惡其害己，皆滅去其籍。自孔子時
而不具，至秦大壞。〔註28〕

周衰，諸侯僭越，爲免「害己」而滅去記載各階級制度的禮書。因此在孔子時，禮書本已不全。秦焚書，使禮制不全的情形更爲嚴重。漢初，高堂生所傳僅十七篇，武帝時，河間獻王得古禮五十六篇，其中十七篇同於高堂生所傳，其他則爲逸禮。那麼，漢代學者固然認爲《儀禮》是周公所著，但並非全書。再者，高堂生所傳的十七篇，因流傳過程導致文字多異，乃至誤字。因此，除了篇章不足外，文獻本身亦有字句上的問題。除了字形、聲韻外，從禮儀規則的必然性著眼，亦能提供一項良好的校訂文字之法。沈文倬說：

以禮例比勘其制、其儀、其文而刪衍、補脫、正誤者，咸若剖
符復合，固善之善者也。〔註29〕

沈氏指出運用禮例可比勘禮制、文字。本節先說明應用禮例校勘經文、經說的情形，校定禮制則於下節討論。

一、訂正誤字

段玉裁《周禮漢讀考·序》說：

漢人作注，於字發疑正讀，其例有三：一曰讀如、讀若，二曰
讀爲、讀曰，三曰當爲。……當爲者，定爲字之誤、聲之誤而改其
字也，爲救正之詞。形近而譌，謂之字之誤。聲近而譌，謂之聲之
誤。字誤、聲誤而正之，皆謂之當爲。〔註30〕

段氏指出「當爲」是糾正之詞，可包含字之誤、聲之誤兩類。然而，如何判

〔註28〕 漢·班固：《漢書·藝文志》，第 6 冊，卷 30，頁 1710。

〔註29〕 沈文倬：〈菿闇述禮〉，《菿闇文存——宗周禮樂文明與中國文化考論》，下冊，頁 663。

〔註30〕 清·段玉裁：《周禮漢讀考·序》，《皇清經解三禮類彙編（二）》，卷 634，頁 959。張以仁〈讀如、讀若、讀爲、讀曰與當爲〉，指出此類術語最常見於許慎《說文解字》、鄭玄《三禮注》、《毛詩箋》、《尚書注》，及高誘《呂氏春秋注》、《淮南子注》。見氏著：《中國語文學論集》，頁 165～166。按：李雲光考察段玉裁《周禮漢讀考》後，指出讀爲、讀曰、讀當爲、讀如等，「皆所以注音，或因以見義者，其間並無差異。段氏所倡之音讀三例，似當有所修正。」可知段氏區別讀如、讀爲，過於拘牽，而本文則欲從此傳統分類切入，探討「當爲」術語潛在的判別標準亦屬於綜合性，而非單一的字形或聲韻。參李雲光著：《三禮鄭氏學發凡》，頁 341。林平和：《《禮記》鄭注音讀與釋義之商榷》（臺北：文史哲出版社，1981 年 4 月初版），頁 21～23。

斷某字爲誤，同時又根據什麼判斷當讀某字？而且段玉裁雖區分「當爲」有字之誤、聲之誤，但鄭玄《儀禮注》中，仍存在未聲明是字或聲之誤而徑言「當爲」者。清人陳壽祺說：

> 先子曰：鄭注《禮記注》引出本經異文及所改經字，凡言或爲某者，《禮記》他本也；凡言讀爲某、當爲某者，皆據經典以定之也。
> 〔註31〕

陳氏指出「或爲」是不同的本子造成文字上的差異；讀爲、當爲，則是根據「經典」加以證明、定奪。陳氏所言，提供後人思考鄭玄依據古書注釋的線索。但是所謂的「經典」是指什麼樣的書？據第貳章第五節所述，鄭玄、賈公彥、淩廷堪等人視《儀禮》全書皆爲規則（例）。因此，《儀禮》可作爲校勘的依據。〔註32〕

　　近代學者黃侃指出鄭玄注《禮》「大抵先就經以求例，復據例以通經，……經文之誤，往往據例以正之」。〔註33〕黃氏指出鄭玄交互運用例與經文進行解釋、校勘，誠爲卓見。如〈鄉射禮〉請徹俎者爲司正，〈大射〉爲司馬正，韋協夢、李寶之皆以爲當作「司正」。〔註34〕沈文倬比對簡本後說：

> 今本蓋涉〈鄉射〉之文而誤，據簡本而韋、李之推比得以證實，
> 亦見簡本所據之本善也。〔註35〕

運用互見的方式，校正文字，經由簡本證實有效。

　　以此觀之，近人李雲光討論鄭玄駁正三《禮》的「以禮制駁之」、楊天宇〈鄭玄注《三禮》之「當爲」例考辨〉、〈鄭玄《三禮注》中的「聲之誤」、「字之誤」考辨〉二文，及虞萬里〈三禮鄭注「字之誤」類徵〉，張舜徽討

〔註31〕清・陳壽祺：《禮記鄭讀考》，收入《續經解三禮類彙編（三）》，卷1080，頁2810。

〔註32〕《詩・邶風・綠衣・序》：「衛莊姜傷己也。」鄭《箋》：「綠，當爲褖，故作褖，轉作綠，字之誤也。」彭美玲師指出「然則鄭《箋》改綠衣爲褖衣，即認定此爲字誤，究其根據，端在《周禮》。」按：此亦爲鄭玄因周公制禮、《周禮》爲周公作，而訂正其他經籍的例證。見彭美玲師：《鄭玄《毛詩箋》以禮說詩研究》，頁149。

〔註33〕黃侃：《黃季剛先生論學名著・禮學略說》，頁459。

〔註34〕韋協夢說：「〈鄉射〉請徹俎，司正之職，則此（筆者按：〈大射〉）請徹俎，亦當以司正。李氏謂司馬正當作司正，今從之。」目前未見李寶之書，故轉引自韋書。清・韋協夢：《儀禮蠡測》，《續修四庫全書》，第89冊，卷7，頁604。

〔註35〕沈文倬：〈菿闇述禮〉，《菿闇文存——宗周禮樂文明與中國文化考論》，下冊，頁663～664。

論鄭玄「改字例」等〔註36〕均不約而同地指出鄭玄據禮制、經義以糾字之誤，內文的部分例證亦屬於此類。而賈公彥《儀禮疏》、淩廷堪《禮經釋例》亦承襲鄭玄的方法，運用禮例校正文字。彭林則針對淩廷堪《禮經釋例》明確地指出：

> 《儀禮》之文字校勘，有賴於經義之理解，而經義之理解則不離文字之校正，兩者相輔相成，不可或缺。至淩廷堪《禮經釋例》，將前人研究成果總結提煉，歸納各色儀節，創爲通例，尤有助校勘。如此交匯融通，校勘之有飛躍，宜矣。〔註37〕

可知從鄭玄至淩廷堪，皆應用禮例校勘經文之法。可惜的是，上述學者較少論及此乃禮儀規則的運作，因而本文略舉數條加以說明。

例一：酬之禮，皆用觶。

《儀禮‧燕禮》載公爲士舉行旅酬時，賓「媵觚于公」。鄭注：

> 此當言媵觶。酬之禮，皆用觶。言「觚」者，字之誤也。古者「觶」字或作「角」旁「氏」，由此誤爾。（《儀禮》，鄭注，卷15，頁176）

〈燕禮〉公爲卿、大夫舉行旅酬時，皆用觶，〔註38〕從禮儀的必然性，此亦當用觶。鄭玄並追溯產生誤字的原因：古代觶字或作「觝」，「角」旁從「氏」字，因字形而誤。〔註39〕除了〈燕禮〉外，亦校正〈大射〉、《周禮》之誤字：

> 〈大射〉「賓舉爵爲士旅酬」章，「賓降，洗象觚，升酌膳，坐

〔註36〕李雲光：《三禮鄭氏學發凡》，頁106～112。楊天宇：《鄭玄《三禮注》研究》，頁710～716、755～758。虞萬里：〈三禮鄭注「字之誤」類徵〉，https://ez2o.com/45jTD（106年6月26日校）、張舜徽：《鄭學叢著》，頁78。按：李氏書中討論鄭玄對三《禮》的校勘、駁正，或以資料作爲分類標準，如以本書內他篇經文校之、據他書以駁之、據本書他篇以駁之等，實包含部分鄭玄運用禮例校勘經文的例證，讀者可進一步參考。

〔註37〕彭林：〈論清人《儀禮》校勘之特色〉，《經學研究論文選》（上海：上海書店出版社，2001年12月初版），頁234。按：商瑈也指出淩廷堪以例校經的特色，見氏著：《一代禮宗：淩廷堪之禮學研究》（臺北：萬卷樓圖書股份有限公司，2004年2月初版），頁125。

〔註38〕《儀禮‧燕禮》，賈疏，卷15，頁175。

〔註39〕鄭玄駁《五經異義》說：「觶字角旁支，汝潁之間，師讀所作，今《禮》角旁單，古書或作角旁氏，角旁氏則與觚字相近。學者多聞觚，寡聞觶，寫此書亂之而作觚耳。」《周禮‧考工記‧梓人》，賈疏引，卷41，頁638。

奠于薦南，降，拜。」

　　鄭注：「此觚當爲觶。」（《儀禮》，鄭注，卷 18，頁 219）

　　賈疏：「凡旅酬，皆用觶。獻士尚用觶，故知觚當爲觶，下經觚亦當爲觶。」（《儀禮》，賈疏，卷 18，頁 220）

　　《周禮·考工記·梓人》：「爲飲器，勺一升，爵一升，觚三升，獻以爵而酬以觚，一獻而三酬，則一豆矣。」

　　鄭注：「觚、豆，字、聲之誤。觚當爲觶，豆當爲斗。」（《周禮》，鄭注，卷 41，頁 638）

二者皆以「酬禮，用觶」的禮例，校正經文誤字。淩廷堪進而比較〈鄉飲酒禮〉、〈鄉射禮〉、〈大射〉、〈燕禮〉，指出酬、旅酬、無算爵皆用觶。〔註40〕

例二：凡祭，於脯醢之豆間，必所爲祭者，謙敬示有所先也。

　　見於《儀禮·士昏禮》鄭注。〔註41〕《儀禮·士冠禮》醮子殺禮：

　　始醮，如初。再醮，兩豆：葵菹、蠃醢。兩籩：栗、脯。三醮，攝酒如再醮，加俎，嚌之，皆如初。嚌肺。（《儀禮》，卷 3，頁 30）

初醮、再醮僅有豆、籩而無俎，三醮始設「俎」，卻出現兩次「嚌」。鄭玄認爲：

　　加俎嚌之，「嚌」當爲「祭」，字之誤也。祭俎如初，如祭脯醢。

（《儀禮》，鄭注，卷 3，頁 30）

按照禮儀規則，祭食先之後，乃嚌俎實。〔註42〕因此，三醮始設俎，經文「加俎，嚌之」，應改爲「加俎，祭之」，先祭食先，方得嚌。〔註43〕

例三：〈大行人〉職曰：「諸侯廟中將幣，皆三享。」

　　《儀禮·覲禮》覲禮正式結束後，「四享，皆束帛加璧，庭實唯國所有。」鄭注：

　　「四」當爲「三」。古書作三、四，或皆積畫。此篇又多四字、字相似，由此誤也。〈大行人〉職曰：「諸侯廟中將幣，皆三享」，其禮差又無取於四也。初享或用馬，或用虎豹之皮。其次享，三牲、

〔註40〕清·淩廷堪：《禮經釋例·器服之例上》，卷 11，頁 556～557。

〔註41〕《儀禮·士昏禮》，鄭注，卷 4，頁 41。

〔註42〕《儀禮·士冠禮》，賈疏，卷 3，頁 30。

〔註43〕淩廷堪亦沿用此條禮例，但著重於「凡祭，於脯醢之豆間」一句。見氏著：《禮經釋例·飲食之例下》，卷 5，頁 261，「凡祭皆于豆籩之間，或上豆之間」條。

> 魚、腊、籩豆之實、龜也、金也、丹漆、絲纊、竹箭也，其餘無常
> 貨。此地物非一國所能有，唯所有分爲三享，皆以璧帛致之。(《儀
> 禮》，鄭注，卷 27，頁 325)

鄭玄從三方面說明經文「三享」誤爲「四享」的原因：其一，古代書寫「三」字、「四」字，或皆以積畫爲之，故字形易相似而誤。其次，本篇多用四字如四傳擯、路下四亞之、四馬、四門、四尺之類，易因重複而誤。第三，《周禮・秋官・大行人》言五等諸侯見天子以三享爲規則，無「四享」之說。是以，鄭玄綜合使用字形、經文內證、禮例等方法，證明經文「四」爲「三」之誤。

例四：大功之殤中從上，小功緦麻之殤中從下。

《儀禮・喪服》「緦麻」章，「庶孫之中殤。」根據此例，鄭玄指出：

> 庶孫者，成人大功；其殤，中從上，此當爲下殤，言中殤者，
> 字之誤爾。又諸言中者，皆連上下也。(《儀禮》，鄭注，卷 33，頁
> 388)

庶孫成人而亡，服大功。若庶孫長殤、中殤，皆服小功。而此經庶孫之殤入於「緦麻」章，足見其爲「下殤」，因此鄭玄認爲經文「中殤」當爲「下殤」之誤。另一方面，爲殤者服喪時，「大功之殤中從上，小功緦麻之殤中從下」，中殤，皆連同上殤、下殤一併言之，並無獨用「中殤」服者，亦可證明經文「中殤」爲誤。綜言之，鄭玄以禮制之例、經文用字之例，推論「中」爲「下」之誤。

二、校對衍文

古書經過輾轉抄寫或刻版、排版，造成訛誤多餘的字句，稱爲衍文。由於各類禮儀皆有其規則、各階級皆有其禮數，若經文出現衍字，亦能予以校正。

例一：凡一辭而許曰禮辭，再辭而許曰固辭，三辭不許曰終辭。

賓主之間有所請求時，於受方而言，一次禮貌性婉拒而後接受爲「禮辭」、再次婉拒而後應允爲「固辭」，及拒絕三次始終未答應爲「終辭」。〔註44〕鄭玄亦以此例校正經文，如：

〔註44〕《儀禮・士冠禮》，鄭注，卷 1，頁 6。清・凌廷堪：《禮經釋例・通例下》，
　　　　卷 2，頁 147。

（1）〈聘禮〉「賓私覿」章，「擯者請受。賓禮辭，聽命。牽馬右之，入設。」

鄭注：「請以客禮受之。」（《儀禮》，鄭注，卷21，頁252）

（2）〈聘禮・記〉「覿後，賓私獻」章，「擯者東面坐取獻，舉以入告，出，禮請受。賓固辭。公答再拜。擯者立于闑外以相拜。賓辟。」

鄭注：「固亦衍字。」（《儀禮》，鄭注，卷24，頁288）

（3）〈聘禮〉私覿，士介覿：「擯者辭，介逆出。擯者執上幣以出，禮請受。賓固辭。公答再拜。擯者出，立于門中以相拜。」

鄭注：「禮請受者，一請受而聽之也。賓為之辭，士介賤，不敢以言通於主君也。固衍字，當如面大夫也。」（《儀禮》，鄭注，卷21，頁254）

（4）〈聘禮〉士介面卿：「擯者執上幣出，禮請受。賓辭。大夫答再拜，擯者執上幣，立于門中以相拜。」

鄭注：「賓亦為士介辭。」（《儀禮》，鄭注，卷22，頁265）

鄭玄以第（1）條經文：「擯者請受，賓禮辭」，對照第（2）條的記文：「禮請受。賓固辭」，同樣是聘賓以臣子的身分拜會主國之君，並獻上禮物的場合，前者為「禮辭」，後者為「固辭」，因此鄭玄視後者之「固」字為衍文。而第（3）條士介私覿主國之君，賓為士介「固辭」，係參照第（4）條士介面卿，賓為士介一辭，因而鄭玄亦以「固」為衍文。除了比對禮儀判斷衍字外，鄭玄認為「固」是衍字，也可能與「禮請受」的定義有關：

禮請受者，一請受而聽之也。（《儀禮》，鄭注，卷21，頁254）

擯者請受，賓辭讓一次後，擯者即聽之，「不再請也」。〔註45〕「禮請受」既為一請，則二次禮貌性拒絕的「固辭」，並不符合禮尚往來，因此視「固」為衍字。〔註46〕

〔註45〕　清・胡培翬：《儀禮正義・聘禮》（南京：江蘇古籍出版社，1993年7月初版），第2冊，卷17，頁1047。

〔註46〕　凌廷堪以為〈聘禮〉私獻，「賓固辭」為「再辭」，即賓再辭而後公許，「故曰固也。禮請受者，一請；賓固辭者，再辭；《注》未確」。凌氏將行禮者進一步區別為擯者、公、賓，並認為擯者請受一次，賓再辭後，得到公的允許，因此「固」為衍字。此忽略鄭玄定義「禮請受」的一致性，而且擯者「一」請受，賓何以「再辭」？凌氏雖然同樣使用禮例校對衍文之法，本文仍從鄭

例二：啐酒時，坐。

〈有司徹〉「主婦致爵于主人」章，「主人其祭糗、脩，祭鉶，祭酒，受豕匕湆，拜啐酒，皆如尸禮。」賈公彥指出：

> 或此經啐酒之上，無「拜」文，有者，衍字也。（《儀禮》，賈疏，卷 49，頁 588）

據目前所見，十七篇中，啐酒行於祭酒之後，皆無拜禮，「拜」字爲衍文的可能性相當高。清人阮元說：

> 經文「拜」，疑當作「坐」。〔註47〕

提出「拜」當爲「坐」字。細思〈校勘記〉之意，當視此爲誤字：一方面以坐、拜的字形相近。另一方面，經文中亦多見「坐啐酒」的禮儀，如〈士冠禮〉、〈鄉飲酒禮〉、〈燕禮〉、〈大射〉、〈有司徹〉等篇。〔註48〕而且，「凡禮盛者，坐卒爵」，主婦致爵于主人，屬於盛禮，亦當坐。因此根據飲酒的禮儀規則，及字形，〈有司徹〉「拜啐酒」的拜字，可能是衍字或誤字。

例三：凡拜，皆北面。

凡獻酬禮，多先拜受，後拜送。

兩條禮例分見於《儀禮·特牲饋食禮》「無算爵」章鄭注、《儀禮·燕禮》「主人獻公」章賈疏。〔註49〕《儀禮·特牲饋食禮》「主人酬賓」章，載：

> 主人洗觶，賓辭，主人對。卒洗，酌，西面。（1）賓北面拜。
> 主人奠觶于薦北。賓坐取觶，還，（2）東面，拜。（3）主人答拜。
> 賓奠觶于薦南，揖，復位。（《儀禮》，卷 45，頁 536）

主人酬賓，賓北面、東面各拜一次，主人則答一拜，於禮不合。〔註50〕清人戴震根據「凡拜，皆北面」，與「男子不執觶拜」例，指出經文「東面拜」的「拜」字，爲誤衍。〔註51〕戴氏言「男子不執觶拜」，誠是。然而「凡拜，皆

玄的結論。見清·凌廷堪：《禮經釋例·通例下》，卷 2，頁 149。

〔註47〕 清·阮元：〈十三經校勘記〉，《儀禮》，卷 49，頁 595。

〔註48〕 《儀禮》，〈士冠禮〉，卷 3，頁 29；〈鄉飲酒禮〉，卷 8，頁 84；〈鄉射禮〉，卷 11，頁 112；〈燕禮〉，卷 14，頁 162；〈大射〉，卷 16，頁 193；〈有司徹〉，卷 49，頁 585、587、588。

〔註49〕 《儀禮·特牲饋食禮》，鄭注，卷 46，頁 544。《儀禮·燕禮》，賈疏，卷 14，頁 163。

〔註50〕 清·胡培翬：《儀禮正義·特牲饋食禮》，第 3 冊，卷 35，頁 2160。

〔註51〕 戴震説：「案此以下各本衍拜字。考上經『賓北面拜，主人奠觶於薦北』，下云『主人答拜』，答賓北面之拜也。『賓坐取觶還東面』下，乃云『賓奠觶于薦

「北面」卻未必盡是，淩廷堪認爲堂下之拜，有東面、南面、西面，不完全北面。〔註52〕是以〈特牲饋食禮〉主人堂下酬賓之拜，學者雖有所辨正，仍當詳細討論。從飲酒禮的流程來看，《儀禮》各篇載主人酬賓，爲賓酌酒之後的禮儀，如：

> 賓西階上立，主人實觶賓之席前，北面。賓西階上拜。主人少退。卒拜。進坐奠觶于薦西。賓辭，坐取觶，復位，主人阼階上拜送。（《儀禮・鄉飲酒禮》，卷9，頁89）

> 賓西階上立，主人實觶賓之席前，北面。賓西階上拜。主人坐奠觶于薦西。賓辭，坐取觶，以興，反位，主人阼階上拜送。（《儀禮・鄉射禮》，卷11，頁112～113）

> 主人酌膳，賓西階上拜。受爵于筵前，反位。主人拜送爵。（《儀禮・燕禮》，卷14，頁164）

> 主人酌膳，賓西階上拜，受爵于筵前，反位。主人拜送爵。（《儀禮・大射》，卷17，頁196～197）

> （主人）酌，降，復位。賓拜受爵，主人拜送爵。（《儀禮・有司徹》，卷50，頁597）

其儀節流程皆爲：主人實爵→賓拜受→賓取爵→主人拜送。反觀〈特牲饋食禮〉，「主人實爵→賓拜」，屬於常禮。賓取觶後，又「東面拜」，於禮無據。因此，從禮儀流程來看，「東面拜」的「拜」爲衍文，仍可成立。

例四：尊者俎尊骨，卑者俎卑骨。

〈鄉飲酒・記〉載俎實：

> 賓俎：脊、脅、肩、肺。主人俎：脊、脅、臂、肺。介俎：脊、脅、肫、胳、肺。肺皆離。皆右體，進腠。（《儀禮》，卷10，頁103）

鄭玄應用此例，指出賓、主人、介之俎實代表身分尊卑。然而，鄭玄並未解釋爲何介俎用「脊、脅、肫、胳」四體，悖於「凡俎實之數，奇」〔註53〕之例，而且牲用四體多於賓、主人用三體，亦尊卑不倫。宋人李如圭認爲此與大夫人數有關，大夫雖不與賓主正禮，但其俎尊於介俎，大夫俎用臑肫，而

南』賓方執觶在手，不得拜明矣。」見《儀禮集釋》，《經苑（五）》（臺北：大通書局，1970年，清同治七年刻本），頁2289。

〔註52〕清・淩廷堪：《禮經釋例・通例上》，卷1，頁93。

〔註53〕《儀禮・特牲饋食禮》，鄭注，卷46，頁549。

介用胳；但如果僅一位大夫蒞臨，「則介得用肫」。〔註54〕據此，則介俎需視當日參加的大夫人數而定。若然，則介俎豈非遲遲未定，甚至因大夫抵達的人數而改變俎實？清人盛世佐更指出若有三位大夫前來，則介「更何所用乎」？〔註55〕

從禮儀流程來看，主人獻介時，爲介設俎，旅酬一人舉觶時，大夫入，介俎已設而後大夫至，因此介俎因大夫人數而變之說不可從。再從「尊者俎尊骨，卑者俎卑骨」之例來說，介是賓黨中之次尊者，若使大夫俎的規格高於介，將掩蓋〈鄉飲禮〉的「尊賢」之意。朱子從文字、版本方面著眼，指出《釋文》無音，《疏》又云有臑、肫，而介不用，因此本無「肫」字。〔註56〕胡培翬因朱子之說，續考《釋文》及賈《疏》上下文，認爲「作《疏》之時，或本已有兩言「肫、胳」二字者矣。是蓋後人妄增之，而當時無有是正之者，故二本並行。」〔註57〕楊大堉亦從之。〔註58〕因此，從禮儀的固定流程、版本而言，經文中的「肫」字應爲衍字，介俎爲脊、脅、胳、肺。

三、訂正脫文

校勘文字時，凡原文有脫落的文字稱爲「脫文」。鄭玄按照禮儀有固定流程及內容的概念，訂正《儀禮》的脫文、錯簡，主要有三處：

第一，〈聘禮·記〉說：「各以其爵，朝服」，鄭注：

> 此句似非其次，宜在「凡致禮」下，絕爛在此。（《儀禮》，鄭注，卷24，頁289）

於是，記文的原句當爲：

> 凡致禮，各以其爵，朝服，皆用其饗之加籩豆。

鄭玄指出記文的「凡致禮」，相當於「經文」中國君「若不親食」之禮。〈聘禮〉「主國君臣饗食賓介之法」章說：

> 若不親食，使大夫各以其爵，朝服，致之以侑幣，如致饗，無

〔註54〕宋·李如圭：《儀禮集釋》，《經苑（五）》，卷4，頁1983。

〔註55〕清·盛世佐：《儀禮集編》，《景印文淵閣四庫全書》，第110冊，卷7，頁291。

〔註56〕宋·朱熹：《儀禮經傳通解》，《朱子全書》，第2冊，卷7，頁273。

〔註57〕清·胡培翬：《儀禮正義·鄉飲酒禮》，第1冊，卷7，頁429。

〔註58〕楊大堉：「注但言脾胳，不云肫胳，使經文爲肫字，注必明言肫與脾之爲一，其不言，則鄭所據本，無肫字可知也。別本蓋以注之脾胳即肫胳，因加肫字於胳字上，唐石經不察，遂從其本，要當以陸、賈爲正。」見清·胡培翬：《儀禮正義·鄉飲酒禮》，第1冊，卷7，頁429。

擯。（《儀禮》，卷 22，頁 267）

因此，經文的「若不親食」、記文的「凡致禮」，二者禮儀性質相同，儀節內容亦當同，故以經文的進程爲範本，推論記文「各以其爵，朝服」簡次有誤。

第二，〈聘禮・記〉：「大夫不敢辭，君初爲之辭矣」，鄭玄認爲：

此句亦非其次，宜在「明日問大夫」之下。（《儀禮》，鄭注，卷 24，頁 289）

將此句調至另一段記文，爲：

聘日，致饔。明日，問大夫。大夫不敢辭，君初爲之辭矣。

鄭玄的說法一方面符合〈聘禮〉的流程：

聘享 → 歸饔餼 →（明日）賓問卿、面卿。

另一方面，也契合禮意：〈聘禮〉記載聘享當日，聘賓向主國之君提出「問卿」的請求，「公禮辭，許」，主國之君代卿禮辭，並應允此事。因此，明日問卿時，大夫之擯者出請事於聘賓，「但入告而不辭」〔註59〕，不再婉拒。

第三，〈聘禮・記〉：

曰：「子以君命在寡君，寡君拜君命之辱。」「君以社稷故，在寡小君，拜。」「君貺寡君，延及二三老，拜。」又拜送。（《儀禮・聘禮・記》，卷 24，頁 290）

鄭玄說：

自拜聘享至此，亦非其次，宜承上「君館之」下。（《儀禮・聘禮・記》，鄭注，卷 24，頁 290）

因此，「記」文的敘述當爲：

明日，君館之，曰：「子以君命在寡君，寡君拜君命之辱。」「君以社稷故，在寡小君，拜。」「君貺寡君，延及二三老，拜。」又拜送。

根據經文的禮儀流程，聘禮結束後：

還玉報享 → 賓將行，君館賓 → 賓行，主國之君贈賄

這段話移至聘賓將行，「君館之」下，成爲國君拜別之言。可知鄭玄對於簡次的位置，當出於禮儀進程的考量。然而，宋人李如圭則認爲：

此贊拜辭在重賄反幣下，釋皮帛謝主人上，與公館賓之節正相

〔註59〕清・胡培翬：《儀禮正義・聘禮》，第 2 冊，卷 18，頁 1172。

　　當，其次宜在此。〔註60〕

這段拜謝之辭，出現在賓即將離去，與賓留皮帛以贈館主人之間，故李氏以爲不當調動簡次。比較鄭玄和李氏之說，二者均肯定此段「記」文屬於國君親自到賓館拜謝的「館之」儀節。鄭玄從記文的「內容」著眼，以爲當調動位置。李氏則從記文的整體「結構」著眼：此段拜別之辭，介於國君以厚禮答謝將返國的賓、賓出館前留皮帛致謝之間，故不須調動簡次。李氏之說亦可成立。二者的異說，更突顯鄭玄從禮儀內容分類，進而思考簡次位置的特色。

　　綜上所述，由於有一完整原文或者固定的禮儀流程作爲前提，因此才能判斷某爲脫文或錯簡。這種情形不僅反映周公所制之禮當是縝密的，也顯示禮儀進程本身具有法度涵義

四、今古文的取捨

　　目前所見，清人胡承珙《儀禮古今文疏義》、楊天宇〈鄭玄校《儀禮》兼采今古文之條例考〉〔註61〕等，已指出鄭玄以禮制作爲取捨今古文的標準之一。然因文章關懷面向不同，二氏未討論禮制何以能成爲標準之一。本文試從禮儀規則的必然性著眼，舉數例加以申述，至於全面的探討，可參考二氏著作。〔註62〕

例一：聘、覲禮，迎君使於外門外。

　　《儀禮・覲禮》「王賜侯氏車服」章，「天子賜侯氏以車服。迎于外門外，再拜。」鄭注：

　　　　　古文曰迎于門外也。（《儀禮》，鄭注，卷27，頁326）

鄭玄從今文的「外門外」，可推知鄭玄認爲侯氏所居至少有二門。元人敖繼公則認爲「上云賜舍，則此門外，乃舍門外也。凡舍唯有一門。」〔註63〕清人胡承珙說：

─────────────

〔註60〕宋・李如圭：《儀禮集釋》，《經苑（五）》，卷14，頁2119。

〔註61〕參楊天宇：〈鄭玄校《儀禮》兼采今古文之條例考〉，《鄭玄《三禮注》研究》，頁303～313。按：楊氏的分類十分細密，其中最直接應用禮例者取捨今古文爲「據禮制以決所從」，其他類別中仍有部分可歸類於禮例應用者，如據文意、據文例、據上下文以決所從等。

〔註62〕第伍章第二節「凡升階多揖讓」條，亦涉及今古文的選擇，可參。

〔註63〕元・敖繼公：《儀禮集說・覲禮》，《通志堂經解》，第33冊，卷10，頁19264。

〈聘禮〉大夫館于大夫，其歸饔餼還玉，皆迎於外門外。天子
賜諸侯之舍，何知惟有一門？敖氏之說，殊不足據。鄭於〈聘禮〉
還玉從古文，作外門外，此又從今文有外字，其去取當矣。〔註64〕

欲探討此條，需先解決一門、二門的爭議，方能判斷鄭玄從今文「外門外」
是否與禮儀規則有關？

首先，諸侯受館。〈覲禮〉王賜侯氏舍，「天子賜舍」。鄭玄注：

賜舍，猶致館也。（《儀禮》，鄭注，卷 26 下，頁 319）

可知郊勞後，侯氏所受之舍爲有屋宇的館，而非帷幕之次舍。〔註65〕根據〈聘
禮〉諸侯待聘賓在祧廟，賈公彥認爲「天子待覲、遇，亦當在祧」。〔註66〕
若侯氏覲見天子居住在王畿之臣的祧廟中，則至少有廟門、大門等二門。

其次，諸侯受舍、受次的問題。諸侯受次於廟門外，經文說：「諸侯前
朝，皆受舍于朝。同姓西面北上，異姓東面北上。」鄭注：

受舍於朝。受次於文王廟門之外。〈聘禮・記〉曰：「宗人授次，
次以帷，少退于君之次」，則是次也。言舍者，尊舍也。天子使掌次
爲之。（《儀禮》，鄭注，卷 26 下，頁 320）

帷幕之次，卻稱作「舍」，乃因受之於天子，故尊稱之。參之以〈聘禮〉的記
載，更爲清楚，「厥明，訝賓于館。賓皮弁聘，至于朝，賓入于次」〔註67〕，
館爲賓所居，次爲行禮的臨時休息處。

綜上所述，舍、館、次三字有通用的情形，侯氏先受館、後受次（舍），
館爲王畿之臣的祧廟，帷幕之次在文王廟之外。由於敖繼公未解舍、館、次
通用的情形，誤以覲禮見君的帷幕「次舍」即爲侯氏所居之「館」，故認爲只
有一門。

〈聘禮〉、〈覲禮〉之使者與侯氏皆居於廟中，至少有廟門、大門等二道
門。那麼，天子使者奉命前來時，侯氏當迎於外門外，以示尊崇，因此鄭玄
從今文本的「迎于外門外」。《儀禮》中，主人迎敵體、尊者於大門外（外門
外），主人迎卑者於大門內的記載，可參《禮經釋例》「凡迎賓，主人敵者于

〔註64〕清・胡承珙：《儀禮古今文疏義》，《續清經解三禮類彙編（三）》，卷 487，頁
2106。

〔註65〕據《禮記・曾子問》：「有司所授舍，則公館已」，清人胡培翬更指出「館舍通
稱」。見氏著：《儀禮正義・覲禮》，第 2 冊，卷 20，頁 1270。

〔註66〕《儀禮・覲禮》，賈疏，卷 26 下，頁 320。

〔註67〕《儀禮・聘禮》，卷 20，頁 240。

大門外，主人尊者于大門內」條〔註68〕。

例二：凡堂上之拜，皆北面。

　　《儀禮·鄉飲酒禮》「主人獻介」章，「主人介右北面拜送爵。」鄭注：

　　　　今文無北面。（《儀禮》鄭注，卷9，頁89）

胡承珙說：

　　　　案凡堂上之拜，皆北面。此主人獻介時西南面，介既北面拜受
　　爵（按上文云「介西階上立。主人實爵，介之席前西南面獻介。介
　　西階上北面拜」），主人當北面拜送爵。凡拜者同面，若無「北面」，
　　嫌于主人尚西南面，故鄭從古文。〔註69〕

由於「堂上之拜，皆北面」，主人西南面獻介，介北面拜受爵，爲免主人仍爲
西南面的誤會，因此鄭玄從古文本的「北面拜送爵」。關於《儀禮》中的堂上
北面拜，可參《禮經釋例》「凡門外之拜皆東西面，堂上之拜皆北面」〔註70〕
條。

例三：凡君使人弔、襚、賵，主人（士）皆拜稽顙成踊。

　　《儀禮·士喪禮》「君臨視大斂之儀」章，「君坐，撫當心。主人拜稽顙，
成踊，出。」鄭注：

　　　　今文無成。（《儀禮》，鄭注，卷37，頁437）

胡承珙：

　　　　案上文君使人弔，云「弔者致命，主人哭，拜稽顙，成踊。」
　　注：「成踊，三者三。」疏引〈曾子問〉：「三者三，凡九踊也。」蓋
　　主人於君之弔、襚、賵，及臨大斂，無不拜稽顙成踊者，則此踊亦
　　當言「成」，故從古文。〔註71〕

士喪禮，君使人弔，有古文本的「成踊」、今文本的「踊」；君使人襚，經文
言「主人如初」；若君臨視大斂，君哭，「主人哭，拜稽顙，成踊」，君撫死
者，則有古文本的「成踊」，與今文本的「踊」；君使人賵，經文言「主人哭，

〔註68〕清·凌廷堪：《禮經釋例·通例上》，卷1，頁71～74。

〔註69〕清·胡承珙：《儀禮古今文疏義》，《續清經解三禮類彙編（三）》，卷481，頁
　　　　2076。

〔註70〕清·凌廷堪：《禮經釋例·通例上》，卷1，頁87～90。按：此條的辨正，可
　　　　參葉國良師〈論凌廷堪的《禮經釋例》〉，《禮學研究的諸面向》，頁95～97。清·
　　　　黃以周《禮書通故·相見禮通故第二十一》，第3冊，頁968。

〔註71〕清·胡承珙：《儀禮古今文疏義》，《續經解三禮類彙編（三）》，卷489，頁2119。

拜稽顙，成踊」。〔註72〕是則，君臨視大斂、使人贈，古今文本皆言「成踊」。

　　就禮數而言，小斂前「唯君命出」，主人因國君之命而出室，行「三者三」的成踊禮，並向向其他賓客行特拜或旅拜。〔註73〕相較之下，禮數完整的成踊，表示國君之尊有別於其他賓客，如淩廷堪即據此指出「凡君使人弔襚贈，主人皆拜稽顙成踊，非君之弔襚贈則拜而不踊。」〔註74〕君若臨視大斂撫死者，今文本言主人「踊」，古文本言主人「成踊」。鄭玄從古文本，胡培翬解釋說：

　　　　凡君使人弔、襚、贈，無不拜稽顙、成踊。下拜大夫後至者，
　　亦成踊，則此亦當言「成」，故從古文也。〔註75〕

從「凡君使人弔、襚、贈，無不拜稽顙、成踊」的固定流程來看，胡氏認為連大夫後至者，主人都行成踊之禮，則國君親臨大斂，亦當成踊。以此觀之，鄭玄之所以選擇古文本的「成踊」，不僅有「固定的禮儀進程」概念，亦具身分尊卑的考量。

五、辨正舊說

　　基於各種因素，導致文獻流傳產生問題。規則的必然性，適提供辨正舊說的切入角度。茲舉三例說明：

例一：凡宗廟之禮，黍曰薌合。〔註76〕

　　《儀禮·士虞禮·記》始虞祝辭：「敢用絜牲、剛鬣、香合、嘉薦、普淖、明齊溲酒，哀薦祫事。」鄭玄注「香合」說：

　　　　黍也。大夫、士於黍稷之號，合言「普淖」而已。此言「香合」，
　　蓋記者誤耳。辭次，黍又不得在薦上。（《儀禮》，鄭注，卷 43，頁
　　508）

鄭玄分別從兩方面說明「記」文所載的「香合」為誤：其一，大夫、士階層合稱黍稷為「普淖」，而不單稱黍或稷。其二，依照「祭以牲為主」〔註77〕，

〔註72〕《儀禮》，〈士喪禮〉，卷 35，頁 411、436～437；〈既夕禮〉，卷 29，頁 461。
〔註73〕清·胡培翬：《儀禮正義·士喪禮》，第 3 冊，卷 26，頁 1659。
〔註74〕清·淩廷堪：《禮經釋例·變例》，卷 8，頁 412～413。按：清人胡培翬亦承
　　　此說，見氏著：《儀禮正義·士喪禮》，第 3 冊，卷 28，頁 1785。
〔註75〕清·胡培翬：《儀禮正義·士喪禮》，第 3 冊，卷 28，頁 1786。
〔註76〕《禮記·曲禮下》，卷 5，頁 98。
〔註77〕《儀禮·士虞禮》，賈疏，卷 43，頁 508。按：孔穎達也指出：「此等諸號，

祝辭數物皆以牲、肉類爲先，表明盛饌以歆神的誠心。即使出現「香合」，祝辭的順序亦不當在脯醢的「嘉薦」之前。此依各階層禮異的觀念，以及祭禮祝辭的特質，指出「記」文之誤。

例二：凡堂下拜，以北面爲敬。

〈特牲饋食禮〉「無算爵」章，「舉觶者皆復位，答拜。長皆奠觶于其所，皆揖其弟子，弟子皆復其位。」鄭玄注：

> 凡堂下拜，亦皆北面。（《儀禮》，鄭注，卷 46，頁 544）

經文不著儀節面位，鄭玄特別補充說明。〔註78〕鄭玄以全稱「凡……，皆……」的方式說明，賈公彥進而補述主人酬賓、弟子舉於其長、旅酬至無算爵，皆北面拜。〔註79〕然而，凌廷堪考察《儀禮》中的堂下拜，卻出現例外情形，如〈鄉射禮〉司馬獻獲者時「西面拜送爵」、司射獻釋獲者，「釋獲者東面拜受爵」；〈特牲饋食禮〉主人獻賓，「西面拜」；〈有司徹〉主人獻賓，「南面拜眾賓」等，從而指出：

> 此皆堂下拜，有東面、南面、西面之不同，不皆北面。然堂下
> 再拜稽首，類多北面者，則堂下之拜以北面爲敬也。〔註80〕

職是，「堂下拜，北面」是大多數情形，鄭玄的用語不周。

例三：凡入門，將右曲，揖；北面曲，揖；當碑，揖；謂之三揖。〔註81〕

〈士冠禮〉「迎賓及贊冠者入」章，「至于廟門，揖入。三揖。」鄭注：

> 入門，將右曲，揖；將北曲，揖；當碑，揖。（《儀禮》，鄭注，
> 卷 1，頁 19）〔註82〕

入門後將右曲、將北曲至堂塗、當碑時，各一揖，是爲三揖。賈公彥則爲之括例：

> 凡入門三揖者，以其入門，賓、主將欲相背，故須揖。賓、主
> 各至堂塗，北面相見，故亦須揖。至碑，碑在堂下，三分庭之一，

若一祭並有，則舉其大者牲牢、酒齊而言，不應諸事皆道，……或唯有雞犬，或唯魚兔及水酒韭鹽之祭，則各舉其美號，故此經備載其名。」見《禮記·曲禮》，孔穎達正義，卷 5，頁 99。

〔註78〕清·胡培翬：《儀禮正義·特牲饋食禮》，第 3 冊，卷 35，頁 2175。

〔註79〕《儀禮·特牲饋食禮》，賈疏，卷 46，頁 545。

〔註80〕清·凌廷堪：《禮經釋例·通例上》，卷 1，頁 93。

〔註81〕清·凌廷堪：《禮經釋例·通例上》，卷 1，頁 80。

〔註82〕此又見於〈士昏禮〉，鄭注，卷 4，頁 40；〈鄉飲酒禮〉，鄭注，卷 8，頁 86；〈聘禮〉，鄭注，卷 20，頁 243。

在北，曲庭中之節，故亦須揖。……三者，禮之大節，尊卑同，故
〈鄉飲酒〉、〈鄉射〉、〈聘禮〉、〈公食大夫〉皆有此三揖之法，但《注》
有詳略耳。（《儀禮》，賈疏，卷4，頁40）

賈氏指出三揖為行禮的重要關鍵，不論尊卑皆有之。元人敖繼公說：

三揖者，於入門左右之位揖，參分庭一在南揖，參分庭一在北
揖。凡經言「揖入，三揖」者，放此。〔註83〕

於入門揖之後，再三分中庭，於南、北各一揖，而為三揖。敖說三分庭一在
北，相當於碑的位置，與鄭、賈同，而「參分庭一在南」則異於前人堂塗之
說。

　　針對前人的說法，後人分別從禮儀、禮意二方面進行補充或更正。禮儀
的部分，賈公彥指出〈聘禮〉、〈公食大夫禮〉主尊賓卑的情形下，亦行三揖。
問題是〈聘禮〉聘享時，公與聘賓從大門至廟門前，「每門每曲揖」，至廟時，
公先入「中庭」〔註84〕等候，並未與賓一同入廟，該如何與賓進行「將右
曲」、「將北曲」之揖？淩廷堪以為此節疏文，刊本錯誤不可讀，因而重新復
原儀式過程：

詳其意，蓋謂入門將曲揖者，公先在庭南，賓既入門，將曲，
揖主君；賓既曲北面，又揖主君。二者主君皆向賓揖之，再揖訖，
主君亦東面向堂塗，曲而北行，當碑，乃得賓主相向而揖。〔註85〕

公先揖入，於庭南候賓；當賓入行「將右曲」、「將北曲」之揖時，公皆與之
行揖禮；在「將北曲」揖之後，公從中庭走至堂塗，與賓行「當碑」之揖，
以作為「君行一，臣行二」的具體表徵。淩氏認為敖繼公之說不僅乖違鄭注，
亦失卻禮意，故「不可從也。」〔註86〕

　　〈公食大夫禮〉、〈聘禮〉均為諸侯與外臣（受命之使）行禮，〈公食大夫
禮〉公與賓至廟門時，公先揖、入，其三揖之禮當與〈聘禮〉同。〔註87〕〈聘

〔註83〕元‧敖繼公：《儀禮集說》，《通志堂經解》，第33冊，卷1，頁18916。
〔註84〕《儀禮‧聘禮》，卷20，頁242。
〔註85〕清‧淩廷堪：《禮經釋例‧通例上》，卷1，頁80～81。按：賈公彥之說經阮
　　　　元校勘，所得之儀節，與淩氏復原者同，「謂公先在庭南面，賓既入門，至將
　　　　曲之時、既曲北面之時，主君二者皆向賓揖之。再揖訖，主君東面向堂塗，
　　　　北行，當碑，乃得賓主相向而揖。是以得君行一，臣行二，非謂即『君行一，
　　　　臣行二』也？」見《儀禮‧聘禮》，卷20，頁244、247～248。
〔註86〕清‧淩廷堪：《禮經釋例‧通例上》，卷1，頁82。
〔註87〕淩廷堪以為二禮「小異」，然未指出相異之處及其原因。見氏著：《禮經釋例‧

禮〉之賓爲代君行事，其所受之禮折衷於人臣、國君之間。人臣則如〈燕禮〉、〈大射〉受小臣命，進入庭中，公降一階，揖。〔註88〕可知君臣禮無三揖。諸侯（國君）之間，則當如敵體者行三揖。〈聘禮〉聘賓兼具臣子與國君代表的雙重身分，所以折衷行禮，故公俟於中庭，行三揖禮。是以賓主體敵之三揖，則如賈氏所言；主尊賓卑，則如凌氏所述。至於〈燕禮〉、〈大射〉爲君臣禮，無三揖之法。

　　禮意的部分，黃以周質疑賈公彥以賓主之相背、相見作爲行三揖的理由：從大門至廟門，難道賓主亦行每曲揖之禮？〔註89〕於是黃氏重釋入門揖、三揖之意：

　　　　　每門揖，請入也；每曲揖，請折也；當碑揖，近階也。〔註90〕

易言之，行揖禮具有謙讓賓客先行、提醒賓客注意轉彎、近階梯之意；而賓客行揖答謝主人殷勤厚意，同時也請主人小心注意。此說較近禮意。

第二節　界定禮制

　　鄭玄、賈公彥、凌廷堪認爲《儀禮》爲周公所制定，且《儀禮》一書的內容皆爲禮儀規則（即特定人物在固定的時間、地點，按照固定的步驟、器服，進行應有的禮儀行爲）。根據規則必然性的概念，運用互見、比類、推次等方法，將可辨別不同的禮文現象，如階級異制、職官制度、用辭差異等。

一、界定階級禮數

　　運用互見、類比乃至推次法的前提之一，在於明確的分類。所謂的類，如以階級作爲區別，「王命諸侯，名位不同，禮亦異數」〔註91〕，「名」決定個人在禮儀活動中的「位置」，「任事然後爵之，位定然後祿之」，有爵始有位，有位而後得其祿，如〈燕禮〉君臣就位時，國君在阼階上，諸臣在堂下：

　　　　卿、大夫皆入門右，北面東上。士立于西方。東面北上。祝、
　　　　史立于門東，北面東上。小臣師一人，在東堂下，南面。士旅食者，

　　　　通例上》，卷1，頁81。
〔註88〕《儀禮》，〈燕禮〉，卷14，頁160；〈大射〉，卷16，頁191。
〔註89〕清·黃以周：《禮書通故·相見禮第二十一》，第3冊，頁966。
〔註90〕清·黃以周：《禮書通故·相見禮第二十一》，第3冊，頁966。
〔註91〕《左傳》莊公十八年，卷9，頁159。

立于門西東上。（《儀禮》，卷 14，頁 160）

身分，決定站的位置。因此「唯器與名，不可以假人」〔註92〕，禮器、名稱代表個人身分與社會地位，及其相應的義務；若輕易地更替，將使社會秩序蕩然無存。漢人「推士禮而致於天子」，之所以可能，即在於明確的士、大夫、卿、諸侯、天子的階級區分。《禮記・中庸》：

> 子曰：「武王、周公其達孝矣乎！夫孝者，善繼人之志，善述人之事者也。……旅酬下爲上，所以逮賤也。」（《禮記》，卷 52，頁 886～887）

鄭注：

> 「旅酬下爲上」者，謂若〈特牲饋食〉之禮，賓弟子、兄弟之子，各舉觶於其長也。（《禮記》，卷 52，頁 887）

〈中庸〉原文主於武王、周公廟祭禮，鄭玄卻以士人〈特牲饋食禮〉解之，實出於士卑，不嫌與君同，故不引大夫禮的〈有司徹〉。〔註93〕《禮記・喪大記》：「君沐粱，大夫沐稷，士沐粱。」鄭注：

> 〈士喪禮〉沐稻，此云「士沐粱」，蓋天子之士也。以差率而上之，天子沐黍與？（《禮記》，鄭注，卷 44，頁 770）

天子、諸侯之下，皆有士。鄭玄認爲《儀禮・士喪禮》沐稻之士爲諸侯之士，〔註94〕則此沐粱者當爲天子之士。同時，以禮有定制、禮制等差的觀點而言，鄭玄推論天子或當沐黍。孔穎達說：

> 黍稷相對，稷雖爲重，其味短，故大夫用之。黍則味美而貴，……故天子用之。無正文，故疑而云「與」也。（《禮記》，孔穎達疏，卷 44，頁 771）

孔穎達指出鄭玄並無文獻依據而推論天子沐黍。可知此爲應用禮儀的固定規則，判斷經文已載的內容或推知未載儀節。在階級身分與禮儀相對應的概念下〔註95〕，各階級固定的禮制，適提供解經的進路。

〔註92〕《左傳》成公二年，卷 25，頁 422。

〔註93〕清・凌廷堪：《禮經釋例・飲食之例上》，卷 3，頁 198。

〔註94〕詳參《儀禮・士喪禮》，賈疏，卷 35，頁 408。

〔註95〕德國社會學家 Norbert Elias 根據十四世紀後的歐洲貴族和平民，由於身分不同，在餐桌禮儀、吐痰、擤鼻涕等相同行爲，發展出不同的行爲方式。可知同一行爲，由不同階級、身分者施行時，將有不同的方式。見 Norbert Elias 著，王佩莉譯：《文明的進程（一）：文明的社會起源和心理起源的研究》（北京：三聯出版社，1998 年），頁 161～266。

例一：《周禮》曰：「凡諸侯之卿，其禮各下其君二等。」

《儀禮‧聘禮》「賓至境迎入」章，鄭注：

聘禮，上公之使者七介，侯伯之使者五介，子男之使者三介，以其代君交於列國，是以貴之。《周禮》曰：「凡諸侯之卿，其禮各下其君二等。」（《儀禮》，鄭注，卷 19，頁 231）

卿代表國君，往來列國，介的人數、賓主之間的距離等待遇低於國君二等。〔註96〕當他國關人問從者幾人，而以介的人數作答時，表示不僅表示使者（聘賓）的身分，亦可知出聘國君的階級。

目前所見，此例的應用情形有三：

首先，根據介的人數，推論行禮者的身分。介的人數見於禮書者，如：

（1）《周禮‧秋官‧大行人》諸侯親見天子：上公九介，侯伯七介，子男五介。「凡諸侯之卿，其禮各下其君二等。」（《周禮》，卷 37，頁 562）

（2）《禮記‧聘義》：「聘禮：上公七介，侯伯五介，子男三介。」（《禮記》，卷 63，頁 1037）

（3）《儀禮‧聘禮》：「上介奉束錦，士介四人，皆奉玉、錦束。」（《儀禮》，卷 21，頁 252）

第（1）、（2）條記載的介數不同，而第（1）條又明言爲諸侯親見天子，因此鄭玄根據「凡諸侯之卿，其禮各下其君二等」，臣子出使的介數較國君減二，判斷第（2）條《禮記‧聘義》所載爲「使卿出聘之介數也」。〔註97〕第（3）條運用「凡諸侯之卿，其禮各下其君二等」之例，已知〈聘禮〉爲臣子出使、介有五人，可推知出聘國君的身分爲侯伯，臣子爲眾臣中身分最高的卿。又，〈禮器〉指出「大夫五介五牢」，鄭玄說：

「大夫五介五牢」者，侯伯之卿使聘者也。《周禮》：上公九介九牢，侯伯七介七牢，子男五介五牢。〈聘儀〉所云：「上公七介，侯伯五介，子男三介」，乃謂其使者也。（《禮記》，鄭注，卷 23，頁 451）

根據《周禮》的上公九介九牢、侯伯七介七牢、子男五介五牢之制，和「君

〔註96〕其他禮節，則因使者的爵位而定。見《周禮‧秋官‧大行人》，鄭注，卷 37，頁 564。

〔註97〕《禮記‧聘義》，鄭注，卷 63，頁 1027。

為臣使，各降其君二等」的降殺之法，鄭玄推知〈禮器〉所說的「大夫五介五牢」，指的是侯伯之卿。

其次，根據此例，推算賓與上擯之間的距離。〈大行人〉載朝位，賓主之間，上公九十步，侯伯七十步，子男五十步。若卿禮下其君二等，則〈聘禮〉為侯伯使者，賓與上擯之間的距離當為五十步。〔註98〕

第三，據「卿禮下其君二等」之例，推算擯者的人數。參照敖繼公的說法，並引〈大行人〉「凡諸侯之卿，其禮各下其君二等，卿擯一人」，凌廷堪反推〈聘禮〉主君之擯者，當有上擯、承擯、紹擯三人；而聘賓問卿，卿使下大夫一人為擯者。〔註99〕是則，凌廷堪又應用此例解決國君擯者人數的問題。

例二：士有上、中、下三等。

〈士冠禮〉「冠日陳設」章，「玄端，玄裳、黃裳、雜裳可也。」鄭注：

> 玄端，即朝服之衣，易其裳耳。上士玄裳，中士黃裳，下士雜裳。（《儀禮》，鄭注，卷2，頁16）

經文說士人玄端服，可著玄裳、黃裳、雜裳。鄭玄以階級異制的觀點，指出上士著玄裳、中士黃裳、下士雜裳。賈公彥首先指出三等士著三種裳，「此無正文」，屬於鄭玄個人的看法；接著說明玄是天色，黃是地色，天尊地卑，因此上士服玄，中士服黃，下士服雜色。〔註100〕

鄭玄同樣以士分三等的概念解釋〈特牲饋食禮·記〉的服制，經文載：「唯尸、祝、佐食，玄端，玄裳、黃裳、雜裳可也，皆爵韠。」鄭注：

> 與主人同服。周禮，士之齊服有玄端、素端。然則，玄裳上士也，黃裳中士，雜裳下士。（《儀禮》，鄭注，卷46，頁547）

據《周禮》，士人吉祭齋服為玄端，「札荒有所禱請」之齋戒著素端，故知素端乃連言之，無關此處吉祭的經文。周朝四命以上的階級，齋戒、祭祀異冠；

〔註98〕《儀禮·聘禮》，賈疏，卷20，頁241。

〔註99〕清·凌廷堪：《禮經釋例·賓客之例》，卷6，頁329。按：敖繼公認為〈聘禮〉但言上擯、承擯、紹擯而不言人數，則「諸侯之擯者三人而已，不以己爵及朝聘者之尊卑而異，所以別於天子也。」見氏著：《儀禮集說》，收入《通志堂經解》，第33冊，卷8，頁19094。又按：賈氏據《周禮·秋官·大行人》與鄭玄之說，推論鄭玄認為公之擯者五人，侯伯擯者四人，子男擯者三人（見《儀禮·聘禮》，賈疏，卷20，頁241）。若綜合鄭玄、賈公彥、凌廷堪的說法，則〈聘禮〉主國之君當為子男之爵。

〔註100〕《儀禮·士冠禮》，賈疏，卷2，頁16。

士在四命以下，齋戒與祭祀應同冠，故鄭玄以士分三等的規則推論若爲上士則著玄端玄裳，中士則玄端黃裳，下士則玄端雜裳。〔註101〕

此外，〈既夕禮〉「豫於祖廟陳饌」章，「夙興，設盥于祖廟門外。」鄭注：

> 祖，王父也。下士祖禰共廟。（《儀禮》，鄭注，卷38，頁448）

〈既夕禮〉「記：二廟者啓殯先朝禰之儀」章，「其二廟，則饌于禰廟，如小斂奠。」鄭注：

> 士事祖廟，上士異廟，下士共廟。（《儀禮・既夕禮・記》，鄭注，卷41，頁484）

經文記載一廟之士朝祖廟，「記」文另載二廟之士朝祖、禰，鄭玄根據「士分三等」的觀點，認爲朝二廟者爲上士，一廟者爲下士。根據《禮記・祭法》：「適士二廟，官師一廟。」鄭玄說：「官師，中士、下士。」那麼，中士亦爲一廟者。

例三：士二鬲，則大夫四、諸侯六、天子八，與簋同差。

《儀禮・士喪禮》「設重」章，「夏祝鬻餘飯，用二鬲于西牆下。」鄭注：

> 士二鬲，則大夫四，諸侯六，天子八，與簋同差。（《儀禮》，鄭注，卷36，頁423）

賈公彥疏：

> 云「士二鬲，則大夫四、諸侯六、天子八，與簋同差」者，亦無正文。鄭言之者，以其同盛黍稷，故知同差也。案〈特牲〉用二敦，〈少牢〉用四敦，同姓之大夫、士用簋，故皆以簋言之。〈明堂位〉云「周之八簋」，《詩》云「陳饋八簋」，皆天子禮，自上降殺以兩，明諸侯六。〈祭統〉諸侯禮而云「四簋黍」，見其脩於廟中也。二簋留陽厭不用餕，故不言也。（《儀禮》，賈疏，卷36，頁423）

賈氏所言，要點如下：一，鄭玄之言並無文獻根據，而簋、鬲的階級等差之數當同的原因，在於二者「同盛黍、稷」。二，〈特牲饋食禮〉與〈少牢饋食禮〉若主祭者爲同姓大夫用四簋、士用二簋，〈明堂位〉與《詩》載天子八簋，按照「降殺以兩」的方式，可推知諸侯六簋。〔註102〕三，賈氏闡明鄭玄的說法後，亦留意到〈祭統〉諸侯禮而爲四簋，似爲例外。因而指出〈祭統〉有二簋留作陽厭之用，經文未載，故諸侯禮仍爲六簋。

〔註101〕以上據《儀禮・特牲饋食禮・記》，賈疏，卷46，頁547。
〔註102〕《禮記・祭統》孔穎達疏（卷49，頁831），亦從鄭玄「天子八簋」之說。

據上所述，復參《禮記・喪大記》鄭注：「以差率而上之，天子沐黍與？」〔註103〕可知具有必然性的禮儀規則，當是運用「降殺以兩」之推次法的重要關鍵。

例四：士腊用兔。

《儀禮・既夕禮》「葬日陳大遣奠」章，「魚、腊、鮮獸皆如初。」鄭注：

> 鮮，新殺者。士腊用兔。（《儀禮》，鄭注，卷39，頁464）

賈疏：

> 必知士腊用兔者，雖無正文，案〈少牢禮〉「大夫腊用麋」，鄭云「大夫用麋，士用兔與？」以無正文，故云「與」以疑之。此亦云「士腊用兔」，雖不云「與」，亦同疑可知。但士腊宜小，故疑用兔也。（《儀禮》，賈疏，卷39，頁464）

可知二點：一，〈少牢饋食禮〉經文言「大夫腊用麋」，鄭玄遂推論「士用兔與？」此從階級尊卑有別的觀點，界定禮數。二，鄭注〈少牢饋食禮〉「士用兔與？」「與」字表示疑問、未定之意。而〈既夕禮〉此章，鄭玄說：「士腊用兔」，直接以敘述句呈現，轉為肯定的用法。然而，賈公彥指出此說「無正文」，可知鄭玄所說的部分禮儀規則，來自於個人推論，並復用此推論而得之例解釋其他經文。

例五：凡天子、諸侯、卿大夫既虞，士卒哭，而受服。

〈喪服〉成人大功，「大功布衰裳，牡麻絰，纓布帶，三月，受以小功衰，即葛。」「傳曰：大功布九升，小功布十一升。」鄭注：

> 凡天子、諸侯、卿大夫既虞，士卒哭，而受服。正言三月者，天子、諸侯無大功，主於大夫、士也。（《儀禮》，鄭注，卷37，頁371）

服喪者以漸除服，經文言服大功三月後，去牡麻絰帶而就小功之葛絰帶，至九月後除之。鄭玄此例說明天子至士變服的時機。天子、諸侯、卿、大夫既虞受服，士卒哭受服。〔註104〕然而，天子諸侯絕旁期，無大功之服；〔註105〕

〔註103〕《禮記・喪大記》，鄭注，卷44，頁770。

〔註104〕清・胡培翬：《儀禮正義・喪服》，第2冊，卷23，頁1489。

〔註105〕賈公彥：「天子諸侯絕旁期，無此大功喪。以此而言，經言『三月』者，主於大夫、士三月葬者。若然，大夫除死月，數亦得為三月也。」見《儀禮・喪服》，賈疏，卷37，頁371。

據《禮記》〈王制〉、〈雜記〉，大夫三月而葬，葬即返家行虞禮，〔註106〕則大夫「既虞」受服，與士同爲「三個月」受服，故鄭玄指出此條除服的經文「主於大夫、士。」

值得留意的是，上述例三、例四、例五，不僅運用各階級有其固定禮數的觀點，辨別各類禮文現象。同時，從經、注的對話性來看，鄭玄的部分說法與經文無直接關係或「無正文」可爲佐證，而鄭玄之所以特別說明，乃是爲了彰顯各階層階序性的禮文，有意延伸、補充經文的不足。

二、界定職官制度

鄭玄認爲《儀禮》、《周禮》皆爲周公之書，《周禮》內容以官制爲主，在同一作者的概念下，鄭玄、賈公彥屢引《周禮》解釋《儀禮》的職官，以補充《儀禮》對於官員職責敘述的不足，並界定諸侯官制。

例一：諸侯禮降於天子，故宜使小臣相。

《儀禮・燕禮》告誡設具「燕禮。小臣戒與者。」鄭注：「小臣相君燕飲之法。……小臣則警戒告語焉，飲酒以合會爲歡也。」賈公彥說：

> 云「小臣相君燕飲之法」者，案《周禮・大僕》職云「王燕飲則相其法」，又案〈小臣〉職云「凡大事佐大僕」，則王燕飲，大僕相、小臣佐之。此諸侯禮降於天子，故宜使小臣相。是以下云「小臣師一人，在東堂下」，注云「師，長也」，小臣之長一人，猶天子大僕，正君之服位者也，是諸侯小臣當大僕之事。」（《儀禮》，賈疏，卷14，頁158）

依《周禮・夏官》〈大僕〉、〈小臣〉，天子燕飲，由大僕贊其事，小臣協助大僕行禮。賈公彥在「諸侯禮降於天子」的觀念下，認爲諸侯「宜使小臣相」，諸侯的小臣長，猶如天子的大僕。此條據《儀禮》、《周禮》經文，推次解釋諸侯飲酒禮的職官。

例二：凡諸侯入王，則逆勞于畿。

《儀禮・覲禮》王使人郊勞「至于郊，王使人皮弁用璧勞。」鄭注：

〔註106〕《禮記・王制》載天子七月而葬，諸侯五月而葬，大夫、士及庶人三月而葬。（卷12，頁239）〈雜記〉：「士三月而葬，是月也卒哭。大夫三月而葬，五月而卒哭。諸侯五月而葬，七月而卒哭。」鄭注：「天子至士，葬即反虞。」（卷43，頁749）

郊，謂近郊，去王城五十里。〈小行人職〉曰：「凡諸侯入王，則逆勞于畿」，則郊勞者，大行人也。（《儀禮》，鄭注，卷 26 下，頁 318）

經文僅言「王使人」郊勞，但未言使者的身分，鄭玄據〈小行人〉勞侯氏於王畿，〔註 107〕推測侯氏距王城五十里時，由大行人進行郊勞。大、小行人職務上的區別，出於「尊者宜逸」。〔註 108〕

例三：凡賓客之治，令訝聽之。

《儀禮・聘禮》歸饔餼於賓介，「明日，賓拜于朝，拜饔與餼，皆再拜稽首。」鄭注：

拜謝主君之恩惠於大門外。《周禮》曰：「凡賓客之治，令訝聽之。」（《儀禮・聘禮》，鄭注，卷 22，頁 263）

賓客從賓館至朝，往來之禮，皆由掌訝為引導、前趨。〔註 109〕聘賓在他國，由當地官員引導、陪伴，盡地主之誼。鄭玄引《周禮》闡明其官制。值得注意的是，《儀禮》中也有關於訝的記載，如〈聘禮・記〉云：「凡賓拜于朝，訝聽之」，〈公食大夫禮〉亦云：「明日，賓朝服拜賜于朝，訝聽之。」鄭玄卻引《周禮》為據，對於牽合二《禮》的意識非常明顯。

三、界定禮儀異語

經書用詞不一，注解者時以變文、異其文等詞解釋。清人俞樾曾指出鄭玄注解禮書，使用「通異語」、「文相變」等辭，皆為「互文以見義之例」。〔註 110〕以禮例的角度來看，儀節的步驟先後、行禮時間、地點、人物身分、禮器、禮服、動作、辭令等，皆具有規則的必然性，因此同一禮儀的記載，出現不同的

〔註 107〕 《周禮・夏官・職方氏》說：「乃辨九服之邦，國方千里曰王畿，其外方五百里曰侯服。」王畿內千里，國城周圍五百里為「王畿界」。因此小行人逆勞于畿當在五百里。見《周禮》〈夏官・職方氏〉，卷 33，頁 501；〈地官・載師〉，賈疏，卷 13，頁 198。

〔註 108〕 《儀禮・覲禮》，賈疏，卷 26 下，頁 318。

〔註 109〕 《儀禮・聘禮》，賈疏，卷 22，頁 263。

〔註 110〕 清・俞樾：「鄭注有云『通異語』者。〈文王世子〉篇：『庶子以族之無事者守於公宮，正室守太廟。』注云：『或言宮，或言廟，通異語。』又有云：『文相變』者，〈喪大記篇〉：『浴水用盆，沃水用枓，……沐用瓦盤。』注曰：『浴沐用枓，沐於盤中，文相變也。』亦皆互文以見義之例。」見氏著：《古書疑義舉例》，收入《古書疑義舉例五種》（北京：中華書局，2006 年 6 月再版），卷 1，頁 10。

辭彙時，可據此加以解釋，此即互文、變文、異其文等訓詁方式之所以能成立的原因之一。茲舉三例說明：

第一，〈鄉飲酒禮〉、〈鄉射禮〉、〈大射〉大師異稱。〈大射〉主人獻工，「工不興，左瑟，一人拜受爵。」

> 鄭注：「謂大師也。言一人者，工賤，同之也。」

> 賈疏：「〈鄉飲酒〉、〈鄉射〉云『大師則爲之洗』，則知此『一人』謂大師，不言大師，對君工賤，不異其文，故同之而云一人也。」

（《儀禮》，賈疏，卷 17，頁 199～200）

比較〈鄉飲酒禮〉、〈鄉射禮〉、〈大射〉三篇，大師有不同稱呼。賈氏認爲原因在於〈鄉飲酒禮〉、〈鄉射禮〉主人的身分爲士，而〈大射〉主人爲國君，對士而言，大師的身分較爲尊貴，可稱「大師」；對國君而言，大師則只是工，不須「殊其名號」，故稱「工」。

第二，《儀禮·士虞禮》設几用辭異於〈特牲饋食禮〉、〈少牢饋食禮〉。〈士虞禮〉「改饌陽厭」章，「祝反，入徹，設于西北隅，如其設也，几在南，扉用席。」鄭注：

> 几在南，變右文，明東面，不南面，漸也。（《儀禮》，鄭注，卷 42，頁 499）

賈疏：

> 云「几在南，變右文」者，上文陰厭時設几席「于室中，東面，右几」，今云「几在南」，明其同。必變文者，案〈少牢〉大夫禮陽厭時，南，亦「几在右」，此言「右几」，嫌與大夫同南面而右几，故變文云「几在南」。與前在奧同，故云「明東面」也。又以〈特牲〉云「祝筵几于室中，東面」，至於改饌，云「佐食徹尸薦俎，敦設于西北隅，几在南」，是與此同也。（《儀禮》，賈疏，卷 42，頁 499）

〈士虞禮〉陰厭、陽厭皆設几於右，然而，前者言「右几」，後者卻言「几在南」，用辭不同。賈公彥分別以大夫禮的〈少牢饋食禮〉陽厭、士禮的〈特牲饋食禮〉陽厭相較，指出：大夫吉祭的陽厭，經文言「几在右」。爲免大夫、士尊卑不分，因此變言士祭陽厭「几在南」，士吉祭、〈士虞禮〉陽厭皆然。可知賈公彥是以經文用辭不同反映（階級）尊卑有別的觀點，說明「几在南」、「右几」、「几在右」等異語問題。

第三，《儀禮》大夫、士祭禮中，賓的異稱問題。〈有司徹〉載上大夫在

正祭結束後，進行儐尸之禮。行禮過程中，上賓向尸獻酒時，「上賓洗爵以升，酌獻尸。」鄭注：「上賓，賓長也，謂之上賓，以將獻異之，或謂之長賓。」賈疏：

> 云「上賓，賓長」者，上文云「賓長設羊俎」，是此與上文「長賓」互見爲一人。云「謂之上賓，以將獻異之」者，言「長賓」，賓中長，尊稱輕。若言「上賓」，賓中上，尊稱重，故以將獻變言「上賓」。云「或謂之長賓」者，「或」，〈少牢〉文。案彼云「長賓洗爵，獻于尸」。此異之稱長上者，〈少牢〉尸有父尊，屈之，故但云「長賓」耳。若然，不儐尸亦云「長賓」。〈特牲〉云「賓三獻，如初」，又不言「長賓」者，士賓卑，又闕之。（《儀禮》，賈疏，卷 49，頁 589）

同樣是上大夫廟祭禮，〈少牢饋食禮〉經文稱「賓長」，或長賓，而〈有司徹〉卻使用「上賓」一詞，鄭玄認爲是賓長即將向尸獻酒，故變異稱呼。賈氏承其說，從而發展出二個論點：第一，從行禮儀節辨別稱謂。正祭時，受祭的祖靈依附於尸〔註111〕，因此尸有「父尊」，故賓「屈之」而用「長賓」的名稱。正祭結束後的儐尸之禮，以對待賓客的禮儀向尸行禮，此時的尸，身分較接近生人飲酒禮的賓客，而非受祭的祖先。因此，賓得用「上賓」之稱，表示身分相對提高。第二，主人身分的尊卑，也反映在賓的稱呼上。士人之賓地位較低，因此〈特牲饋食禮〉經文不言「長賓」。下大夫正祭禮畢，送賓時，經文載：「眾賓出，主人拜送于廟門外，乃反。」賈公彥指出經文不特別著明「長賓」，乃因「下大夫賤，無尊賓，故不別其長也。」〔註112〕可知賈氏認爲異稱不僅涉及禮儀流程，亦反映主人身分尊卑。

第三節　補足禮文

禮儀規則具有必然性，面對相同或相近的條件，可以推知經文所未載的儀節，舉一反三〔註113〕，進而補足禮文。此即清人陳澧所言：「約與推次，皆

〔註111〕章景明：《周代祖先祭祀制度》（臺北：國立臺灣大學中國文學研究所博士論文，屈萬里教授、孔德成教授指導，1973 年），上冊，頁 104。

〔註112〕《儀禮・有司徹》，賈疏，卷 50，頁 605。按：此承鄭玄：「拜送賓者，亦拜送其長。不言『長賓』者，下大夫無尊賓也」而來（卷 50，頁 605）。

〔註113〕《儀禮・喪服》：「傳曰：問者曰：『中殤何以不見也？』『大功之殤，中從

所以補經也。」〔註114〕《儀禮注》、《儀禮疏》、《禮經釋例》中，運用禮例復原禮儀活動的情形，十分豐富，如文不具、省文、不言、可知、知、舉、互見、文略等，多屬此類。至於引用相關篇章加以證明者，亦時具復原禮儀活動的企圖。下文試從補足禮儀活動、器服之制二方面，觀察禮例的運用。

一、復原禮儀活動

本文分別從飲酒禮、喪服〔註115〕略舉數條，說明復原禮儀活動的情形。

（一）飲酒禮

《儀禮・士昏禮》「醴使者」章，賈疏：

> 此經云「坐奠觶，遂拜」，言遂者，因事曰遂，因「建柶，興，坐奠觶」，不復興，遂因坐而拜。〈冠禮〉禮子并醮子，及此下禮婦不言「坐奠觶，遂」者，皆文不具。〈聘禮〉賓不言拜者，理中有拜可知也。（《儀禮》，賈疏，卷4，頁41）

根據〈士昏禮〉使者受主人獻醴，坐奠觶「遂拜」的儀節，賈公彥應用互見的方法，認爲〈士冠禮〉禮子、醮子，〈士昏禮〉禮婦、〈聘禮〉國君禮賓等一系列「禮／醴」的儀節，經文雖不言拜，但「理中有拜」，推論當行拜禮。

〈鄉飲酒禮〉「主人酬賓」章，賈疏：

> 酬酒先飲，乃酬賓，故云「將自飲」。若然，既自飲而盥洗者，

上。小功之殤，中從下。」鄭注：「凡不見者，以此求之也」。（卷 32，頁 381）《儀禮・喪服》：「長殤、中殤降一等，下殤降二等。齊衰之殤，中從上。大功之殤，中從下。」鄭注：「凡不見者，以此求之。」（《儀禮・喪服》，卷 33，頁 390～391）。凌廷堪曾在〈復禮上〉說：「其篇亦不僅〈士冠〉、〈聘〉、〈覲〉、〈士昏〉、〈鄉飲酒〉、〈士相見〉也。即其存者而推之，而五禮舉不外乎是矣。」可知欲以現存的十七篇推致五禮的企圖。見氏著：《禮經釋例》，卷首，頁 60。吳廷燮：「雖由胡培翬學於廷堪，亦由《釋例》之作舉一反三，無所滲漏。如讀《禮經》類書，易令常人尋繹了解。」見氏著：〈凌廷堪《禮經釋例》提要〉，收入《凌廷堪全集》，第 4 冊，頁 311。而皮錫瑞則指出「凌氏作《禮經釋例》，於十七篇用功至深，故能知十七篇足以賅括一切禮文，即有不備，可以推致。」「禮由義起，在好學深思，心知其意者，即無明文可據，皆可以意推補。」清・皮錫瑞著：《經學通論・三禮》，頁 13、21。

〔註114〕清・陳澧：《東塾讀書記》，收入《陳澧集》，第 2 冊，卷7，頁 132。

〔註115〕喪服本爲服制，可列入「補足器服之例」。下文所舉之例偏重服制之有無、當著何服，即是否服喪（是否參與此禮）、喪期之長短（此禮進行時間的長短），而非服制本身，故暫歸此類。

禮法宜絜故也。若然，經云「賓降，主人辭」，應奠爵，不言者，理
在可知，故爲文略也。（《儀禮》，賈疏，卷9，頁88）

飲酒禮時，主人降堂盥洗，是爲了以潔淨表示禮遇的誠意。當主人持爵欲洗
時，賓亦降階，經文記載「主人辭」，而未云主人是否「奠爵」，按照男子拜
不執爵的規則，因此雖然「文略」，但賈公彥認爲「理在可知」，推知主人奠
爵而拜。

〈鄉飲酒禮〉「徹俎」章，賈疏：

云「司正升自西階，受命于主人」，此不言阼階上受。案〈鄉
射〉「司正升自西階，阼階上受命于主人，適西階上，北面，請坐於
賓」，則此亦同。彼云「主人曰『請坐于賓』」者，亦是使司正傳語
於賓也。（《儀禮》，賈疏，卷10，頁100）

此條按照〈鄉射禮〉補足〈鄉飲酒禮〉的細節有二：其一，〈鄉飲酒禮〉未
言司正是否於阼階上受主人命，據〈鄉射禮〉司正「阼階上受命于主人」，
知其亦同。其二，〈鄉飲酒禮〉未載主人使司正傳語於賓，據〈鄉射禮〉亦
可推知。

上述，賈公彥所說「理中拜可知也」、「理在可知」、「則此亦同」，明確
顯示應用禮例推論、復原禮儀。可見陳澧讚美賈公彥「熟於禮例，則可據例
以補經」〔註116〕，並非空穴來風。

（二）喪服

〈喪服〉「殤小功」章，「小功布衰裳，澡麻帶絰，五月者。」賈疏：

又，殤大功直言「無受」，不言月數。此直言月，不言「無受」
者，聖人作經，欲互見爲義。大功言「無受」，此亦無受。此言五月，
彼則九月、七月可知。又且下章（筆者按：成人小功）言「即葛」，
此章不言即葛，亦是兼見無受之義也。又不言布帶與冠，文略也。
不言屨者，當與下章同，吉屨無絇也。（《儀禮》，賈疏，卷32，頁
381）

賈氏以「殤小功」爲基準點，分別進行二方面的比較：其一，與殤大功比對
喪服制度與喪期月數。殤大功「無受」，指服喪期間不改著次一等的服制，
喪畢即除服。以殤大功的「無受」，推知殤小功亦無受。相對地，據殤小功

〔註116〕清・陳澧：《東塾讀書記》，收入《陳澧集》，第2冊，卷8，頁147。

的「五月」，可推知殤大功當爲七月，或爲九月。其二，與成人小功比對服制。據成人小功「即葛」、布帶與布冠、吉屨無鞋鼻，則殤小功亦同。這三種不同的服制，之所以能相互比勘，乃因其儀節性質相近，可歸爲一類。進而運用互見的觀點，以殤大功、成人小功爲據，可得知殤小功禮制的梗概。由殤小功的「五月」，推知殤大功當爲七月或九月，即比對同類儀節之詳略，進而辨其等次，屬於推次的應用。

又，《儀禮‧喪服》「成人小功」章，「君子子爲庶母慈己者。」「君子子」，指公子、大夫嫡妻之子。依禮，君子子受師、慈母、保的照顧養護。〈喪服〉記載庶母慈己者過世，君子子爲之服成人小功，以回報其恩惠。然而〈喪服〉並未說明君子子是否爲師、保服喪。鄭玄說：

> 不言師、保，慈母居中，服之可知也。（《儀禮》，鄭注，卷 33，頁 387）

賈公彥說：

> 周公作經，舉中以見上下，故知皆服之矣。（《儀禮》，賈疏，卷 33，頁 388）

慈母的位階在師、保之間，君子子爲慈母服喪，則可上下推知亦爲師、保服喪。此以慈母之喪，上下推次師、保二種喪制。〔註 117〕

又，〈喪服〉「緦麻」章，「族曾祖父母、族祖父母、族父母、族昆弟。」鄭注：「族曾祖父者，曾祖昆弟之親也。族祖父者，亦高祖之孫，則高祖有服明矣。」賈疏說：

> 云祖父之從父「昆弟之親」者，欲推出高祖有服之意也。以己之祖父與族祖父，相與爲從昆弟，族祖父與己之祖俱是高祖之孫，此四緦麻又與己同出高祖已上，至高祖爲四世，旁亦四世，旁四世既有服，於高祖有服明矣。鄭言此者，舊有人解見齊衰三月章，直見曾祖父母，不言高祖以爲無服，故鄭從下鄉上推之，高祖有服可知。（《儀禮》，賈疏，卷 33，頁 388）

經文未載高祖父之喪服。根據「族祖父」爲高祖之孫，於己爲旁系四世血親，有喪服，因而推論高祖於己亦爲四世，且屬於直系血親，亦當有服。

〔註 117〕值得注意的是，鄭注平實地陳述：「慈母居中，服之可知也」，而賈公彥則將焦點一轉，指出「周公作經，舉中以見上下」，強調經文的減省，乃周公有意爲之。

二、補足器服之制

例一：宮必有碑，所以識日景、引陰陽也。凡碑，引物者，宗廟則麗牲焉，
　　　以取毛血。

　　見於鄭注〈聘禮〉「歸饔餼於賓介」章，「陪鼎當內廉，東面，北上，上
當碑，南陳。」〔註118〕按照入門三揖「將曲揖、既北揖、當碑揖」之例，
及鄭玄所言「宮必有碑」，賈公彥認為〈士昏禮〉之廟、〈聘禮〉大夫、士之
廟、〈鄉飲酒〉與〈鄉射禮〉之庠序、〈燕禮〉諸侯之寢皆有碑。〔註119〕此
補足經文所未載者。宮必立碑的作用，在於識碑景之長短、斜正而知時辰與
季節（夏至影最長，冬至影最短）。碑除了識日景、引陰陽之外，宗廟之碑
亦繫牲，以取其毛血祭祀。〔註120〕〈祭義〉載：

> 祭之日，君牽牲，……卿大夫序從，既入廟門，麗于碑。卿大
> 夫祖而毛牛，尚耳，鸞刀以刲，取膟膋乃退。爓祭，祭腥而退，敬
> 之至也。（《禮記》，卷47，頁812）

牲繫於碑，卿大夫取其耳毛以告純，以鸞刀割其血與腸間脂肪獻祭，先祭腥，
後行「沈肉于湯」爓祭，為「敬之至」也。〔註121〕此例與〈聘禮〉經文內

〔註118〕《儀禮・聘禮》，卷21，頁255。

〔註119〕《儀禮・聘禮》，賈疏，卷21，頁255～256。

〔註120〕《詩・小雅・信南山》云：「以啟其毛，取其血膋。」（卷13～2，頁461）《國語・楚語下》觀射父論祀牲，「毛以示物，血以告殺，接誠拔取以獻具，為齊敬也。」韋昭注：「接誠於神也，拔毛取血，獻其備物也。」見《國語・楚語下》，卷18，頁565～566。《禮記・郊特牲》：「有虞氏之祭也，尚用氣。血、腥、爓祭，用氣也。」（卷26，頁507）、〈禮運〉：「玄酒以祭，薦其血毛，腥其俎，孰其殽。」（卷21，頁419）〈郊特牲〉「毛、血，告幽全之物也。告幽全之物者，貴純之道也。血祭，盛氣也。祭肺、肝、心，貴氣主也。」鄭注：「氣主，氣之所舍也。」（卷26，頁507）

〔註121〕取血祭祀為「敬之至」的用意，學者多以報本返古、近人情為褒釋之，即透過模仿先民「飲其血，茹其毛」的生活形態，祭祀祖先以求福祐。近代學者考察血祭的應用，認為血具有溝通天神的特殊功能，與玉同功。另一方面，古人相信血液中具有精氣，血腥之祭所以「不饗味」，乃因受祭者「貴氣也」，以新鮮、具有獨大精氣的血，來祭祀他界以精氣型態存有的鬼神，為祭祀者最誠摯的敬意。由於天子、諸侯宗廟、社稷之禮均以血為祭，故「社稷血食」、「宗廟血食」成為先秦乃至後代禮制用語，彰顯延續宗廟、保有國家之意。見《禮記・禮器》鄭注：「近人情者褻，而遠之者敬」（卷24，頁467）。《禮記・禮運》，卷21，頁417。張光直：〈從商周青銅器談文明與國家的起源〉，《中國青銅時代》（臺北：聯經出版事業有限公司，1990年11月初版），第二集，頁124。楊華：〈先秦血祭禮儀研究——中國古代用血制度研究之一〉，

容不相涉，而鄭玄發凡起例的用意，或因〈特牲饋食禮〉、〈少牢饋食禮〉爲「薦熟」的饋食禮，不血食；鄭玄不能逸出經文而爲之注，故於得用血食的諸侯禮發凡。

例二：《周禮》凡嫁子取妻，入幣，純帛無過五兩。

見於〈士昏禮〉「納徵」章鄭注。〔註 122〕一匹布有兩端，中分其匹，各從兩端卷而合之，雖爲一匹布而有兩卷，故謂之「兩」。〔註 123〕從「卷」來數「五兩」，即爲十端。鄭玄引用同是周公所著的《周禮・地官・媒氏》，補足《儀禮》所未言的束帛數量——五兩。

例三：凡衾制同，皆五幅也。

見於《儀禮・士喪禮》鄭注。〔註 124〕小斂的衣物中，祭服不能顛倒放，其他衣物和衾被則可。生前使用被識，而小斂所用的衾被以緇布爲表，裡爲紅色，不縫辨別前後的被識，「死者去之，異於生也」〔註 125〕。小斂無被識，易引發衾制是否改異之疑，故鄭玄應用《禮記・喪大記》「紟五幅，無紞」，說明衾制用五幅，不異於生，以補足經文。胡培翬認爲鄭玄發凡解釋衾制同用五幅，以示「無尊卑之分」〔註 126〕，亦可參。賈公彥說：

> 云「凡衾制同，皆五幅也」者，此無正文。〈喪大記〉云「紟五幅，無紞」，衾是紟之類，故知亦五幅。(《儀禮》，賈疏，卷 36，頁 423)

賈氏指出這條凡例並無文獻上的依據，鄭玄應用衾、紟同類的概念，「紟五幅」，推論衾亦當爲五幅。此說明禮文的補足，部分源自應用規則的必然性推論文獻所未載者。

《世界宗教》(2003 年第 3 期)。陳麒仰：《與巫術相關之周代禮俗探賾》，頁 54～62。按：陳氏認爲士、大夫盡量推遲殺牲的時間，以免將衰敗、散失的血作爲祭品(頁 62，注 151)。然而大夫、士之禮無朝踐之禮，始於薦熟，是爲「饋食」禮，而非血食。因此殺牲時間接近祭日，乃是爲了保持牲體的新鮮度，而非血。

〔註 122〕《儀禮・士昏禮》，卷 4，頁 42。

〔註 123〕王國維：《海寧王靜安先生遺書・釋幣》(臺灣：臺灣商務印書館股份有限公司，1976 年 12 月臺一版)，頁 2。按：關於幣的形制及使用場合，王書有詳細說明，另可參清・惠士奇：《禮說》，收入《景印文淵閣四庫全書》，第 101 冊，卷 2，頁 429。

〔註 124〕《儀禮・士喪禮》，鄭注，卷 36，頁 423。

〔註 125〕《禮記・喪大記》，鄭注，卷 45，頁 778。

〔註 126〕清・胡培翬：《儀禮正義・士喪禮》，第 3 冊，卷 27，頁 1718。

例四：凡裳，前三幅，後四幅也。

　　見於《儀禮・喪服・記》鄭注。〔註127〕古代男子服以上衣下裳爲主，燕居之深衣得衣裳相連。裳共七幅，每幅二尺二寸，視腰圍之寬窄而有摺疊（辟積）。前後分爲不相連的兩片，穿著時，先服後四幅，再服前三幅。〔註128〕經文云上衰向外折縫，下裳向內折縫，每幅布三個縐褶。由於「削幅」的緣故，爲避免服制是否因喪而變的疑惑，鄭玄發凡說明裳的幅數與平日相同。此條爲服制的通例，即便是死者沐浴後所襲之明・衣，「有前後裳」，亦爲前三幅，後四幅。又，敖繼公認爲「衣重而裳輕，變其重者，以示異足矣，故裳不必變也。」〔註129〕可備一說。

例五：凡婦人助祭者，同服也。

　　見於《儀禮・特牲饋食禮》鄭注。〔註130〕經文載筮日時，主人、子姓兄弟、有司等皆端玄，筮尸、宿尸、宿賓及視濯、視牲等儀節均如初服。相較於詳細的男子服，經文僅言士妻服，未載助祭之婦人服，故鄭玄發凡說明祭祀當日二者同服。

　　然而，〈特牲饋食禮〉祭祀當日，「主人服如初」，鄭注：「主人服如初，則其餘有不玄端者。」〔註131〕當經文只說主人服如初（玄端服），便知其他人或有不著玄端者。那麼，經文也只說主婦之服，鄭玄卻認爲其他助祭婦人之服亦同，何故？或許是鄭玄參照〈特牲饋食禮〉敘述筮日、筮尸等儀節時，群兄弟、有司之服皆同於主人，兼及〈少牢饋食禮〉主婦、主婦贊者均髲鬄衣移袂，故推論〈特牲饋食禮〉助祭婦人服同於士妻。〔註132〕賈公彥則進一步參照《周禮・春官・內司服》說明天子、諸侯、王后以下助祭者皆異服，呈現尊卑等差，而「大夫、士卑服窮則同也」。〔註133〕

〔註127〕《儀禮・喪服・記》，鄭注，卷34，頁401。

〔註128〕清・黃以周：《禮書通故・衣服通故二》，第1冊，頁128。

〔註129〕元・敖繼公：《儀禮集說》，《通志堂經解》，第33冊，卷11，頁19210。郝敬從而申說：「衰以摧爲義，裳以常爲義，衣貴裳賤，衣變裳不變也。」見氏著：《儀禮節解》，《續修四庫全書》，卷11，頁719。

〔註130〕《儀禮・特牲饋食禮》，鄭注，卷44，頁524。

〔註131〕《儀禮・特牲饋食禮》，鄭注，卷44，頁523。

〔註132〕淩廷堪承鄭玄之說，見《禮經釋例・器服之例下》，卷12，頁629～631。

〔註133〕《儀禮・特牲饋食禮》，賈疏，卷44，頁524。按：胡培翬、秦蕙田皆從之，詳參胡培翬：《儀禮正義・特牲饋食禮》，第3冊，卷34，頁2111。

第四節　貫通經籍

　　禮是先秦貴族「一切生活之方式」，約言之，「當時列國君大夫所以事上、使下、賦稅、軍旅、朝覲、聘享、盟會、喪祭、田狩、出征，一切以爲政事、制度、儀文、法式者莫非『禮』。」〔註134〕從實踐的觀點來說，禮例是社會長期共同遵守的行爲規則。每一套禮儀、每一個細微的儀節，皆有固定且形成共識的規矩，人們方能以此互動、溝通，而不致引起誤解或敵意。禮與禮例，可視爲社會文化的積澱。藉由禮儀規則的必然性，印證不同經籍記載的禮儀實踐，將可溝通各典籍的內容，形成互饋循環並深化經學詮釋的系統。〔註135〕就方法而言，相互引用、印證經書，乃出自分類、互見的觀點：引用制度甲而非制度乙，正因爲制度甲和經文具有共同點或相似性。如《儀禮·聘禮》：「公問君」，鄭注：

　　　　蘧伯玉使人於孔子，孔子問曰：夫子何爲？此公問君之類。
　　（《儀禮》，鄭注，卷8，頁254）

主國之君向聘賓問候聘君近況，猶如孔子向使者問候蘧伯玉。基於同或異的分類，選擇性地引用經典中相同或相近的說法加以解釋。〔註136〕於是，經籍之間彼此相互涵攝而得以貫通，亦部分源自於禮制的互見、比類。

　　引用禮例解釋《儀禮》經文，是直接研究《儀禮》的方式。引用《儀禮》解釋其他經籍，或引用其他經籍解釋《儀禮》，以界定《儀禮》和群書的關係，則是間接的研究方式。據陳韋銓研究鄭玄三《禮》注，以三《禮》互注最多；其次爲引《春秋》經傳，復次爲引《詩》。〔註137〕目前未見鄭玄有關《春秋》的專著，故從《儀禮注》觀察引用《春秋》的情形。鄭玄《儀禮注》亦引用《禮記》、《詩》解釋經文，但若直接從鄭玄《禮記注》、《毛詩箋》等專著觀

〔註134〕錢穆：《國學概論》，收入《錢賓四先生全集》，（臺北：聯經出版事業公司，1994年），第1冊，頁38～41。

〔註135〕非禮書的典籍也有助於歸納、印證禮例，如賈公彥引《韓詩外傳》：「一升曰爵，二升曰觚，三升曰觶，四升曰角，五升曰散」，並說明爵、觶相對時有異，「散文則通」。然本文旨在討論禮例對於解讀經籍所能發揮的貢獻，是以弗論。

〔註136〕李雲光：「說經之法，有但解經文未足喻其意，復類舉事物用以實其說者。」見氏著：《三禮鄭氏學發凡》，頁230。

〔註137〕陳韋銓：〈試論鄭玄《儀禮注》引《春秋》經傳之事類〉，《齊魯文化研究》第10輯（2011年12月），頁179～180。按：據陳氏的整理和研究，鄭玄注《周禮》、《儀禮》，引用《詩》的數量爲第三位；注《禮記》，以《爾雅》爲第三，故本文取《詩》爲第三。

察引用《儀禮》的情形，或許更能呈現鄭玄與後代注解者確實以慣例的概念貫通經籍。因此下文試以《禮記注》、《毛詩箋》、《儀禮注》引《春秋》經傳三者爲對象，觀察運用禮例貫通經籍的情形，從而衡量《儀禮》與其他經籍的關係。

一、以禮例解《禮記》

相較於詳細記載各種禮儀流程的《儀禮》，《禮記》的內容較爲多元，包含禮儀行爲、事件、禮義的陳述等。對此，鄭玄、孔穎達等注釋者除了採取解讀《儀禮》的方法，更因應《禮記》的內容而有不同表現。前者，如應用規則的必然性校正經文、判斷階級禮數、界定禮制因革。至於新面貌，則如界定禮儀種類。

（一）界定階級禮數

例一：大夫爵弁而祭於己，唯孤爾。

《禮記・雜記上》載：

> 大夫冕而祭於公，弁而祭於己。士弁而祭於公，冠而祭於己。士弁而親迎，然則士弁而祭於己可也？（《禮記》，卷41，頁724）

鄭注：

> 弁，爵弁也。冠，玄冠也。祭於公，助君祭也。大夫爵弁而祭於己，唯孤爾。（《禮記》，鄭注，卷41，頁724）

孔穎達說：

> 知「弁，爵弁也」者，與士弁連文。「士弁祭於公」，爵弁，故知大夫弁者亦爵弁也。云「大夫爵弁而祭於己，唯孤爾」者，以《儀禮》〈少牢〉上大夫自祭，用玄冠。此亦云「弁而祭於己」者，與〈少牢〉異，故知是孤。知非卿者，以〈少牢禮〉有卿儐尸、下大夫不儐尸，明卿亦玄冠，不爵弁。（《禮記》，孔穎達正義，卷41，頁724）

依孔穎達的解釋，可知：一，〈雜記〉說：「士弁而親迎」，參照《儀禮・士昏禮》士人著爵弁服親迎，可知「士弁而親迎」乃至上文「士弁而祭於公」、大夫「弁而祭於己」的弁，皆指爵弁服。此據《儀禮》闡明「弁」爲爵弁服。二，《儀禮》記載的上大夫（卿）、下大夫自祭其廟，皆用玄冠。而〈雜記〉的大夫是「弁而祭於己」，著爵弁服自祭己廟，異於《儀禮》記載卿、大夫

之禮，因此鄭玄界定爲〈雜記〉所說的大夫爲「孤」。

例二：諸侯之士禮，與大夫異。

　　《禮記・喪大記》：「君沐粱，大夫沐稷，士沐粱。」鄭注：

　　　　〈士喪禮〉沐稻，此云「士沐粱」，蓋天子之士也。（《禮記》，

　　　　鄭注，卷44，頁770）

《儀禮・士喪禮》爲諸侯之士，沐稻，此篇云「士沐粱」，因此鄭玄推論此當爲天子之士。〔註138〕小斂時，〈喪大記〉說：「大夫、士陳衣于房中，皆西領，北上。」鄭注：

　　　　〈士喪禮〉小斂陳衣於房中，「南領，西上」，與大夫異。今此

　　　　同，亦蓋天子之士也。（《禮記・喪大記》，鄭注，卷44，頁772）

《儀禮・士喪禮》小斂陳衣於房，爲「南領，西上」。而此篇的大夫、士陳衣方式相同，因此鄭玄認爲當是「天子之士」。大斂陳衣時，〈喪大記〉說：「大夫陳衣于序東，五十稱，西領，南上。士陳衣于序東，三十稱，西領，南上。」鄭注：

　　　　〈士喪禮〉大斂，亦陳衣於房中，「南領，西上」，與大夫異，

　　　　今此又同，亦蓋天子之士。（《禮記・喪大記》，鄭注，卷45，頁778）

《儀禮・士喪禮》大斂陳衣於房中，「南領，西上」，而此士陳衣「西領南上」又與大夫同，故推爲天子之士。

　　觀察鄭注〈喪大記〉的三段記載，有二個基本預設：其一，以《儀禮・士喪禮》作爲比較、解釋身分的標準。其二，「諸侯之士喪禮，當異於諸侯之大夫喪禮」，即尊卑有別，亦爲其基本預設。當出現士、大夫禮相同時，鄭玄則推論此爲不同層級的士，故「天子」之士可同於「諸侯」之大夫禮的說法。〔註139〕易言之，禮書上許多同一身分，卻使用不同的禮制，鄭玄採取的辦法之一，是以不同的層級界定。

例三：天子諸侯廟祭，先灌，次朝踐，次薦孰。

　　《禮記・郊特牲》：

　　　　周人尚臭，灌用鬯臭，鬱合鬯，臭陰達於淵泉。灌以圭璋，用

〔註138〕《禮記・喪大記》，孔穎達正義，卷44，頁771。

〔註139〕孔穎達曾指出喪禮「諸侯大夫與天子士同。」（《禮記・喪大記》，孔穎達正義，卷45，頁780）按：此受羅健蔚先生啓發而得，參氏著：《鄭玄會通三《禮》研究》（臺北：國立臺灣大學中國文學系博士論文，葉國良教授指導，2015年4月）。

　　玉氣也。既灌然後迎牲，致陰氣也。蕭合黍、稷，臭陽達於牆屋，
　　故既奠然後焫蕭合羶、薌。（《禮記》，卷26，頁507）

鄭注：

　　灌，謂以圭瓚酌鬯，始獻神也。已，乃迎牲於庭，殺之。天子
　　諸侯之禮也。奠，謂薦孰時也。〈特牲饋食〉所云「祝酌奠于鉶南」
　　是也。（《禮記》，鄭注，卷26，頁507）

以《儀禮》〈少牢饋食禮〉、〈特牲饋食禮〉的大夫、士禮爲比較的基準，大夫、士無灌、迎牲之事，因而得知〈郊特牲〉所言爲「天子諸侯之禮」。〔註140〕在界定行禮階級之後，復依〈特牲饋食禮〉爲據，解「奠」爲進獻熟食之意。此亦屬以士禮比對天子禮的作法。

（二）校訂經文

　　王夢鷗認爲鄭玄《禮記注》指明「某字『當爲』某字」，大抵有確實證據，並說：

　　其餘，鄭《注》未提出證據，但被指爲「字之誤也」或「聲之
　　誤也」又有九十多處；被指爲「亂簡」的有十餘處；被指爲「脫字」
　　的六處；被指爲「衍字」的有七處。〔註141〕

可知「字之誤」、「聲之誤」、「亂簡」、「脫字」、「衍文」爲鄭玄注解禮書的常用辭彙。下文試從禮例的觀點，探討校訂《禮記》經文的情形。

1、校訂誤字

例一：請啟期，告于賓。

　　《禮記・曾子問》載曾子問同時有親人之喪，孔子回答說：

　　葬，先輕而後重；其奠也，先重而後輕，禮也。自啟及葬，不
　　奠，行葬不哀次。反葬，奠，而後辭於殯，遂脩葬事。其虞也，先
　　重而後輕，禮也。（《禮記》，卷18，頁361）

葬時，以恩輕者爲先。奠，以恩重者爲先。先葬恩輕者，從啟殯至下葬，皆不設奠，葬時「不哀次」。葬畢返家，爲恩重者設奠請啟期。鄭注：

　　「殯」，當爲「賓」，聲之誤也。辭於賓，謂告將葬啟期也。（《禮
　　記》，鄭注，卷18，頁361）

〔註140〕《禮記・郊特牲》，孔穎達正義，卷26，頁509。
〔註141〕王夢鷗：《鄭注引述別本《禮記》考釋・敘略》（臺北：臺灣商務印書館，1969
　　　　年七月初版，人人文庫1114），頁4～5。

殯、賓二字，音近而誤。然鄭玄之所以能判斷二字音近而誤，係來自禮儀的固定程序。孔穎達指出：

> 案〈既夕禮〉云主人「請啓期，告于賓」之後，即陳葬事，設盥，陳鼎饌、夷牀之屬，下乃云「祝聲三」，是告殯之事。今先云「辭於殯」，乃云「遂脩葬事」，故云「殯當爲賓」，謂詔告賓也，與〈既夕禮〉同。（《禮記》，孔穎達正義，卷18，頁362）

按照〈既夕禮〉的流程：

> 1 確認葬期（請期）→ 2 主人告于賓 → 3 準備下葬事宜，「遂脩葬事」→ 4 下葬當日，告死者將啓殯，爲「辭於殯」。

而〈曾子問〉先言「辭於殯」，後說「遂脩葬事」，在流程上先 4 後 3，與上述不符。於是從「2 辭於賓」、「3 遂脩葬事」的流程著眼，推論「殯」字當爲「賓」之誤。由於禮儀活動有固定而連續的流程（禮之大節），故可供參考以解決文字上的問題。

例二：徹祖奠，設大遣奠。

《禮記・檀弓上》：「曾子弔於負夏。主人既祖塡池，推柩而反之，降婦人而后行禮。」鄭注：

> 祖，謂移柩車去載處，爲行始也。塡池，當爲奠徹，聲之誤也。
>
> 奠徹，謂徹遣奠，設祖奠。（《禮記》，鄭注，卷7，頁134）

根據《儀禮・既夕禮》的流程，孔穎達認爲將出葬時，載柩於庭中之車，徹遷祖奠，旋轉柩車向外而爲行始謂之「祖」，而後設祖奠。至隔日天明，徹祖奠，設大遣奠。〔註142〕簡言之，喪禮部分流程爲：

> 1 徹遣奠 → 2 旋柩車向外 → 3 設祖奠 → 4 設大遣奠

曾子來弔時，「正當主人祖祭之明旦既徹祖奠之後，設遣奠之時」，即由第 3 個步驟結束，正在進行第 4 個步驟。由於曾子來弔，主人因而徹去大遣奠，重新設置祖奠，即由步驟 4 回歸到步驟 3。因此，「塡池，當爲奠徹」可在禮儀流程中得到解釋。

例三：祝掌斂事。

《禮記・喪大記》說：「君之喪，大胥是斂，眾胥佐之。大夫之喪，大胥侍之，眾胥是斂。士之喪，胥爲侍，士是斂。」鄭注：

〔註142〕《禮記・檀弓上》，孔穎達正義，卷7，頁134。

　　　　胥，樂官也，不掌喪事。胥，當爲「祝」，字之誤也。侍，猶
　　　　臨也。〈大祝〉之職：「大喪贊斂。」〈喪祝〉：「卿大夫之喪掌斂。」
　　　　〈士喪禮〉商祝主斂。（《禮記》，鄭注，卷 45，頁 779）

孔穎達說：

　　　　知「胥」當爲「祝」者，以胥是樂官，不掌斂事，故引〈大祝〉
　　　　「大喪贊斂」及〈喪祝〉「卿大夫之喪掌斂」，并引〈士喪禮〉商祝
　　　　主斂，明諸祝主斂也，故引此文以證之。（《禮記》，孔穎達正義，卷
　　　　45，頁 779）

胥爲樂官，「不掌斂事」，《周禮》、《儀禮》皆載祝負責各階級的斂事，因而判
斷「胥」當爲「祝」。此乃根據各職官具有固定的職務，辨別經文之誤。

　　2、校正衍文

例一：髀以東膟、膮、牛炙。

　　《禮記·內則》：

　　　　髀、膟、膮、醢、牛炙。（《禮記》，卷 27，頁 523）

鄭注：

　　　　此上大夫之禮，庶羞二十豆也。以〈公食大夫禮〉饌校之，則
　　　　膮、牛炙間，不得有醢。醢，衍字也。（《禮記》，鄭注，卷 27，頁
　　　　523）

鄭玄認爲〈內則〉所載爲上大夫之禮，按照〈公食大夫禮〉：「髀以東膟、膮、
牛炙」〔註 143〕，膮之東，即爲牛炙，無「醢」字，故以「醢」爲衍字。然
而，〈內則〉所載爲上大夫之禮，鄭玄卻以〈公食大夫禮〉的下大夫校之，
似屬不倫。進一步考察〈公食大夫禮〉經文載下大夫十六豆，上大夫二十豆，
「上大夫庶羞二十，加於下大夫以雉、兔、鶉、鴽」〔註 144〕。此四物，乃
在十六豆的四行之外，另起第五行，由西排列，故前十六豆的排法，上下大
夫皆同。〔註 145〕此條以各階層所行之禮制具有必然性的觀念，校對〈內則〉
之衍字，並明言以〈公食大夫禮〉「校之」。

例二：襲則設冒。

　　《禮記·雜記下》：「自襲以至小斂，不設冒則形，是以襲而后設冒也。」

〔註 143〕《儀禮·公食大夫禮》，卷 25，頁 305。
〔註 144〕《儀禮·公食大夫禮》，卷 26，頁 312。
〔註 145〕《禮記·內則》，孔穎達正義，卷 27，頁 524。

鄭注：

> 襲而設冒，言「后」，衍字耳。（《禮記》，鄭注，卷 42，頁 739）

孔穎達說：

> 「言后者，衍字也」，襲則設冒，至小斂之前，則以衣總覆於
> 冒上。（《禮記》，孔穎達正義，卷 42，頁 739）

按照《儀禮・士喪禮》將爲死者穿衣，「陳襲事于房中」，準備的衣物包含套尸體的「冒」；襲尸禮儀之末爲：

> 設冒，櫜之，幠用衾。巾、柶、鬠、蚤埋于坎。（《儀禮》，卷 36，頁 422）

用冒將尸體藏盛妥當，收拾所用的巾、柶等埋入坎穴中。可知用冒是襲尸最後一環，而非外於襲尸的儀節。因此鄭玄認爲「襲而后設冒」的「后」，是衍字。

（三）界定禮儀種類

以《儀禮》爲根據，可界定與《儀禮》異同的禮儀種類。下文以飲酒禮爲對象說明互見、比類、推次禮儀的情形。

《禮記・玉藻》載：

> 君若賜之爵，則越席再拜稽首受，登席，祭之，飲卒爵而俟君
> 卒爵，然後授虛爵。君子之飲酒也，受一爵而色酒如也，二爵而言
> 言斯，禮已三爵而油油以退。（《禮記》，卷 29，頁 550）

以《儀禮・燕禮》的君臣飲酒禮爲基準，孔穎達說：

> 此一節論臣於君前受賜爵之禮。「飲卒爵，而俟君卒爵，然後
> 授虛爵」者，俟君飲盡，己乃授虛爵與相者也。必在君前先飲者，
> 亦示其賤者先即事；後授虛爵者，亦不敢先君盡爵。然此謂朝夕侍
> 者始得爵也。若其大禮，則君先飲而臣後飲。故〈曲禮〉云「長者
> 舉未釂，少者不敢飲」，〈燕禮〉「公卒爵，而後飲」是也。此經云
> 「再拜稽首」，受於尊所，〈曲禮〉云「拜受於尊所」；此經先再拜
> 稽首而後受，〈燕禮〉「興，受爵，降下，奠爵，再拜稽首」，則先
> 受而後再拜，與此不同者，熊氏云：「文雖不同，互以相備，皆先
> 受而後再拜。」今刪定，以爲〈燕禮〉據大飲法，故先受爵而後奠
> 爵再拜；此經據朝夕侍君而得賜爵，故再拜而後受。必知此經非饗
> 燕大飲者，以此下云「受一爵」以至「三爵」而退，明非大饗之飲

也。若〈燕禮〉，非惟三爵而已。（《禮記》，孔穎達正義，卷 29，頁 550）

孔氏將此段界定爲「朝夕侍者得爵」的禮儀情境，並比較二者的差異：其一，君臣飲酒之「大禮」，國君先飲而後臣飲，如〈燕禮〉：「公卒爵，而後飲」。朝夕侍者受賜爵，則先於國君飲酒，「示其賤者先即事」，在國君之後遞虛爵，表示「不敢先君盡爵」。其次，〈燕禮〉君臣飲酒禮，先受爵而後奠爵拜。此朝夕侍君得獻者，則先拜而後受爵。其三，〈燕禮〉君臣飲酒禮的程序爲：賓主獻酢、獻卿大夫等、旅酬、無算爵。此侍君「小燕之禮」，則三爵而退。確定《儀禮·燕禮》爲君臣飲酒禮之後，方能界定此爲侍君得獻的「小燕」。

《禮記·檀弓下》說：

> 知悼子卒，未葬。平公飲酒，師曠、李調侍，鼓鐘。杜蕢自外來，聞鐘聲，曰：「安在？」曰：「在寢。」杜蕢入寢，歷階而升，酌曰：「曠飲斯。」又酌曰：「調飲斯。」又酌，堂上北面，坐飲之，降，趨而出。平公呼而進之，曰：「蕢，曩者爾心或開予，是以不與爾言。爾飲曠，何也？」曰：「子卯不樂。知悼子在堂，斯其爲子卯也，大矣！曠也，大師也，不以詔，是以飲之也。」「爾飲調，何也？」曰：「調也，君之褻臣也，爲一飲一食，亡君之疾，是以飲之也。」「爾飲，何也？」曰：「蕢也，宰夫也，非刀匕是共，又敢與知防，是以飲之也。」平公曰：「寡人亦有過焉，酌而飲寡人！」杜蕢洗而揚觶，公謂侍者曰：「如我死，則必無廢斯爵也。」至于今，既畢獻，斯揚觶，謂之杜舉。（《禮記》，卷 9，頁 177～178）

討論禮例的解經功能，此條頗具代表性。當鄭玄面對的是一條白文的資料時，他指出晉平公「與群臣燕」，將這條資料放在〈燕禮〉的脈絡下詮釋。原因可能如下：一，《禮記》說：「平公飲酒」，可定調爲諸侯飲酒禮。二，「在寢」，與〈燕禮〉在寢相符，而非在射宮的〈大射〉先行飲酒禮。

在〈燕禮〉的脈絡下，可以判斷杜蕢進入的時機。《禮記·檀弓下》鄭玄注：

> 〈燕禮〉，賓入門奏〈肆夏〉，既獻而樂闋，獻君亦如之。（《禮記》，鄭注，卷 9，頁 177）

孔穎達說：

> 經唯云：「鼓鐘」，〈燕禮〉云：「若舞則〈勺〉」，知非工入升歌、

> 下管間歌、合樂之後，無時奏鐘。必以爲賓初入門奏〈肆夏〉者，
> 以〈鐘師〉云：「以鐘鼓奏〈九夏〉」，故知聞鐘是初奏〈肆夏〉也。
> （《禮記》，孔穎達正義，卷9，頁177）

孔穎達判斷賓初入門時，爲杜蕢聞鐘之時，其理由有二：

第一，整套〈燕禮〉的流程，奏樂有六處：一，賓入門。二，主人獻賓。三，主人獻公。四，歌、笙。五，無算樂。六，燕畢，公出。從燕禮奏樂的規定來看，賓入門、主人獻賓、主人獻公皆「鼓鐘」奏〈肆夏〉；工入升歌以下，不再奏鐘。而《禮記》記載杜蕢一聽到鐘聲，入寢，「歷階而升」。若當時主人已獻賓，或主人獻公，則「既獻，而樂闋」。因此杜蕢聞鐘當在「主人獻公」以前。

第二，國君行燕禮，有侍飲之臣、獻主、命賓。杜蕢初入，即飲侍臣的師曠、李調，不言獻主、命賓，可知應在「主人獻賓」之前，即「當時在未獻之前」〔註146〕。又，〈檀弓下〉說：「至于今，既畢獻，斯揚觶，謂之『杜舉』」，鄭注：「畢獻，獻賓與君」，孔氏說：

> 知獻君與賓者，以杜蕢此事舉爵，在燕禮之初，賓主既入，得
> 杜蕢之言，不可即廢，唯獻君與賓，燕事則止。（《禮記》，孔穎達正
> 義，卷9，頁178）

確定杜蕢於「未獻之前」諫止燕飲，復以〈燕禮〉的固定流程，解讀「畢獻」爲主人獻賓與獻公，而停止公爲賓舉行旅酬以下的儀節。

（四）界定因革損益

後代注解者，在規則必然性的概念下，以《周禮》、《儀禮》、《尚書》等周代文獻作爲基準，爲制度斷代。〔註147〕當確立制度的時代之後，方能「比方損益古今之宜，而從之也」〔註148〕。第貳章第二節曾說明確立《周禮》、《儀禮》爲周公所制後，可上推三代，下言漢朝之制，茲復舉二例說明以《儀禮》爲定點，解釋不同時間的制度。

第一，說明周初不同宮室制度的原因。如孔穎達解釋《禮記・玉藻》時，

〔註146〕《禮記・檀弓下》，孔穎達正義，卷9，頁178。
〔註147〕黃彰健指出鄭玄以《周禮》與周制爲據，判斷《禮記》內容的時代，並認爲將《禮記》記載分爲夏、商、周禮，使《禮記》與他書不相衝突的作法，不始於鄭玄，「可能受許慎及馬融的影響。」見氏著：《經今古文學問題新論》（臺北：中央研究院歷史語言研究所，1982年11月），頁339～346。
〔註148〕《毛詩・大雅・皇矣》，孔穎達正義引服虔，卷16～4，頁571。

說：

　　云「天子廟及路寢，皆如明堂制」者，按〈考工記〉云：「夏后氏世室」，鄭注云：「謂宗廟」；「殷人重屋」，注云：「謂正寢也」；「周人明堂」，鄭云：「三代各舉其一，明其制同也」。又〈周書〉亦云宗廟、路寢、明堂其制同。又按〈明堂位〉：「大廟，天子明堂。」魯之大廟如明堂，則知天子大廟亦如明堂也。然大廟、路寢既如明堂，則路寢之制，上有五室，不得有房，而〈顧命〉有東房、西房。又鄭注〈樂記〉云：「文王之廟，爲明堂制。」按〈覲禮〉朝諸侯在文王廟，而「記」云：「几俟于東箱」者，鄭答趙商云：「成王崩時，在西都。文王遷豐、鎬，作靈臺、辟癰而已，其餘猶諸侯制度焉。故知此喪禮設衣物，有夾有房也。周公攝政，制禮作樂，乃立明堂於王城。」如鄭此言，是成王崩時，路寢猶如諸侯之制，故有左右房也。覲禮在文王之廟，而「記」云：「几俟于東箱」者，是記人之說誤耳。或可文王之廟，不如明堂制，但有東房、西房，故魯之大廟如文王廟，〈明堂〉經云：「君卷冕立于阼，夫人副褘立于房中」是也。〈樂記〉注稱「文王之廟，如明堂制」，有「制」字者，誤也。然西都宮室既如諸侯制，按《詩·斯干》云：「西南其戶」，箋云：「路寢制如明堂。」是宣王之時，在鎬京而云「路寢制如明堂」，則西都宮室如明堂也。故張逸疑而致問，鄭答之云：「周公制于土中，〈洛誥〉云：『王入大室祼』，是〈顧命〉成王崩於鎬京，承先王宮室耳。宣王承亂，又不能如周公之制。」如鄭此言，則成王崩時，因先王舊宮室。至康王已後，所營依天子制度。至宣王之時，承亂之後，所營宮室，還依天子制度，路寢如明堂也，不復能如周公之時先王之宮室也。若然，宣王之後，路寢制如明堂。按《詩·王風》：「右招我由房」，鄭答張逸云：「路寢房中所（可）〔註149〕用男子。」而路寢又有左右房」者，劉氏云：「謂路寢下之燕寢，故有房也。」熊氏云：「平王微弱，路寢不復如明堂也。」（《禮記》，孔穎達正義，

〔註149〕據孔穎達《詩經正義·王風·君子陽陽》說：「《鄭志》張逸問：何知在位有官職？又男子焉得在房？答曰：房中而招人，豈遠乎！故知可招者，當在位也。招之者，樂官有祿而無言責，苟免時耳。路寢房中可用男子，是說男子得在房招友之事也。」（卷4-1，頁149）故《禮記正義》此句的「所」字，當爲「可」字。

卷 29，頁 543～544）

鄭玄指出天子大廟、路寢，如明堂之制，則路寢、廟不當有房。但〈顧命〉有東西房、〈覲禮〉有東箱。參考區別三代之制的作法，孔穎達整合經籍、鄭注，以周代政治發展說明宮室制度的演變：周文王遷豐鎬，依諸侯之制，路寢有左右房。爲文王立廟時，周公尚未制禮作樂，故廟得有左右房，此爲〈覲禮・記〉「几俟于東箱」的由來（孔氏的另一個解釋是〈覲禮・記〉誤）。周公攝政時，制禮作樂，立明堂於王城（土中、東都），路寢始如明堂之制，有五室而無房。成王崩時，猶因先王舊宮室，路寢有左右房。宣王之後，依周公所創制的天子制度，路寢如明堂，有五室、無房。以周公制《儀禮》的時間點，作爲判斷禮制因革、解讀經文的依據。

第二，推論周代祭五祀之法。《禮記・祭法》：「王爲群姓立七祀：曰司命，曰中霤，曰國門，曰國行，曰泰厲，曰戶，曰竈。王自爲立七祀。諸侯爲國立五祀：曰司命，曰中霤，曰國門，曰國行，曰公厲。諸侯自爲立五祀。大夫立三祀：曰族厲，曰門，曰行。適士立二祀：曰門，曰行。庶士、庶人立一祀，或立戶，或立竈。」鄭注：

> 〈明堂月令〉：「春曰其祀戶，祭先脾。夏曰其祀竈，祭先肺。中央曰其祀中霤，祭先心。秋曰其祀門，祭先肝。冬曰其祀行，祭先腎。」〈聘禮〉曰：使者出，「釋幣於行」；歸，「釋幣於門」。〈士喪禮〉曰：「疾病，禱於五祀。」司命與厲，其時不著。今時民家，或春秋祠司命、行神、山神，門、戶、竈在旁，是必春祠司命，秋祠厲也。或者合而祠之。（《禮記》，鄭注，卷 46，頁 802）

孔穎達說：

> 云「〈聘禮〉曰：使者出，『釋幣於行』；歸，『釋幣於門』」者，證大夫有門、行。云「〈士喪禮〉曰『疾病禱於五祀』」者，證祀（筆者按：祀當爲士）亦有五祀。云「司命與厲其時不著」者，以其餘五祀，〈月令〉所祀，皆著其時；唯司命與厲，祀時不顯著。云「今時民家，或春秋祠司命、行神、山神、門、戶、竈在旁」者，鄭以無文，故引今漢時民家或有春秋二時祠司命、行神、山神也。民或然，故云「或」也。……云「是必春祠司命，秋祠厲也」者，漢時既春秋俱祠司命與山神，則是周時必應春祠司命，司命主長養，故祠在春，厲主殺害，故祠在秋。云「或者合而祠之」者，鄭又疑之，

以見漢時司命與山神春秋合祭，故云「或者合而祠之」。（《禮記》，

孔穎達正義，卷 46，頁 802）

這條資料涉及兩方面的問題：其一，各階級具有固定的禮數。鄭玄引〈明堂
月令〉證諸侯有五祀，引〈聘禮〉證大夫有門、行之祭，引〈士喪禮〉證士
於疾病求禱時，祭五祀。其二，運用禮制因革的概念，反推古制。由於〈祭
法〉並未指出祭祀的時間，鄭玄根據漢時民間春、秋祭司命、行神、山神等，
反推周制是當春祭司命、秋祠厲，或者「合而祠之」。

二、以禮例解《詩經》

《毛詩故訓傳》的「故訓」之義，齊佩瑢根據：

《商書・說命》：「王人求多聞，時惟建事，學于古訓乃有獲。
事不師古，以克永世，匪說攸聞。」孔傳：「王者求多聞以立事，學
於古訓乃有所得；事不法古訓而能以長世，非說所聞，言無是道。」
（《尚書》，卷 10，頁 142）

《詩・大雅・烝民》：「仲山甫之德：柔嘉爲則，令儀令色，小
心翼翼，古訓是式，威儀是力。」毛傳：「古，故。訓，道。」鄭箋：
「故訓，先王之遺典也。」（《詩》，卷 18-3，頁 675）

《國語・周語上》：「賦事行刑，必問于遺訓而咨于故實。」

[註 150]

齊氏指出「古訓」、遺訓是先人教言、聖王遺典，也就是古昔教訓。[註 151]
因此，《毛詩故訓傳》旨在傳述記載於《詩經》中的古人教訓。是則該書配
合周王朝歷史事件闡述的原因，亦當在此。《毛詩・序》說：「至于王道衰，
禮義廢，國異政，家殊俗，而變風、變雅作矣」，以王道與禮義的衰廢，說
明變風、變雅的興起。[註 152] 鄭玄《詩譜・序》更申說爲：

〔註 150〕舊題周・左丘明著：《國語・周語上》，卷 1，頁 24。
〔註 151〕齊佩瑢：《訓詁學概論》（臺北：華正書局，1991 年 9 月），頁 2～3。
〔註 152〕學者多認爲正變之說「無意義」或「無任何準則」，如屈萬里《詩經詮釋・敘
　　　　論》（臺北：聯經出版社，1983 年），頁 16。余培林《詩經正詁・緒論》（臺
　　　　北：三民書局，1993 年），頁 22。實則，正變說乃以禮義作爲判斷政教盛衰
　　　　的標準，鄭玄進而加以體系化。其中的原理，可從禮儀規則的角度加以深究。
　　　　從兩漢《詩》學指出鄭玄體系化的特色，可參江乾益：〈鄭玄「風雅正變」申
　　　　〈毛詩序〉探論〉，《興大中文學報》第 27 期（2010 年 6 月），頁 67～88。歷

文武之德，光熙前緒，以集大命於厥身，遂爲天下父母，使民有政有居。其時《詩》：《風》有〈周南〉、〈召南〉；《雅》有〈鹿鳴〉、〈文王〉之屬。及成王、周公致大平，制禮作樂，而有《頌》聲興焉，盛之至也。本之由此風雅而來，故皆錄之，謂之《詩》之「正經」。

後王稍更陵遲，懿王始受譖，亨齊哀公；夷身失禮之後，〈邶〉不尊賢。自是而下，厲也、幽也，政教尤衰，周室大壞。〈十月之交〉、〈民勞〉、〈板〉、〈蕩〉，勃爾俱作，眾國紛然，刺怨相尋。五霸之末，上無天子，下無方伯，善者誰賞，惡者誰罰，紀綱絕矣。故孔子錄懿王、夷王時詩，訖於陳靈公淫亂之事，謂之「變風」、「變雅」。（《詩》，鄭玄〈詩譜序〉，頁 5～6）

從周初到周公制禮作樂，屬於盛世，詩篇和樂而美，屬於「正經」。懿王以下，〔註153〕逐步敗壞，漸爲衰世，詩篇刺怨，屬於「變風」、「變雅」。鄭玄所言，不僅是歷史發展，也是詩篇屬性。於是，政教盛衰、禮樂廢弛、風雅正變呈現環環相扣的關係：

政教	禮樂	時序	詩性質
盛 ｜ 衰	興 ｜ 廢	古 ｜ 今	正 ｜ 變

對照政教、時序、詩的性質，裴普賢曾費心製成一簡明的圖表：〔註154〕

代對《詩經》風雅正變的討論，可參張寶三師：〈《詩經》詮釋傳統中之「風雅正變」說研究〉，《文史哲學報》第 52 期（2000 年 6 月），頁 1～40。

〔註153〕鄭玄答張逸說：「宣王承亂，未必如周公之制。」宣王受時運影響，未必可視爲盛世。見清・皮錫瑞：《鄭志疏證》，《經學輯佚文獻彙編》（北京：國家圖書出版社，2010 年初版），第 22 冊，卷 3，頁 248。

〔註154〕裴普賢說明此圖製定未納入商詩五篇、去除有目無詩者六篇、夷厲之際四篇權作夷王、厲王各二篇。由於上引「鄭玄《詩譜》周詩三百篇作詩時代區分圖」已可佐證筆者的觀點，故未引裴氏所製更爲詳盡的「鄭玄《詩譜》所列三百篇世次一覽表」，其中包含時世、正變風雅、頌的配合情形，讀者可參。

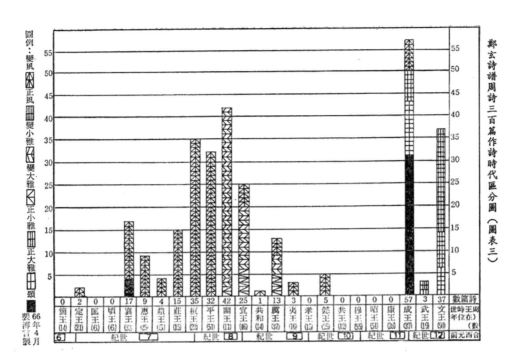

鄭玄詩譜周詩三百篇作詩時代區分圖（圖表三）

文王、武王皆爲正風、正雅，成王爲正風、正雅、頌，懿王以下則未見正風、正雅之作。而成王時的七篇變風，可進一步探討。

不過，〈豳風〉諸詩作於成王，卻被列入變風〔註155〕，其矛盾頗受批評。觀〈豳風〉七篇之〈序〉及鄭箋：

〈七月〉陳王業也。周公遭變故，陳后稷先王風化之所由，致王業之艱難也。（箋：周公遭變者，管、蔡流言，辟居東都。）

〈鴟鴞〉，周公救亂也。成王未知周公之志，公乃爲詩以遺王，名之曰〈鴟鴞〉焉。（箋：未知周公之志者，未知其欲攝政之意。）

〈東山〉，周公東征也。（箋：成王既得〈金縢〉之書，親迎周公。周公歸，攝政。三監及淮夷叛，周公乃東伐之，三年而後歸耳。）

〈破斧〉，美周公也。周大夫以惡四國焉。（箋：惡四國者，惡

裴普賢：〈鄭玄《詩譜》圖表的綜合整理〉，糜文開、裴普賢著：《詩經欣賞與研究（改編版）》（臺北：三民書局股份有限公司，1987年11月），第4冊，頁301。按：此文承　林慶彰師提示，特此致謝。

〔註155〕鄭玄〈豳譜〉說：「成王之時，周公避流言之難，出居東都二年。后成王迎而反之，攝政，致大平。其出入也，一德不回，純似於公劉、大王之所爲。大師大述其志，主意于豳公之事，故別其詩以爲豳國變風焉。」（卷8-1，頁276）

其流言毀周公也。）

〈伐柯〉，美周公也。周大夫刺朝廷之不知也。（箋：成王既得雷雨大風之變，欲迎周公，而朝廷群臣猶惑於管、蔡之言，不知周公之聖德，疑於王迎之禮，是以刺之。）

〈九罭〉，美周公也。周大夫刺朝廷之不知也。

〈狼跋〉，美周公也。周公攝政，遠則四國流言，近則王不知。周大夫美其不失其聖也。（箋：不失其聖者，聞流言不惑，王不知不怨，終立其志，成周之王功，致大平，復成王之位，又爲之大師，終始無怨，聖德著焉。）（《詩》，毛傳、鄭箋，卷 8-1、8-2、8-3，頁 279～303）

其中仍有可申說處：首先，成王聽信譖言、不知周公之志，實與懿王受譖、烹齊哀公之事，性質相同，程度有別。朝廷大夫也聽從四國流言而疑惑。〈詩序〉指出周公出居東都，是一段「王業艱難」的非常時期〔註 156〕，故視爲「變」。其次，從成王之「正」與周公攝政的關係來看，〈詩譜・序〉說：「及成王，周公致大平，制禮作樂」，孔穎達指出「時當成王，功由周公，故〈譜〉說成王之詩，皆并舉周公爲文。」〔註 157〕成王因有周公而能延續「先王風化」以致太平，故列爲「詩之正經」。當周公出居，成王失去禮樂教化的憑藉，且〈豳風〉的內容「不美王業之本，不得入〈周〉、〈召〉之正風也」〔註158〕，故雖在成王時期，卻不屬於「正」。第三，就詩篇內容來看歸屬風或雅的問題。〈豳風〉的內容並非「刺美成王」，不以天子爲對象，不列入雅。〈豳風・七月〉陳述豳公爲諸侯之政教，〈豳風〉他篇則以周公爲主，表明周公欲繼「諸侯」之心志，以諸侯（而非天子）的角度著眼，故屬風。因此鄭玄以〈豳風〉爲變風，基本上符合禮樂政教與詩篇相對照的觀點。申言之，正風與變風的判斷標準之一，是禮制。

除了「風雅正變」以禮義區分外，詩歌誦美譏過的作用也與制禮有關。鄭玄《六藝論》說：

《詩》者，弦歌諷喻之聲也。自書契之興，樸略尚質，面不爲

〔註 156〕《儀禮・士喪禮》筮宅兆，「無有後艱」，鄭注：「艱難，謂有非常，若崩壞也。」（卷 37，頁 440）
〔註 157〕《詩・詩譜序》，孔穎達正義，頁 5。
〔註 158〕《詩・豳風・七月》，孔穎達正義，卷 8-1，頁 277。

諂，目諫不爲謗，君臣之接如朋友然，在於懇誠而已。斯道稍衰，

奸僞以生，上下相犯，及其制禮，尊君卑臣，君道剛嚴，臣道柔順，

于是箴諫者希，情志不通，故作《詩》者以誦其美而譏其過。(《詩》，

孔穎達正義引，頁4)

禮制講究彼此的身分與義務，若界限過於分明，容易產生「情志不通」的問題。因此運用詩歌調節人際關係的疏離，同時藉由意在言外的方法，使「言之者無罪，聞之者足以戒」達到箴諫的功能。

鄭玄〈詩譜・序〉說：

以爲勤民恤功，昭事上帝，則受頌聲，弘福如彼。若違而弗用，

則被劫殺，大禍如此。吉凶之所由，憂娛之萌漸，昭昭在斯，足作

後王之鑒，於是止矣。(《詩》，鄭玄〈詩譜序〉，頁6～7)

根據文、武、成王修德行禮而致太平，屬王、幽王、陳靈公等不「勤民恤功，昭事上帝」而遭禍等具體史事與詩篇，孔子編錄《詩》以陳述政教盛衰、禮樂興廢與吉凶憂娛的因果關係，作爲「後王之鑒」。申言之，這些周代史詩的作用，與慣例相當。因此從周公禮制實踐著眼，亦可作爲掌握《詩》旨的方法之一。〔註159〕

〔註159〕 鄭玄《毛詩箋》以禮解《詩》，詳參彭美玲師：《鄭玄《毛詩箋》以禮說《詩》研究》(臺北：國立臺灣大學中國文學研究所碩士論文，張以仁教授指導，1992年6月)。按：宋以下學者著眼於詩篇的情感、本義，認爲以禮解詩，失之於拘、有跡。清代漢學則從文字聲韻訓詁，研究詩篇，柳存仁指出文字聲韻訓詁「似乎還只能說是最基礎或最基本的工作，雖然我們研究古代歷史仍然得跟著它的成就走。但是同樣重要的，我們更不能忘記要從材料上瞭解古代風俗、信仰、習慣、典章制度的大目標」，「《詩經》裡單純的發抒個人的情感的戀歌、情詩，……即使唱個千百萬次，它們所要傳達的情緒仍然是長期不變，萬古常新的。但是，詩裡面包含變動中的風俗制度、生活觀念、習慣信仰……那一類的詩篇，吸收時代的變動性的因素很多，紀錄都是不可能完全的，其中往往有殘剩的材料依然埋藏在深厚而乾涸的土壤裡面，需要我們細心地去發掘，那麼，作爲是陳舊的，有時候甚至是荒謬的，看似漠不相關、不能深信的資料，也該有引起我們高度注意的機會。對《詩經》一書來說，常常使用各種傳統的經籍做它的支柱的〈傳〉、〈箋〉和〈疏〉恐怕就是這樣的、我們可以利用的一種工具。」因此，以禮解《詩》，固然可能在情意的解讀上有所不足，但就先秦的社會風俗而言，仍然是不可或缺的方法之一。而林慶彰師則指出從教化觀點而言，漢、宋並無大異，甚至可說「宋學繼承而且發揚了漢學的傳統」。另一方面，《禮記・學記》：「不學博依，不能安詩。」在廣博譬喻背後，除了情感之外，針對時事作詩，也是可能的。那麼，從先秦貴族生活著眼，亦爲解經路徑之一。柳存仁：〈《毛詩傳箋》、《正義》和朱

　　賴炎元曾指出鄭玄「精於三《禮》，故釋《詩》多引據禮書」，並統計鄭玄引三《禮》釋《詩》，共一百二十一條。〔註160〕職是，以禮解《詩》誠爲重要的解經方法之一。下文列舉昏禮、祭祀之詩，說明鄭玄應用禮儀進程解《詩》，並闡述褒貶的情形。〔註161〕

（一）以昏禮進程解《詩》

1、〈邶風、匏有苦葉〉

　　昏禮的進程有六：納采、問名、納吉、納徵、請期、親迎。〈詩序〉指出〈邶風・匏有苦葉〉爲刺衛宣公之詩，其首章、三章責宣公「不依禮以娶」。〔註162〕首章「匏有苦葉，濟有深涉。」鄭玄《箋》：

> 八月之時，陰陽交會，始可以爲昏禮，納采、問名。（《詩・邶風・匏有苦葉》，鄭箋，卷 2-2，頁 87）

鄭玄將自然情境的描述，賦予人文活動的詮釋：夏曆八月，爲秋，可以行納采、問名之禮。三章則云：「離離鳴鴈，旭日始旦」，毛傳：「納采用鴈，旭日始出，謂大昕之時。」鄭《箋》：

> 自納采至請期用昕，親迎用昏。（《詩・邶風・匏有苦葉》，鄭箋，卷 2-2，頁 88～89）

詩句的情境中，蘊涵昏禮進程。「鳴鴈」爲納采用幣，「旭日始旦」的早晨爲行納采、問名、請期之禮的時刻。鄭玄又說明親迎用黃昏之時，補足舉行六

熹《詩集傳》〉，鍾彩鈞師主編：《朱子學的開展—學術篇》（臺北：漢學研究中心，2002 年 6 月初版），頁 1～25。林慶彰師：〈朱子《詩集傳・二南》的教化觀〉，鍾彩鈞師主編：《朱子學的開展—學術篇》，頁 53～67。關於《詩經》反映貴族生活，可參屈萬里：〈論國風非民間歌謠的本來面目〉，《書傭論學集》，收入《屈萬里先生全集》（臺北：聯經出版事業公司，1984 年 7 月初版），第 14 冊，頁 193～214。葉國良師：〈《詩經》的貴族性〉，《經學側論》，頁 37～61。又，歷代對鄭玄以禮解《詩》的討論，可參吳鷗：〈淺談鄭玄的以禮注詩〉，《北京大學中國古文獻研究中心集刊》第 4 輯，頁 129～140。按：此文承　張寶三師提示，特此致謝。

〔註160〕賴炎元：〈毛《詩》鄭《箋》釋例〉，《臺灣省立師範大學國文研究所集刊》第 3 期（1959 年 6 月），頁 117。

〔註161〕更爲詳盡的儀節討論，可參彭美玲師：《鄭玄《毛詩箋》以禮說詩研究》、季旭昇：《《詩經》吉禮研究》（臺北：花木蘭文化出版社，2010 年 9 月出版）、葉國良師：〈《儀禮》與《詩經》互證的學術意義〉，《中國經學》第 10 輯。按：葉師文，從「現代」觀點解讀《儀禮》與《詩經》的關係，適可對照本文討論「漢代」鄭玄以禮爲標準解讀《詩經》的方法。

〔註162〕《詩・邶風・匏有苦葉》，孔穎達正義，卷 2，頁 87。

禮的時刻。又「士如歸妻，迨冰未泮」，鄭《箋》：

> 歸妻，使之來歸於己，謂請期也。冰未散，正月中以前也。二
> 月可以昏矣。（《詩·邶風·匏有苦葉》，鄭箋，卷 2-2，頁 89）

士人請期，需在冰未散的正月中旬前，二月親迎，「可以昏矣」。昏期的部分，據〈召南·行露〉、〈唐風·綢繆〉，鄭玄認為二月嫁娶；〈豳風·東山〉、〈小雅·我行其野〉，則言「仲春」，均同。〔註163〕綜上所述，〈匏有苦葉〉的詮釋，實以說明昏禮正規儀節的方式，反襯衛宣公之不合禮。

2、〈衛風·氓〉

〈氓〉除了昏禮進程之外，亦涉及媒妁之言。其詩首章，男子「匪來貿絲，來即我謀」，鄭《箋》：

> 此民非來買絲，但來就我，欲與我謀為室家也。（《詩·衛風·
> 氓》，鄭箋，卷 3，頁 134）

孔穎達則申言有絲之時，當為夏季。相較於〈匏有苦葉〉秋八月納采、問名，此男子謀家室於夏，已屬非禮。又，「送子涉淇，至于頓丘」，鄭《箋》：

> 至此頓丘，定室家之謀，且為會期。（《詩·衛風·氓》，鄭箋，
> 卷 3，頁 134）

可知二人私訂終身，未經父母、媒妁之言。此次婚期，女子因無良媒來告，過期未與。但女子又希望男子無怒於己，故自行提出「秋以為期」，仍是私定昏期。又，「爾卜爾筮，體無咎言」，鄭《箋》：

> 復關既見此婦人，告之曰：「我卜女筮，女宜為室家矣。」兆
> 卦之繇，無凶咎之辭，言其皆吉，又誘定之。（《詩·衛風·氓》，鄭

〔註163〕《詩·召南·行露》：「厭浥行露，豈不夙夜？謂行多露。」鄭《箋》：「謂二月中，嫁取時也。」（卷 1-4，頁 55）清人包世榮也說：「諸侯、大夫雖以中春為正時，餘月亦聽之。」《周禮·地官·媒氏》掌萬民之婚姻判合，仲春時節，令未婚男女相會，「於是時也，奔者不禁」，係出於天人相應之思維。〈月令〉仲春，玄鳥至，天子親祠高禖之神，懷有身孕的嬪妃「帶以弓韣，授以弓矢于高禖之前」，以求男丁。依〈月令〉所載，天子行事不違農時，諸侯、大夫亦當如此，則昏禮之期應無階級之別。鄭玄說：「玄鳥，燕也。燕以施生時，來巢人堂宇，而孚乳嫁娶之象也。媒氏之官以為候。高辛氏之出玄鳥，遺卵娀簡吞之而生契，後王以為媒官，嘉祥而立其祠焉。變媒言禖，神之也。」（《禮記》，鄭注，卷 15，頁 299）「天命玄鳥，降而生商」，玄鳥具有孚乳後代的神話典故。再加上，玄鳥為燕，燕築巢於人的堂宇，相偶、孕蘊後代，為人親眼所見的實際經驗，因此將玄鳥至的仲春二月，作為婚姻、求子的月分，也具有神話和實質經驗的可能性。參包世榮：《毛詩禮徵》，卷 3，頁 15、19。

笺，卷 3，頁 135）

以昏禮進程觀之，此爲納吉。本應由男方之父告廟、卜筮，而此詩爲男子自行卜筮。「以爾車來，以我賄遷。」鄭《笺》：

> 信其卜筮皆吉，故答之曰：徑以女車來迎我，我以所有財賄徙就女也。（《詩·衛風·氓》，鄭笺，卷 3，頁 135）

藉由女子回憶的口吻，說明親迎的情形。親迎當由男子奉其父之命前往迎娶，詩中卻是女子告男子前來迎娶，「女子嫁不以禮」〔註 164〕。女子耽溺於非禮之樂，最終見棄而自悔。

在禮儀進程的脈絡中，解讀詩篇，〈氓〉因不符六禮的規矩，故被視爲「禮義消亡，淫風大行，男女無別，遂相奔誘」，屬於「刺淫泆」。〔註 165〕

3、〈召南、野有死麕〉

依詩句內容，可分爲昏禮用鴈幣、媒人、親迎三項討論：其一，用幣。「野有死麕，白茅包之」，男子以白茅純束包裹麕肉、鹿肉作爲禮物前來。「昏禮五禮用鴈，唯納徵用幣」，此以麕肉、鹿肉爲禮，當係亂世民貧，故以麕肉、鹿肉爲禮，以示尊敬。〔註 166〕其次，媒人。「有女懷春，吉士誘之」，鄭玄：

> 有貞女思仲春以禮與男會，吉士使媒人道成之。疾時無禮而言然。（《詩·召南·野有死麕》，鄭笺，卷 1-5，頁 65）

冀此吉士有媒人爲導，成此婚事，即「取妻如之何，匪媒不得」。其三，親迎。「舒而脫脫兮，無感我帨兮，無使尨也吠」，男子依禮而來，威儀當舒遲有節，毋奔走失節，致使女子佩巾振動、犬驚而吠。「犬吠」，鄭玄答張逸：

> 正行昏禮，不得有狗吠。（《詩·召南·野有死麕》，孔穎達正義引，卷 1-5，頁 66）

可知其爲成昏之時。女子的佩巾，當係《儀禮·士昏禮·記》：「母施衿結帨，曰：勉之、敬之，夙夜無違宮事」〔註 167〕，女子出嫁當日，母結以佩巾，庶母結以鞶囊，告戒謹敬慎重，隨身佩戴，作爲提醒之用。

〈野有死麕〉一詩，鄭玄承襲〈詩序〉，認爲紂王時，天下昏禮不由媒妁、鴈幣不至，劫脅以成婚，然而貞女雖處亂世，惡其無禮，欲令人行禮事。

〔註 164〕《詩·衛風·氓》，鄭笺，卷 3，頁 135
〔註 165〕《詩·衛風·氓·序》，卷 3-3，頁 134。
〔註 166〕《詩·召南·野有死麕》，孔穎達正義，卷 1-5，頁 66。
〔註 167〕《儀禮·士昏禮·記》，卷 6，頁 64。

故此爲運用反諷手法的刺詩。

（二）以祭祀儀節解《詩》

1、〈小雅・楚茨〉〔註168〕

〈毛詩序〉說：

> 〈楚茨〉，刺幽王也。政煩賦重，田萊多荒，……故君子思古
> 焉。（《詩・小雅・楚茨》，卷13-2，頁453）

於是，這篇同樣運用古代合禮之事，以反諷幽王失政。孔穎達說：

> 周之盛王，致太平者，莫過成王，則此思古者，思成王也。此
> 篇思古明王先成其民，而後致力於神。（《詩・小雅・楚茨》，孔穎達
> 正義，卷13-2，頁454）

將此篇界定爲天子禮。然天子祭禮所存不多，鄭玄、孔穎達根據《儀禮》詳
細記載士、大夫廟祭的流程爲基準，推次而言天子祭祀的《詩・楚茨》。《儀
禮》載士、大夫廟祭事尸，主於饋食，包含：

> 接祭 → 尸飯 → 三獻（酳） → 主人獻眾賓與眾兄弟 → 旅酬 →
> 無算爵

饋食禮畢，卿有儐尸之禮。天子、諸侯事尸之禮，大致可分爲：

> 祼 → 朝踐 → 饋食 → 繹祭（祭之明日）

散見於《周禮》、《禮記》、《詩》及相關鄭注或《毛詩箋》。

〔註168〕據王應麟云：「〈楚茨〉可以見〈少牢饋食禮〉」一語，淩廷堪〈詩楚茨考〉遂
以〈小雅・楚茨〉爲王朝卿大夫之祭禮，而〈少牢饋食禮〉爲侯國卿大夫之
祭禮。按照階級、命制推算，上公九命，侯伯七命，子男五命；王之卿六命，
大夫四命。可知王朝之卿的命數，高於子男；大夫次子男一級。那麼，王朝
卿大夫即相當於諸侯的身分。從牢牲與身分的關係來看，《國語・楚語》載：
「觀射父：『祀加於舉。天子舉以大牢，祀以會；諸侯舉以特牛，祀以太牢；
卿舉以少牢，祀以特牛；大夫舉以特牲，祀以少牢。』」《大戴禮記・曾子天
圓》：「序五牲之先後貴賤：諸侯之祭，牛，曰大牢。大夫之祭牲，羊，曰少
牢。」而〈楚茨〉言「絜爾牛羊」，行禮者的身分，爲諸侯以上，淩氏所言，
就階級來說可以成立。

從禮儀流程來看，淩氏認爲〈楚茨〉之第二章爲正祭之禮、第五章爲正祭告利成之禮，
而將第三章、第四章與〈少牢饋食禮〉下篇的儐尸之禮作爲比較基準，形成
正祭→儐尸→正祭的禮儀流程，不無矛盾。準此，淩氏之說，就階級而言，
可以成立；而其禮儀進程的解釋，稍顯不足，故未從之。但也可見淩氏以禮
例觀點解《詩》。上述資料見《禮經釋例・詩楚茨考》，卷10，頁541～544。
《周禮・春官・典命》，卷21，頁321～322。《國語・楚語下》，卷18，頁564
～565。《大戴禮記・曾子天圓》，卷5，頁101。

〈楚茨〉首章包含祭前準備、祼，並略言饋食之禮等。開端以黍稷盈滿糧倉供祭祀之用，「以爲酒食，以享以祀。以妥以侑，以介景福」，鄭《箋》：

> 以黍稷爲酒食，獻之以祀先祖。既又迎尸，使處神坐而食之。爲其嫌不飽，祝以主人之辭勸之，所以助孝子受大福也。（《詩‧小雅‧楚茨》，鄭箋，卷13-2，頁454）

〈楚茨〉爲天子禮，以黍稷概括酒食：以用酒而言，「以獻祀其先祖也」，「謂鬱鬯之酒以灌，朝踐酌醴，饋熟酌盎以獻，比至於尸酳以酢，諸臣皆爲用酒也」〔註169〕。灌用鬱鬯，朝踐用醴，饋食用酒，後者從天子以下皆同。以設食而言，饋獻時，迎尸於室，以拜安妥之，設食以進，並請祝勸食，以表孝子之心。因此，詩之首章，以概括性的用語，統攝祭祀事尸所有的酒、食。

次章，包含殺牲（朝踐）、祊祭等。「或剝或亨，或肆或將」鄭箋：

> 祭祀之禮，各有其事。有解剝其皮者，有煮熟之者，有肆其骨體于俎者，或奉持而進之者。（《詩‧小雅‧楚茨》，鄭箋，卷13-2，頁455）

祭祀的準備過程中，諸臣各司其職，剝皮、烹煮、割解、進呈牛羊之俎。「祝祭于祊，祀事孔明」，鄭箋：

> 孝子不知神之所在，故使祝博求之平生門內之旁，待賓客之處，祀禮于是甚明。（《詩‧小雅‧楚茨》，鄭箋，卷13-2，頁455）

使祝博求祖先神靈於平生門內之傍，待賓客之處，即〈禮器〉所云：「爲祊於外」求先人所在之處，以孝親。〔註170〕鄭玄《箋》扣合詩句與祭祀進程，加以解釋。

三章，包含燔燎、薦熟（饋食）、從獻、九獻、旅酬等。「君婦莫莫，爲豆孔庶，爲賓爲客」，鄭箋：

> 祭祀之禮，后夫人主共籩豆，必取肉物肥胓美者也。（《詩‧小雅‧楚茨》，鄭箋，卷13-2，頁456）

后夫人所供之籩豆皆取肉之美者。「獻醻交錯，禮儀卒度，笑語卒獲。」鄭箋：

> 始主人酌賓，爲獻。賓既酌主人，主人又自飲酌賓，曰醻。至旅而爵交錯以徧。（《詩‧小雅‧楚茨》，鄭箋，卷13-2，頁456）

可知鄭玄運用祭祀飲酒主人與賓獻、酢、酬，及旅酬等進程，解釋詩句。

〔註169〕《詩‧小雅‧楚茨》，孔穎達正義，卷13-2，頁454。
〔註170〕《詩‧小雅‧楚茨》，孔穎達正義，卷13-2，頁456。

　　由於天子諸侯廟祭，兼行正祭與繹祭，不易區別。參考《儀禮》的祭祀流程：〈少牢饋食禮〉正祭為「主婦薦韭菹醓醢」→ 主人獻尸；〈有司徹〉載性質與繹祭相同的大夫儐尸之禮〔註171〕，為主人獻尸 → 「主婦薦韭菹」。孔穎達認為此章后夫人先薦豆，然後主人獻尸，當屬正祭，而非繹祭。

　　四章，屬致嘏之禮。尸禮食畢，令祝致福於主人：「既齊既稷，既匡既敕，永錫爾極，時萬時億」，鄭箋：

> 嘏之禮，祝徧取黍稷牢肉魚，擩于醢以授尸，孝孫前就尸受之。
> 天子使宰夫受之以筐，祝則釋嘏辭以敕之。(《詩·小雅·楚茨》，鄭箋，卷13-2，頁457)

致嘏時，祝取黍稷牢肉魚，擩於醢以授尸，「孝孫前就尸受之」，祝以嘏辭祝福主人。孔穎達指出此儀節，相當於〈少牢饋食禮〉、〈特牲饋食禮〉尸酢主人時，命祝致嘏。〔註172〕

　　五章，包含祝告利成、送尸、徹饌。祭事既畢，祝告利成，「鼓鍾送尸」。接著，「諸父兄弟，備言燕私」，鄭箋：

> 祭祀畢，歸賓客之俎。同姓則留與之燕，所以尊賓客、親骨肉也。(《詩·小雅·楚茨》，鄭箋，卷13-2，頁458)

鄭玄將之視為祭禮畢，接著舉行同族燕聚的流程。上述三、四、五章的饋食儀節，多可與《儀禮》士、大夫廟祭相參。

　　六章，祭畢，與同族燕飲，族人並祝福主人：「使君壽考，孔惠孔時，維其盡之，子子孫孫，勿替引之」。大夫、士雖未見主人另外單獨與族人燕飲的儀節，然〈少牢饋食禮〉亦載上餕親嘏主人：「主人受祭之福，胡壽保建家室」，可知禮儀細節雖因身分而隆殺，然彼此祝福的情意不變。是則，運用禮儀具有固定流程的概念，有助於解讀《詩經》。

　　值得注意的是，清人孫希旦、胡培翬等根據〈楚茨〉第二章，反過來辨駁鄭玄、孔穎達所言的祊祭之禮。〈郊特牲〉：

> 孔子曰：「繹之於庫門內，祊之於東方，朝市之於西方，失之矣。」(《禮記》，卷25，頁489)

鄭注：

〔註171〕鄭玄：「卿大夫既祭而賓尸，禮崇也。……天子諸侯明日祭於祊而繹。」見《儀禮·有司徹》，鄭注，卷49，頁580。

〔註172〕《詩·小雅·楚茨》，孔穎達正義，卷13-2，頁457～458。

> 袚之禮，宜於廟門外西室，繹又於其堂，神位在西也。此二者
> 同時，而大名曰繹。(《禮記》，鄭注，卷 25，頁 489)

孔穎達遂總括《詩·小雅·楚茨》、〈郊特牲〉鄭注，指出：

> 凡袚有二種：一是正祭之時，既設祭於廟，又求神於廟門之
> 內。……二是明日繹祭之時，設饌於廟門外西室，亦謂之袚。(《禮
> 記》，孔穎達正義，卷 26，頁 509)

據孔氏所言，袚既行於正祭，又行於明日繹祭時。唐人賈公彥也有相近的看
法。〔註 173〕據鄭玄、孔穎達引《爾雅·釋宮》「廟門謂之袚」，以及〈楚茨〉
所言的順序，孫希旦、胡培翬釐清：一，正祭之禮，不宜出廟，因此袚祭的
地點在廟門「內」之塾，而非門外西室。二，袚祭，行於饋食之前，相當於
朝踐之節。三，由於廟門又稱作「袚」，而繹祭行於廟門，因此產生混淆，遂
有所謂的繹祭之袚，實則無之。〔註 174〕準此，二氏以爲袚祭行於正祭當日朝
踐之時，地點爲廟門內，明日繹祭不另行袚祭。此則據詩句，重新詮釋禮儀
流程。

2、〈小雅、賓之初筵〉

　　毛《傳》以此詩爲燕射，鄭玄則以爲大射，二者的差別在於是否與祭祀
有關。據《儀禮·大射》，先行燕禮的賓主獻酢、公與賓卿舉旅，次行射禮，
最終以旅酬、無算爵，作爲結束。《禮記·射義》說：

> 古者諸侯之射也，必先行燕禮。(《禮記》，卷 62，頁 1014)

> 天子將祭，必先習射於澤宮。澤者，所以擇士也。已射于澤，
> 而后射於射宮。射中者得與於祭，不中者，不得與於祭。(《禮記》，
> 卷 62，頁 1019)

可知大射結束後，天子諸侯將與善射者，行廟祭。化約儀節流程如下：

> 飲酒（燕）→ 射 → 飲酒（燕）→ 祭祀。

而〈賓之初筵〉說：「錫爾純嘏，子孫其湛」，適爲祭祀的嘏辭，因此釋爲大
射，較符詩旨。〈毛詩序〉說：

> 衛武公刺時也。幽王荒廢，媟近小人，飲酒無度，天下化之，

〔註 173〕《儀禮·有司徹》，賈疏，卷 49，頁 580。
〔註 174〕清·孫希旦：《禮記集解》，上冊，〈禮器〉，卷 24，頁 665；〈郊特牲〉，卷 25，
　　　　頁 684；〈郊特牲〉，卷 26，頁 715～716。胡培翬：《儀禮正義·有司徹》，第
　　　　3 冊，卷 39，頁 2319～2321。

君臣上下沈湎淫液。武公既入而作是詩也。（《詩・小雅・賓之初
筵》，卷 14-3，頁 489）

此詩旨爲幽王荒廢政事、近小人、飲酒無度，故屬刺詩。

首章，前八句「賓之初筵，左右秩秩。籩豆有楚，殽核維旅。酒既和旨，
飲酒孔偕。鍾鼓既設，舉醻逸逸。」先言燕飲之事。後六句「大侯既抗，弓
矢斯張。射夫既同，獻爾發功。發彼有的，以祈爾爵」，言大射之事。燕飲 →
大射的進程，適與《儀禮・大射》先飲酒，至公爲大夫舉旅，始行射禮的程
序，相合。而「發彼有的，以祈爾爵」，適爲射禮飲不勝者爵的儀節。

二章，言作樂以祭。「錫爾純嘏，子孫其湛」，鄭《箋》：

嘏，謂尸與主人以福也。湛，樂也。王受神之福於尸，則王之
子孫皆喜樂也。（《詩・小雅・賓之初筵》，鄭箋，卷 14-3，頁 493）

相當於事尸禮畢，尸命祝致嘏於主人。「其湛曰樂，各奏爾能。賓載手仇，室
人入又。」鄭《箋》：

謂既湛之後，各酌獻尸，尸酢而卒爵也。士之祭禮，上嗣舉奠，
因而酌尸。天子則有子孫獻尸之禮。〈文王世子〉曰：「其登、餕、
獻、受爵則以上嗣」是也。……室人，有室中之事者，謂佐食也。
又，復也。賓手把酒，室人復酌爲加爵。（《詩・小雅・賓之初筵》，
鄭箋，卷 14-3，頁 493）

鄭玄以士禮解天子、諸侯祭，殆士卑不嫌與國君同；不直接引用〈文王世
子〉而先引用士祭，「以〈文王世子〉記文無行事之次，約士禮準之而後明」
〔註 175〕，更突顯禮例的重要性。依照〈特牲饋食禮〉的進程：

嗣子舉奠獻尸 → 賓長、兄弟之長加爵 → 佐食加爵。

詩云子孫既樂之後「各奏爾能」，即向尸獻酒，相當於士祭的嗣子舉奠獻尸。
「賓載手仇，室人入又」，相當於士祭的賓長、兄弟之長加爵，及佐食加爵。
可知鄭玄以禮儀流程解析詩句。同章，「酌彼康爵，以奏爾時」，鄭玄箋說：

康，虛也。時，謂心所尊者也。加爵之間，賓與兄弟交錯相醻，
卒爵者酌之，以其所尊，亦交錯而巳，又無次也。（《詩・小雅・賓
之初筵》，鄭箋，卷 14-3，頁 493）

賓弟子與兄弟弟子向其所尊者交錯敬酒，爲旅醻之末，故「無次」。〔註 176〕

〔註 175〕《詩・小雅・賓之初筵》，孔穎達正義，卷 14-3，頁 494。
〔註 176〕《詩・小雅・賓之初筵》，孔穎達正義，卷 14-3，頁 495。

三章言今王祭末之燕，小人爲賓，不能自敕戒。「曰既醉止，威儀幡幡，舍其坐遷，屢舞僊僊」，鄭《箋》：

> 此言賓初即筵之時，能自勑戒以禮。至於旅酬，而小人之態出。（《詩・小雅・賓之初筵》，鄭箋，卷14-3，頁495）

此章言賓初即筵時，猶能自持，旅酬既醉，「不知其秩」。

四章，繼言賓醉而失度。鄭《箋》：

> 此更言賓既醉而異章者，著爲無算爵以後也。（《詩・小雅・賓之初筵》，鄭箋，卷14-3，頁495）

可知鄭玄以三、四章相連，皆爲失禮之事，此章爲旅酬之後的無算爵。卒章，從政教的觀點，闡明君王失禮，則天下相率而行。

此篇涉及燕飮、射禮、祭祀等不同禮儀類型，而著重於祭祀。根據鄭玄對上述詩句的說明，祭祀的進程約爲：事尸 → 致嘏 → 子孫獻尸、加爵 → 旅酬 → 無算爵。至於按照禮儀規則加以評價，則如「不知其秩，醉而失度」，因而這首詩可說是以例進行褒貶的典型之一。

彭美玲師曾指出在周王朝興衰的歷史背景下，經詩人創作、史官潤飾、孔子編修等發展，完成託諷寓譏，而此發展流程與美刺正變、合禮與非禮相應。[註177] 準此，觀察上述詩篇，〈匏有苦葉〉、〈野有死麕〉、〈楚茨〉等詩採用思古以諷今的方式，〈氓〉、〈賓之初筵〉則直陳其非，在合禮與非禮的判斷中，由於詩的文學性質，在時空交錯、變化解釋等方式下，豐富褒貶形式，使美刺正變、合禮與非禮的對應或需經過一番轉折，如〈野有死麕〉明爲刺詩，內容卻陳述合禮之事。而評判合禮或非禮的部分依據，來自禮儀進程。[註178]

三、以禮例解《春秋》三《傳》

以例而言，「使亂臣賊子懼」，並率先在漢朝政治發揮影響力的《春秋》，是相當值得取道的切入點。《史記・孔子世家》說：

> 乃因史記作《春秋》，……約其文辭而指博。故吳楚之君自稱

〔註177〕彭美玲師：《鄭玄《毛詩箋》以禮說詩研究》，頁57。

〔註178〕王啓發考察鄭玄《三禮注》引《詩》，指出引《詩》其中一項作用在於證明禮儀程式。可見鄭玄不論是以禮箋《詩》還是引《詩》注解三《禮》，確實是以禮儀流程、規則的觀點貫通經籍。見氏著：《禮學思想體系探源》（鄭州：中州古籍出版社，2005年1月初版），頁261〜262。

王，而《春秋》貶之曰「子」；踐土之會實召周天子，而《春秋》
諱之曰「天王狩於河陽」。推此類以繩當世。貶損之義，後有王者
舉而開之。《春秋》之義行，則天下亂臣賊子懼焉。……弟子受《春
秋》，孔子曰：「後世知丘者以《春秋》，而罪丘者亦以《春秋》。」
〔註 179〕

「吳、楚之君自稱王」、「踐土之會實召周天子」實已違反春秋時的禮法，然
周王室無力加以糾正，故孔子因魯史而筆之於書，希望藉此「使亂臣賊子
懼」，回復應有的秩序。這種對禮秩的深刻期盼，根源於慣例與新變之間的
矛盾。見諸文字，則「約其文辭而指博」，形成文字與意義之間錯綜複雜的
鍊結。字句與意義之間的關係，遂構成文例、義例。同時，藉由「筆則筆，
削則削」等文字的有無〔註 180〕，及吳楚稱王而《春秋》曰「子」等文字的
變易，以禮爲標準，表達褒、貶、損、諱等評價與意義。《史記》記載董仲
舒說：

夫不通禮義之旨，至於君不君，臣不臣，父不父，子不子。夫
君不君則犯，臣不臣則誅，父不父則無道，子不子則不孝；此四行
者，天下之大過也。以天下之大過予之，則受而弗敢辭。故《春秋》
者，禮義之大宗也。〔註 181〕

《春秋》辨別人倫的是非善惡，是「禮義」的直接繼承者。換言之，《春秋》
記載的事件及其評論，表現出禮儀規則的規範作用。

除了未著明來源的歷史事件之外，〔註 182〕《禮記》有部分內容是以禮儀
規則的概念解釋春秋，茲舉二例說明：第一，《禮記·坊記》說：

子云：取妻不取同姓，以厚別也。故買妾不知其姓，則卜之。
以此坊民，魯《春秋》猶去夫人之姓，曰「吳」；其死曰「孟子卒」。
（《禮記》，卷 51，頁 872）

〈曲禮上〉、〈郊特牲〉、〈大傳〉均有相近的記載。異姓聯姻，旨在親附不同

〔註 179〕漢·司馬遷：《史記·孔子世家》，第 3 冊，卷 47，頁 1943。
〔註 180〕所謂「常事不書」，乃因史書並非流水帳，不須記例行公事。復加之以微言大
　　　　義的觀點，筆法成爲重要的解經方式。如紀裂繻代君親迎，違背昏禮親迎的
　　　　規則，故筆之於書。
〔註 181〕漢·司馬遷：《史記·太史公自序》，第 5 冊，卷 130，頁 3298。
〔註 182〕如〈檀弓〉：「邾婁復之以矢，蓋自戰於升陘始也」，係爲魯僖公二十二年，魯
　　　　與邾婁在升陘之戰。〈檀弓上〉載晉獻公殺世子申生事，爲僖公四年事。〈檀
　　　　弓下〉載晉大夫知悼子卒，平公飲酒而杜蕢諫，見於《春秋》昭公九年。

血緣的異族、重視彼此的連繫。〔註183〕〈坊記〉說明「取妻不取同姓」的規則後，即證以違例之事：魯爲周公姬旦之後，吳爲古公亶父之子太伯的後代，亦爲姬姓；而魯昭公卻娶同姓吳國之女。陳國的大夫批評說：

> 君取於吳，爲同姓，謂之吳孟子。君而知禮，孰不知禮？（《論語・述而》，卷7，頁64）

因此《春秋》經文不書「夫人某氏薨」，而載「孟子卒」，以「諱取同姓」〔註184〕。〈雜記下〉則說：「夫人之不命於天子，自魯昭公始也。」〔註185〕第二，《禮記・坊記》說：

> 子云：「升自客階，受弔於賓位，教民追孝也。」未沒喪不稱君，示民不爭也。故魯《春秋》記晉喪曰：「殺其君之子奚齊及其君卓。」以此坊民，子猶有弒其父者。（《禮記》，卷51，頁869～870）

魯僖公九年秋，晉獻公卒。同年，里克殺奚齊。十年，里克殺卓子。按照《左傳》：「凡在喪，王曰小童，公侯曰子」、〈坊記〉：「未沒喪不稱君」，因此與晉獻公同一年亡故的奚齊被稱爲「君之『子』」。《公羊傳》說：「君存稱世子，君薨稱子某，既葬稱子，踰年稱公。」獻公九年卒，十年卓子被殺，踰年，故稱卓子爲「君」。〈坊記〉這條記載運用禮儀規則，解讀《春秋》經文。若從作者身分來看，《春秋》爲孔子所作，《禮記》包含孔門七十子後學的作品，可知孔門教學法之一，係根據禮儀評論史事。

鄭玄及其弟子亦曾以禮儀與《春秋》的關係，進行討論。《禮記・曾子問》載古代世子不爲慈母服喪，魯昭公因受慈母恩重而爲慈母服喪。鄭玄及其弟子趙商亦曾論及此事。依禮，庶子爲後者，爲其母（妾）服緦麻三月。趙商據禘祫月分，推算魯昭公爲妾母服三年喪，而《春秋》經文「無譏」，因而提問：爲妾母服三月緦麻誤，抑或是《春秋》載禘祫之事錯？鄭玄回答說：

> 《春秋》經所譏、所善者，皆於禮難明者也。其事著明，但如事書之，當案禮以正之，今以不譏，爲是亦寧有善之文與？〔註186〕

鄭玄並未肯定魯昭公爲妾母服三年喪，而認爲其事當有後人難明之「善」，故

〔註183〕《國語・晉語四》：「同姓不婚，惡不殖也。」（卷10，頁349）《左傳》僖公二十三年：「男女同姓，其生不蕃。」（卷15，頁252）從優生學的觀點，避免子嗣不盛、遺傳疾病等問題。

〔註184〕《禮記・坊記》，孔穎達正義，卷51，頁872。

〔註185〕《禮記・雜記下》，卷43，頁752。

〔註186〕清・皮錫瑞：《鄭志疏證》，《經學輯佚文獻彙編》，第22冊，卷7，頁291。

《春秋》不譏，並以為「如事書之者，當案禮以正之」，以禮作為評判標準。
〔註187〕易言之，《春秋》之事當在「周禮」的觀點下進行解讀。日本學者間嶋
潤一指出：

> 事實上，關於妾母的緦麻服，鄭玄在視為成于周公之手的《儀
> 禮・喪服》上已有表示。如果注意到這一點，鄭玄對趙商所說的「禮」
> 必然是「周禮」。就是說，對於趙商的回答，借助于妾母的服制，提
> 出了他解釋《春秋》之禮時的理念。對鄭玄而言，只有「周禮」才
> 是對《春秋》之禮作做出解釋時包容統合的標準。〔註188〕

易言之，《春秋》之禮當在「周禮」的觀點下進行解讀，而鄭玄所認定的「周
禮」又以周公制禮為標的，即以《儀禮》、《周禮》為主。

由於鄭玄並無注解《春秋》的專著，因此以《儀禮注》引《春秋》為範
圍，以鄭玄所說：「《春秋》多記諸侯朝、聘、會、同」〔註189〕的朝聘之事，
作為討論內容。一方面可觀察注釋者引用《春秋》解釋《儀禮》的表現。另
一方面，也呈現注釋者是在「禮」的觀點下，理解《春秋》。如此，其引述方
具有效力。

（一）朝　位

《儀禮・覲禮》覲禮當日，諸侯「受舍於朝」之位：

> 同姓，西面北上。異姓，東面北上。（《儀禮》，卷 26 下，頁 320）

鄭注：

〔註187〕鄭玄相似的說法還可見於《周禮・地官・師氏》：「掌國中、失之事，以教國
子弟。」鄭注：「教之者，使識舊事也。中，中禮者也。失，失禮者也。故書
『中』為『得』。杜子春云：『當為得。記君得失，若《春秋》是也。』」（《周
禮》，鄭注，卷 14，頁 212）師氏的職責之一為：以舊事中合禮、失禮者教導
國中子弟。記載往事合禮、失禮者，如《春秋》。《詩・商頌・玄鳥》孔穎達
正義引鄭玄〈禘祫志〉說：「竊念《春秋》者，書天子、諸侯中、失之事，得
禮則善，違禮則譏，可以發起是非，故據而述焉。」（《詩》，孔穎達正義，卷
20～3，頁 793）鄭玄認為禮是探討《春秋》的切入點。日本學者間嶋潤一先
生也有相似的看法，見氏著，曹峰譯：〈鄭玄《魯禮禘祫義》的結構和意義〉，
方旭東主編：《日本學者論中國哲學史》（上海：華東師範大學出版社，2010
年 12 月初版），頁 180。

〔註188〕（日）間嶋潤一著，曹峰譯：〈鄭玄《魯禮禘祫義》的結構和意義〉，方旭東主
編：《日本學者論中國哲學史》（上海：華東師範大學出版社，2010 年 12 月初
版），頁 180。

〔註189〕《禮記・經解》，鄭注，卷 50，頁 845。

分別同姓、異姓，受之將有先後也。《春秋傳》曰：「寡人若朝
于薛，不敢與諸任齒」，則周禮先同姓。(《儀禮》，鄭注，卷 26 下，
頁 320)

鄭玄認爲受禮時，以同姓爲先，故同姓西面，並引《春秋》的事件闡明《儀
禮》之制。《左傳》隱公十一年，滕侯、薛侯朝魯，「爭長」，滕侯說：

我，周之卜正也；薛，庶姓也，我不可以後之。(《左傳》隱公
十一年，卷 4，頁 79)

言下之意，滕侯不僅是周王室的卜官之長，也是同姓諸侯，何能後於庶姓之
薛！隱公使人請求薛侯發揮同理心，說：

周之宗盟，異姓爲後。寡人若朝于薛，不敢與諸任齒。君若辱
貺寡人，則願以滕君爲請。(《左傳》隱公十一年，卷 4，頁 79)

可知周人的朝會之禮，以同姓爲先。〔註 190〕

(二) 國君與外臣的無算樂

《儀禮·鄉飲酒禮》：「無算樂」，鄭玄指出燕樂不拘樂曲數目、演奏方式
亦不侷限於「間樂」或「合樂」，「盡歡而止也」，又說：

《春秋》襄二十九年，吳公子札來聘，請觀于周樂。此國君之
無算。(《儀禮》，鄭注，卷 10，頁 101)

魯國，爲周公之後，受賜禮樂。因此，吳季札至魯，請觀周樂，魯國爲之歌
二〈南〉、〈小雅〉、〈大雅〉、〈頌〉等。〈燕禮·記〉：「若與四方之賓燕，……
有房中之樂」，鄭注：

弦歌〈周南〉、〈召南〉之詩，而不用鍾磬之節也。(《儀禮》，
鄭注，卷 15，頁 181)

是則，鄭玄認爲諸侯燕外臣本不用鍾磬，因季札請求，魯君遂在不拘曲目與
形式、用樂「無次無數」的無算樂時，使季札觀之。易言之，鄭玄在燕禮的
進行脈絡中，說明季札得觀周樂的時機。〔註 191〕

〔註 190〕關於此例，陳槃曾十分詳細地考證說：「今按：證以隱十一年以後之事，則實
際與傳說完全相反。……余詳考之，復得與傳說相反者三十七事，……若夫
禮制則不然，時有古今，事有因革，自然之道如是。即以會盟之書法論，『異
姓爲後』，周初封建之制也。大國爲先，春秋霸者之法也。周自東遷以入春秋，
『周之子孫，日失其序。』齊、晉、宋、楚，交相主盟。天子之爲天子，時
移勢易，尾大不掉。雖有周禮，誰則用之，不可謂本無此禮也。」見氏著：《《左
氏春秋》義例辨》，上冊，頁 138～139。

〔註 191〕清人盛世佐則認爲季札觀周樂，乃魯國因其請而備陳之，相當於〈聘禮〉的

（三）特聘則重賄，反幣。

〈聘禮・記〉：「無行，則重賄，反幣。」鄭注：

> 必重其賄與反幣者，使者歸，以得禮多爲榮，所以盈聘君之意
> 也。……昔秦康公使西乞術聘于魯，辭孫而說，襄仲曰：「不有君子，
> 其能國乎？厚賄之。」此謂重賄反幣者也。（《儀禮》，鄭注，卷24，
> 頁290）

至某國行聘而不再到他國的使者將返時，主國之君贈予豐富的禮物，並以禮玉、束帛、乘皮以回報聘君之享。鄭玄引《左傳》文公十二年秦國西乞術特聘魯國，返國前，魯國襄仲「厚賄之」的典故，以說明《儀禮》的儀節。同時，也呈現鄭玄是在〈聘禮〉的流程下，理解這段《左傳》經文。賈公彥則進一步說：

> 此特來，非歷聘。歷聘則吳公子札聘於上國，聘齊、聘魯是也。
>
> （《儀禮》，賈疏，卷24，頁290）

經文記載特聘一國的情形，而吳國公子季札出聘齊、魯等國，屬於「歷聘」。相較於鄭玄直接引述史事解釋經文，賈氏則引用相關禮儀以補充經文、鄭注。

（四）使者歸，請反命

〈聘禮〉「使者反命」章，「使者歸，及郊，請反命。」鄭注：

> 春秋時，鄭伯惡其大夫高克，使之將兵，逐而不納，此蓋請而
> 不得入。（《儀禮》，鄭注，卷23，頁272～273）

根據《公羊傳》閔公二年說：

> 鄭伯惡高克，使之將，逐而不納，棄師之道也。（《公羊傳》閔
> 公二年，卷9，頁116）

鄭玄據此反證「使者歸國，請反命」之禮的存在，並可解釋《公羊傳》「逐而不納」，當爲請命而不得入。

（五）無庭實之聘

相較於《儀禮・聘禮》經文設定爲諸侯「久無事，使卿相問」的情境，

「歸大禮之日，即受饗餼，請觀」的請觀，「非國君之無筭也」。盛氏以〈聘禮〉流程的「請觀」相應於季札「請觀周禮」，亦可備一說。鄭玄、盛世佐雖從不同的禮儀，探討「請觀」的時機，但皆反映禮儀流程有其規則性，可據此解說他經。見清・盛世佐：《儀禮集編》，《景印文淵閣四庫全書》，第110冊，卷7，頁280～281。

若遇事故，對他國有所請求，「則以束帛，如享禮」。鄭注：

> 《春秋》臧孫辰告糴于齊、公子遂如楚乞師、晉侯使韓穿來言
> 汶陽之田，皆是也。無庭實也。（《儀禮》，鄭注，卷 21，頁 249）

鄭玄引三件史事說明這段經文：其一，莊公二十八年，穀不熟，臧孫辰至齊國，請買穀。其二，僖公二十六年，齊師屢侵，魯國公子遂至楚國乞師，請求外援。其三，成公八年，晉景公派韓穿至魯，使魯將汶陽之田，歸於齊國。三事，皆爲有事而聘。〔註 192〕參考《禮記・玉藻》：「大夫私事使，私人擯則稱名。」鄭注：

> 若魯成公時，晉侯使韓穿來言汶陽之田，歸之于齊之類。（《禮記》，鄭注，卷 30，頁 570）

孔穎達說：

> 按成二年，晉及魯、衛伐齊，使齊人歸魯汶陽之田。至成八年，
> 齊人服晉，晉侯使韓穿來言汶陽之田，歸之于齊。云「之類」者，
> 若乞師、告糴，故云「之類」。（《禮記》，孔穎達正義，卷 30，頁 570）

《禮記》記載的是行禮原則，而鄭玄、孔穎達以「類」的觀點，引述成公二年晉歸汶陽之田的史事，並指出乞師、告糴亦列入此類「私事使」。因此，相較於聘禮爲諸侯「久無事，使卿相問」、「歲相問，殷相聘也，世相朝也」〔註 193〕，這類因臨時事件而至他國者，非正聘之禮。《儀禮》、《春秋》經皆未言其庭實，故鄭玄推論這類聘問「無庭實」。職是，闡明聘問禮的有事、無事，亦透過具體事件說明禮儀規則。根據此例，哀公七年，魯伐邾，獲邾隱公，將獻於亳社以爲人牲，邾臣茅夷鴻「以束帛乘韋，自請救於吳」，賈公彥認爲茅夷鴻求救「有乘韋爲庭實」〔註 194〕不合法度。此亦因經文、鄭注以解釋《左傳》，爲「應然之原則──實然之事件」的關係。

　　觀察上述，就禮例與《春秋》史事的關係而言，鄭玄及唐代義疏引用《春秋》時，相當明確地以禮書的記載爲標準。因此禮與《春秋》形成至少兩種形式的連結：首先，就時間脈絡而言，禮所表徵的是周公、先王之制的「古」（先），《春秋》是今（後）。其次，綜合《禮記》的「古之禮」、鄭玄的「案禮以正之」，就遵禮／古與否，可知禮／古代表的是應當遵守的規則，《春秋》記載的內容，是遵禮／古或違禮／古的事件，具有「規則──事件」、「應然

〔註 192〕凌廷堪承此說，見氏著：《禮經釋例・賓客之例》，卷 6，頁 306。
〔註 193〕《儀禮・聘禮》，賈疏引，卷 19，頁 226。
〔註 194〕《儀禮・聘禮》，賈疏，卷 21，頁 249。

——實然」的關係，因此可「案禮以正之」，更可據禮以譏善、褒貶。〔註195〕

　　總結前四節的討論，鄭玄、賈公彥、凌廷堪比較周公所著的《儀禮》中禮制的異同，運用互見異同、分類、推次等方法，辨正經說、界定禮制、補足禮文。就歷時性而言，根據周公之禮，可將《周禮》、《儀禮》等周代文獻所未見的禮儀上推至三代，亦可衡量周代後王的實踐情形，乃至於下言漢制由來。甚至在「周法無文」的情形下，「約他經以注此經」，亦在於禮制因革的概念。〔註196〕於是從慣例的角度而言，以周公制作《儀禮》、《周禮》為標準，注解者得以論述其他典籍所記載的禮制：相同者視為沿襲，可疏通證明或補足文獻，並理解讚譽之言所為何來。變異者，則明其僭越失禮，並加以斥責。於是遵禮與否，成為價值判斷的標準。《禮記》的禮也、非禮也，《詩》的美刺、正變，《春秋》的褒貶，大體皆以禮為作為衡量依據。而且就貫通經籍來說，《儀禮》與《禮記》誠然可放在經、傳關係下說明，但同樣屬於「經」書的《詩》與《春秋》，卻也在禮例的觀點下進行解釋，使《儀禮》在某種程度上成為經典詮釋的座標，表現在時間的古今、合禮與非禮等方面。

　　此外，第壹章第三節、第貳章第一節曾說明《禮記》根據既有規則衡量人事，重視遵古踐禮與否，其比例根據，來自禮儀實踐的「慣例」，故不完全和《儀禮》經文相符。對照之下，鄭玄、賈公彥、凌廷堪皆運用「《儀禮》的內容」解釋其他經書文本。從「慣例」轉移到「《儀禮》內容」的禮例根據，誠再次呼應第貳章第五節條例從慣例轉移為比經推例，以及《儀禮》一書皆是例的說法。

〔註195〕王啟發指出鄭玄引用《春秋》注解三《禮》，呈現重視禮制因革損益的現象，然並未解釋原因。本文承王氏之說，嘗試從時間、例的觀點，提出可能的解釋。王說見姜廣輝主編：《中國經學思想史》，第2卷，頁510。又，王氏曾指出鄭玄引用歷史材料，以證明制度、禮儀，並說：「鄭玄稱引歷史資料的意圖就在於證明這些禮儀在歷史上的實行情況。」此則符合本文所說「規則——事件」的關係。見王啟發：《禮學思想體系探源》，頁287。
〔註196〕清・陳澧：《東塾讀書記》，收入《陳澧集》，第2冊，卷7，頁134。